MANFRED BIRKENHEIER

Wahlrecht für Ausländer

Schriften zum Öffentlichen Recht

Band 287

Wahlrecht für Ausländer

Zugleich ein Beitrag zum Volksbegriff des Grundgesetzes

Von

Dr. Manfred Birkenheier

DUNCKER & HUMBLOT / BERLIN

Alle Rechte vorbehalten
© 1976 Duncker & Humblot, Berlin 41
Gedruckt 1976 bei Buchdruckerei A. Sayffaerth - E. L. Krohn, Berlin 61
Printed in Germany
ISBN 3 428 03575 5

Inhaltsverzeichnis

Einleitung   9

Erster Teil

Das Wahlrecht zum Bundestag

1. Abschnitt: *Zulässigkeit der Einräumung des Wahlrechts zum Bundestag an Ausländer de Constitutione lata* 14

1. Kapitel: Aktives Wahlrecht 14
   - A. Das geltende Gesetzesrecht und sein Verhältnis zur Verfassung 14
     - I. Der Normenbefund 14
     - II. Regelungsdefizit der Verfassung? 16
   - B. Die Wahlrechtsgrundsätze des Art. 38 I GG 16
     - I. Gleichheit der Wahl 16
     - II. Allgemeinheit der Wahl 17
   - C. Der Zusammenhang von Art. 38 und Art. 20 GG 19
     - I. Wahl und Demokratie 19
     - II. Die Verwendung des Begriffes Volk im Grundgesetz 21
     - III. Die Verschiedenheit der Volksbegriffe in Art. 20 II 1 und Art. 20 II 2 GG 22
   - D. Der Volksbegriff des Art. 20 II 1 GG 23
     - I. Die heutige Lehre 23
     - II. Die Entstehungsgeschichte 24
     - III. Systematische Interpretation des Volksbegriffs 25
       1. Volk ohne adjektivischen Zusatz 25
       2. Volk als „deutsches Volk" 26
          - a) Der Begriff des Deutschen nach Art. 116 I GG 26
          - b) Staatenordnung und Staatsangehörigkeit als Verfassungsvoraussetzung 27
          - c) Die Möglichkeit eines Umkehrschlusses von „deutsches Volk" auf „Volk" 30
          - d) Präambel und Art. 146 GG 31
          - e) Art. 56, 64 II GG 33

Inhaltsverzeichnis

    3. Volk in substantivischen Zusammensetzungen 33
    4. Art. 20 IV GG 34
    5. Art. 33 I GG 35
    6. Art. 25 GG 38
        a) Der Normadressat 38
        b) Wahlrecht und allgemeine Regeln des Völkerrechts 39
    7. Die politischen Grundrechte 42
 IV. Der demokratische Volksbegriff 43
    1. Das Volk als Subjekt der demokratischen Staatsordnung 43
    2. Der Demokratiebegriff des Verfassunggebers 44
    3. Die ideengeschichtlichen Grundlagen der Demokratie des Grundgesetzes 46
        a) Volksbegriff und Parlamentarismus 46
        b) Volksbegriff und Repräsentation 47
        c) Das Volk der demokratischen Volkssouveränität 50
    4. Souveränes Volk und der Begriff des Staatsvolkes 51
        a) Das Volk als Element des Staates 51
        b) Gesellschaftsvolk und Gemeinschaftsvolk 53
        c) Die Gesamtheit der Staatsangehörigen 55
        d) Das souveräne Volk als egalitäres Verbandsvolk 56
        e) Demokratie und Nationalstaat 59
        f) Verbandsvolk und Gebietszugehörigkeit 60
 V. Die Staatsangehörigkeit als Voraussetzung demokratischer Gleichheit 62
    1. Die Besonderheit des Ausländerstatus 62
        a) Der Aufenthaltsstatus 62
        b) Der Pflichtenstatus 64
            aa) Die Wehrpflicht 64
            bb) Öffentliche Ehrenämter 66
            cc) Treu- und Gehorsamspflicht 66
            dd) Steuerpflicht 67
            ee) Sonstige Pflichten 68
    2. Der Sonderstatus des europäischen Marktbürgers 68
    3. Staatsangehörigkeit und nationale Minderheit 70
    4. Historische Beispiele für ein Ausländerwahlrecht 71
        a) USA 71
        b) Die sowjetische Verfassung von 1918 72
        c) Art. 26 des Österreichischen Bundesverfassungsgesetzes von 1920 73
        d) Sonstige Beispiele 74
    5. Das Volk des Art. 20 II 1 GG als Bundesvolk 75

E. Wahlrecht und Grundrechte 76
  I. Grundrechte und demokratische Staatsordnung 76
 II. Exkurs: Art. 3 GG und Staatsangehörigkeit 78
    1. Art. 3 III GG 79
    2. Art. 3 I GG 80

F. Wahlrecht und Sozialstaatsprinzip 80

G. Ergebnis 82

2. Kapitel: Passives Wahlrecht 82

   A. Gesetzeslage und verfassungsrechtliche Problemstellung 82

      I. Die Gesetzeslage 82

      II. Umkehrschluß aus Art. 54 I 2 GG? 83

      III. Die Argumentation für das passive Wahlrecht der Ausländer ... 84

   B. Die demokratische Repräsentation nach Art. 20 II GG 85

   C. Öffentliches Amt und demokratisches Mandat 87

   D. Ergebnis 89

2. *Abschnitt: Zulässigkeit der Einräumung des Wahlrechts zum Bundestag an Ausländer de Constitutione ferenda* 90

   A. Art. 79 III GG und das demokratische Prinzip 90

   B. Die Konsequenzen der Unzulässigkeit einer Verfassungsänderung .. 92

      I. Wechsel der Erwerbsgründe der Staatsangehörigkeit 92

      II. Grundgesetz und europäische Einigung 93

         1. Die Bedeutung des Art. 24 GG 93

         2. Notwendigkeit der Verfassungsänderung? 95

      III. Die Einbürgerung 96

Zweiter Teil

Das Wahlrecht zu den Landtagen

1. *Abschnitt: Zulässigkeit der Verleihung des Landtagswahlrechts an Ausländer de Constitutione lata* 98

   A. Die Regelung der Landesverfassungen 98

   B. Die Verfassungslage nach dem Grundgesetz 99

      I. Die Forderungen des Grundgesetzes an die Landesverfassungen 99

      II. Bundesstaat und demokratische Egalität 99

      III. Die Abgrenzungsfunktion des Art. 33 I GG 101

2. *Abschnitt: Zulässigkeit der Verleihung des Landtagswahlrechts an Ausländer de Constitutione ferenda* 102

Dritter Teil

Das Wahlrecht zu den Kommunalvertretungen

1. Abschnitt: Zulässigkeit der Verleihung des Kommunalwahlrechts an Ausländer *de Constitutione lata* 103

    A. Das Problem 103

    B. Gemeinde und Staat 106

        I. Staat und Gesellschaft 106

        II. Die historische Stellung der Gemeinde im Verhältnis zu Staat und Gesellschaft 110

            1. Die Zeit vor 1918 110

            2. Die Lage zur Zeit der Weimarer Reichsverfassung 111

        III. Die Stellung der Gemeinde nach dem Grundgesetz 112

            1. Die institutionelle Garantie des Art. 28 II GG 112

            2. Die Legitimationsgrundlage der Gemeinde 113

                a) Selbstverwaltung und Art. 20 II 1 GG 113

                b) Die örtliche Gemeinschaft 115

                c) Die Gemeinde und der Volksbegriff des Art. 28 I 2 GG .. 116

            3. Der gestufte demokratische Staatsaufbau 118

                a) Die Staatshomogenität der Kommunen 118

                b) Gemeindebürgerschaft und Staatsbürgerschaft 120

            4. Gemeinde und gesellschaftliche Organisationsformen 121

            5. Art. 28 I 2 GG als „demokratische Mindestverbürgung"? 125

    C. Die Regelungen der Länderverfassungen 126

    D. Ergebnis 128

2. Abschnitt: Zulässigkeit der Verleihung des Kommunalwahlrechts an Ausländer *de Constitutione ferenda* 129

Schluß

I. Rechtspolitische Anmerkungen 133

II. Der differenzierte Volksbegriff des Grundgesetzes 134

    1. Die Differenzierung unter territorialem Aspekt 135

    2. Die Differenzierung unter demokratisch-funktionellem Aspekt 136

    3. Die einheitliche personelle Komponente des Volksbegriffs 136

Literaturverzeichnis 138

Einleitung

Die Rechtsstellung der Ausländer in der Bundesrepublik Deutschland ist in den letzten Jahren zunehmend Gegenstand politischer, aber auch rechtswissenschaftlicher Erörterungen geworden. Die Diskussion wurde ausgelöst durch den ständigen und rapiden Anstieg der Anzahl ausländischer Bewohner des Bundesgebietes, wie er insbesondere im Laufe des letzten Jahrzehnts zu verzeichnen war.

Dieser Bevölkerungszuwachs resultierte im wesentlichen aus dem Bedarf an Arbeitskräften, der in der bundesdeutschen Wirtschaft bis vor kurzem bestand und der die Bundesrepublik als Arbeitsplatz für ausländische Arbeitnehmer attraktiv machte. Der Import von Arbeitskräften befriedigte aber nicht nur die Bedürfnisse der Wirtschaft, sondern schuf zunehmend, nicht zuletzt dadurch, daß die ausländischen Familien ihrem Ernährer folgten, Integrationsprobleme für Staat und Gesellschaft, deren Gewicht durch die einschlägigen Zahlen deutlich wird:

Ende September 1974 lebten im Bundesgebiet rund 4,1 Millionen Ausländer[1]. Am 30. 9. 1970 waren es erst 2,97 Millionen gewesen[2]. Ein beträchtlicher Teil der ausländischen Arbeitnehmer hält sich bereits seit mehreren Jahren hier auf. So sollen etwa 24 % von ihnen bereits seit fünf Jahren, 10 % sogar schon seit zehn Jahren in der Bundesrepublik leben[3].

Unter dem Eindruck dieser Zahlen hat sich die politische und rechtswissenschaftliche Diskussion schon bald nicht mehr auf die Fragen der sozialen Integration der Ausländer beschränkt, sondern sich auch dem Problem ihrer politischen Rechte und ihrer politischen Repräsentation zugewandt. In den Vordergrund der Überlegungen ist dabei auch ihre Beteiligung an der Wahl der staatlichen und kommunalen Vertretungs-

---

[1] Angabe des Statistischen Bundesamtes nach einer Meldung der *Süddeutschen Zeitung* vom 30. 10. 1974, S. 1; die Dunkelziffer der sich illegal im Bundesgebiet aufhaltenden Ausländer ist hierin nicht erfaßt. Mit einem Anteil von 25 % (1,02 Millionen) bilden die Türken die stärkste Gruppe. Es folgen die Jugoslawen mit 17 %, Italiener mit 15 %, Griechen mit 10 % und Spanier mit 7 %. Weitere statistische Angaben für frühere Stichtage bei *Dolde*, Ausländer, S. 15 und *Isensee*, VVDStRL 32 (1974), S. 51, Fußn. 3; in der jüngsten Zeit sind die Zahlen infolge des Anwerbestops für ausländische Arbeitnehmer und die weniger günstige Wirtschaftslage leicht rückläufig.

[2] Statistisches Jahrbuch 1971, S. 42.

[3] Diese Prozentzahlen wurden 1973 von der Bundesanstalt für Arbeit veröffentlicht; vgl. *Ruland*, S. 10 m. w. N.

körperschaften gerückt. Diese Teilnahme ist inzwischen wiederholt Gegenstand politischer Forderungen, die ein Teil des rechtswissenschaftlichen Schrifttums mit juristischen Argumenten zu untermauern sucht.

Die Forderung nach dem Wahlrecht für Ausländer stellt eine gleichsam selbstverständliche staatsrechtliche Tradition in Frage.

Das Wahlrecht war in Deutschland in der Vergangenheit zwar schon immer Gegenstand verfassungspolitischer und verfassungsrechtlicher Auseinandersetzungen. Erinnert sei nur an den Kampf, der in der zweiten Hälfte des 19. Jahrhunderts um das allgemeine Wahlrecht als der Gegenposition zu dem damals überall geltenden Zensus- und Klassenwahlrecht ausgetragen und der im Zuge der politischen Umwälzungen, die sich dem ersten Weltkrieg anschlossen, mit Einführung der Demokratie durch die Weimarer Reichsverfassung zugunsten des allgemeinen Wahlrechts entschieden wurde.

Diese Auseinandersetzungen basierten jedoch auf einer Voraussetzung, die, wie schon in der Tradition des 19. Jahrhunderts, auch in der modernen Demokratie bisher unumstritten war: daß das politische Wahlrecht nur Staatsangehörigen zustehe.

An diesem Grundsatz haben die Wahlgesetze und teilweise auch ausdrücklich die Verfassungen sowohl in Deutschland als auch in den anderen Staaten — von wenigen, auf besonderen Bedingungen beruhenden Ausnahmen abgesehen[4] — bis heute festgehalten.

Die Verleihung des Wahlrechts an Ausländer erweist sich vor diesem Hintergrund nicht nur als ein politisches, sondern vor allem als ein verfassungsrechtliches Problem, dem die vorliegende Arbeit für das geltende Verfassungsrecht der Bundesrepublik Deutschland nachgehen will.

Nach den bisher vorgetragenen Reformvorstellungen wird das Wahlrecht nicht unterschiedslos für alle Ausländer, die sich im Bundesgebiet aufhalten, sondern nur für diejenigen unter ihnen, deren Aufenthalt sich bereits über einen längeren Zeitraum erstreckt, gefordert. Der Schwerpunkt der Diskussion liegt dabei nicht auf dem Wahlrecht zum Bundestag oder zu den Landtagen, sondern auf dem Gemeindewahlrecht. Die Änderungsvorschläge schwanken hinsichtlich der Mindestaufenthaltsdauer, die Voraussetzung der Verleihung des Kommunalwahlrechts sein soll. Teilweise wird ein Aufenthalt im Bundesgebiet von ein bis drei Jahren[5] für ausreichend erachtet, um die für die Ausübung

---

[4] Vgl. dazu 1. Teil, 1. Abschnitt, 1. Kap. D V 4.
[5] *Sasse*, S. 54 (zunächst nur für Angehörige von Mitgliedsländern der Europäischen Gemeinschaft); zwei Jahre: Vorschlag der Europa-Union Hessen nach *Frankfurter Rundschau* vom 6. 5. 1970, S. 15, ebenfalls begrenzt auf EG-Angehörige (zit. nach *Dolde*, Ausländer, S. 78, Fußn. 44); drei Jahre: *Henkel*, Integration, S. 115; drei Jahre Aufenthalt in der Gemeinde: FDP Baden-Württemberg nach *Süddeutsche Zeitung* vom 18. 11. 1974, S. 5.

des Wahlrechts erforderliche Vertrautheit mit den Verhältnissen im Wahlgebiet sicherzustellen. Andere verlangen einen Mindestaufenthalt von fünf Jahren im Bundesgebiet[6] bzw. in einer bestimmten Gemeinde[7]. Schließlich wird auch ein Mindestaufenthalt im Bundesgebiet von zehn Jahren bei mindestens fünfjährigem Aufenthalt in einer bestimmten Gemeinde befürwortet[8].

Der Gefahr, daß möglicherweise zwischen verschiedenen Ausländergruppen bestehende nationale Konflikte über nationale Listen in den Gemeinderat hineingetragen werden und dadurch das Integrationsziel der Verleihung des Wahlrechts gerade vereitelt werden könnte, soll nach einem Teil der Reformvorstellungen dadurch begegnet werden, daß die Ausländer nur für (mehrheitlich) deutsche politische Gruppierungen stimmen und nur über sie kandidieren dürfen[9], oder daß sie überhaupt nur das aktive Wahlrecht erhalten[10].

Eine Mindestaufenthaltsdauer, die über die Dreimonatsfrist des § 12 BWahlG[11] hinausgeht, wird auch für die Verleihung des Bundestagswahlrechts und entsprechend auch des Landtagswahlrechts für erforderlich gehalten[12].

---

[6] *Rolvering*, S. 111; *Dolde*, Ausländer, S. 78; *FDP Hamburg* nach *Frankfurter Rundschau* vom 3. 12. 1971, S. 4 (zit. nach *Dolde*, Ausländer, S. 78, Fußn. 44).

[7] Beschluß der *Kommunalpolitischen Bundeskonferenz der SPD* vom 13. 10. 1974, nach *Süddeutsche Zeitung* vom 14. 10. 1974, S. 5.

[8] *Kevenhörster*, S. 68, im Anschluß an einen entsprechenden Gesetzentwurf, der dem belgischen Repräsentantenhaus vorliegen soll. In Schweden soll eine Gesetzesnovelle in Arbeit sein, die für Gastarbeiter nach zweijährigem Aufenthalt das aktive und passive Kommunalwahlrecht vorsieht (nach *Der Spiegel* Nr. 38/1974, S. 121). In den Niederlanden soll es schon 1970 ähnliche Bestrebungen gegeben haben (nach *Frankfurter Rundschau* vom 9. 2. 1970, S. 1; zit. nach *Dolde*, Ausländer, S. 77, Fußn. 34), die aber bisher offensichtlich noch zu keinem Ergebnis geführt haben. Die Beratende Versammlung des Europarates hat in einem Beschluß vom Herbst 1973 empfohlen, allen Gastarbeitern nach fünf Jahren Aufenthalt, davon drei Jahre am selben Ort, das aktive (nicht auch das passive) Kommunalwahlrecht zu verleihen (nach *Der Spiegel* Nr. 38/1974, S. 121). Das soweit ersichtlich einzige Beispiel eines bereits verwirklichten Kommunalwahlrechts für Ausländer findet sich im Schweizer Kanton Neuenburg. Dort haben Ausländer in Gemeindesachen nach fünfjährigem Wohnsitz im Kanton und einjährigem Wohnsitz in der Gemeinde Stimmrecht, allerdings nicht passives Wahlrecht: vgl. *Moser*, S. 350; *Giacometti*, S. 187, Fußn. 11; *Jagmetti*, S. 293. Die in der Literatur öfter genannten Kantone Thurgau und Freiburg gehen jedoch nicht soweit. Immerhin *kann* nach § 7 II der Thurgauer Kantonsverfassung Ausländern das Stimm- und Wahlrecht in Gemeindesachen verliehen werden, vgl. *Jagmetti*, S. 293; bis 1904 erhielten Ausländer im selben Kanton nach einjähriger Niederlassung das Stimmrecht in Angelegenheiten, welche die Gemeindeökonomie betrafen, vgl. *Giacometti*, S. 187, Fußn. 11; nach Schweizer Recht ist die Teilnahme von Ausländern an der *staatlichen* Willensbildung jedoch ausgeschlossen, vgl. *Giacometti*, S. 185 ff.

[9] *Henkel*, Integration, S. 113.

[10] *Kevenhörster*, S. 67; *Schleberger*, S. 599.

[11] Bundeswahlgesetz vom 7. 5. 1956 (BGBl. I S. 383) i. d. F. d. G. vom 7. 7. 1972 (BGBl. I, S. 1100, ber. S. 1534).

[12] *Zuleeg*, DVBl. 1974, S. 349.

Hinsichtlich der Ausgestaltung des Wahlrechts im einzelnen sind die Reformvorstellungen nicht weiter präzisiert. Sie setzen jedoch, soweit es sich bei dem betroffenen Personenkreis nicht um Angehörige von Mitgliedsstaaten der Europäischen Gemeinschaft handelt, die nach europäischem Gemeinschaftsrecht einen Sonderstatus innehaben[13], eine Liberalisierung des Aufenthaltsrechts der Ausländer voraus[14].

Die Argumente für die Verleihung des Wahlrechts im einzelnen bedürfen an dieser Stelle keiner ausführlichen Erörterung, da auf sie im Laufe der Untersuchung einzugehen sein wird. Als ihr Tenor kann jedoch festgehalten werden, die Ausländer seien nach mehrjährigem Aufenthalt im Bundesgebiet von den politischen Entscheidungen in vergleichbarer Weise wie die Deutschen betroffen. Die Verleihung des Wahlrechts sei von daher geradezu ein Gebot demokratischer Konsequenz.

Darüber hinaus werden die Ausländer als eine sozial besonders benachteiligte Gruppe angesehen, die des Wahlrechts als Vehikel zur Durchsetzung ihrer Interessen bedürfe. Für die Gemeindeebene leuchtet der Kritik die Beschränkung des Wahlrechts auf Deutsche angesichts des auf den örtlichen Rahmen und überwiegend auf die „Daseinsvorsorge" begrenzten Aufgabenkreises der Gemeinde noch weniger ein.

Das Wahlrecht für EG-Angehörige wird daneben als sinnvoller Schritt in Richtung auf die europäische Einigung gewertet.

Die folgende Untersuchung über die verfassungsrechtliche Zulässigkeit der Verleihung des Wahlrechts zu den staatlichen und kommunalen Vertretungskörperschaften an Ausländer legt den Begriff des Ausländers zugrunde, wie er in der Legaldefinition des § 1 II des Ausländergesetzes vom 28. 4. 1965[15] umschrieben ist: „Ausländer ist jeder, der nicht Deutscher im Sinne des Artikels 116 Abs. 1 des Grundgesetzes ist."

Die Deutschen im Sinne von Art. 116 I GG besitzen nach sämtlichen geltenden Wahlgesetzen das Wahlrecht ohnehin. Da das Grundgesetz in Art. 116 I vom Fortbestehen einer einheitlichen gesamtdeutschen Staatsangehörigkeit ausgeht[16], sind damit auch die Bürger der DDR und die Deutschen aus den ehemaligen Ostgebieten, sofern sie das gesetzliche Aufenthaltserfordernis erfüllen, wahlberechtigt.

Auf die Probleme, die sich aus der besonderen Rechtslage Deutschlands ergeben, braucht im vorliegenden Zusammenhang daher nicht zentral eingegangen zu werden. Diese Fragen werden nur berücksichtigt, so-

---

[13] Dazu 1. Teil, 1. Abschnitt, 1. Kap. D V 2; eine aufenthaltsrechtliche Sonderstellung nehmen auch die heimatlosen Ausländer im Sinne von § 1 des Gesetzes über die Rechtsstellung heimatloser Ausländer im Bundesgebiet vom 25. 4. 1951 (BGBl. I, S. 269) ein.
[14] Vgl. *Behrend*, S. 378; *Henkel*, Integration, S. 116; *Kevenhörster*, S. 67.
[15] BGBl. I, S. 353.
[16] Vgl. *BVerfGE* 36, 1, 30; kritisch *Rumpf*, S. 203 ff.

weit sie für die Auslegung einzelner Grundgesetzbestimmungen von Bedeutung sind.

Nicht unter das Thema der Arbeit fallen desweiteren schon nach § 1 II AuslG Personen mit mehrfacher Staatsangehörigkeit, sofern sie auch Deutsche im Sinne des Art. 116 GG sind.

Der sachliche Gegenstand der Arbeit ist das Wahlrecht zum Bundestag, zu den Landtagen (Bürgerschaften) und zu den Kommunalvertretungen.

Nicht berücksichtigt werden also all jene Formen rein informeller und beratender Einflußnahme auf die Entscheidungen der genannten Vertretungskörperschaften, die Ausländern bereits nach geltendem Recht offenstehen. Außerhalb der Betrachtung bleiben demnach insbesondere die individuellen Möglichkeiten der Anhörung und beratenden Mitwirkung von Ausländern auf Gemeindeebene[17], die Wahl sogenannter Ausländerparlamente ebenfalls auf kommunaler Ebene, wie sie bereits in mehreren deutschen Städten mit unterschiedlichem Erfolg vorgenommen wurde[18], sowie die Modelle, die ein gestuftes System der Ausländerrepräsentation über Koordinierungskreise und Beiräte mit beratender Funktion auf Bundes-, Landes- und kommunaler Ebene vorsehen[19].

---

[17] In Baden-Württemberg können Ausländer als sachkundige Einwohner vom Gemeinderat bzw. Kreistag zu den Beratungen einzelner Angelegenheiten zugezogen werden (§§ 10 I, 33 II GemO; 9, 23 I LKO). Sie können darüber hinaus als beratende Mitglieder in die beschließenden Ausschüsse (§§ 40 I 4 GemO, 27 I 3 LKO) und als Vollmitglieder in die beratenden Ausschüsse (§§ 41 I 3 GemO, 28 I 3 LKO) berufen werden. Ähnliche Bestimmungen gibt es in Niedersachsen; vgl. *Henkel*, Integration, S. 97 f. m. w. N.; die Anhörung von Ausländern erlaubt auch § 50 III SaarlKSVG (i. d. F. d. Bekanntmachung vom 2. 1. 1975, ABl. S. 49).
[18] Die Ausländerparlamente (z. B. in Troisdorf, Nürnberg, Offenbach, Wiesloch/Walldorf) haben rein beratende Funktion in Fragen, die Ausländer betreffen; z. T., jedoch nicht überall, ist ein Anhörungsrecht gegenüber dem Gemeinderat gegeben. Zu den bisherigen Erfahrungen mit dieser Einrichtung vgl. *Henkel*, Integration, S. 97; *Sasse*, S. 13; *Kevenhörster*, S. 64 f.
[19] Vgl. *Henkel*, Integration, S. 95 f.; *Kevenhörster*, S. 69 ff.

ERSTER TEIL

Das Wahlrecht zum Bundestag

1. Abschnitt

Zulässigkeit der Einräumung des Wahlrechts zum Bundestag an Ausländer de Constitutione lata

1. KAPITEL: AKTIVES WAHLRECHT

A. Das geltende Gesetzesrecht und sein Verhältnis zur Verfassung

I. Der Normenbefund

Eine Antwort auf die Frage, ob Ausländern das aktive Wahlrecht zum Bundestag verliehen werden kann, läßt sich aus dem Grundgesetz nicht auf den ersten Blick entnehmen. Der für die Bundestagswahl einschlägige Art. 38 GG regelt in seinem Absatz 2 die Wahlberechtigung nur insoweit, als er die Vollendung des 18. Lebensjahres zur Voraussetzung erhebt.

Die Abgeordneten werden zwar in Art. 38 I GG als solche des „Deutschen" Bundestages bezeichnet.

Dies erlaubt jedoch nicht den Schluß, die Wähler und Abgeordneten dürften ausschließlich Deutsche sein. Art. 38 I GG nimmt mit der Formulierung „Deutscher Bundestag" nur die Staatsbezeichnung des Art. 20 I GG wieder auf, drückt also eine Zuordnung von Staatsorgan und Staat aus. Der Name des Staates dokumentiert nur Grundentscheidungen in bezug auf die Staatsform („Bundesrepublik"), nicht aber verfassungsrechtliche Details[1].

Im übrigen sagt Art. 38 GG nicht ausdrücklich, daß das Wahlrecht auf Deutsche beschränkt bzw. Ausländer von ihm ausgeschlossen seien.

Diese Beschränkung findet sich ausdrücklich auch in keiner anderen Grundgesetzbestimmung[2]. Sie wird explizit erst durch § 12 I BWahlG

---

[1] Vgl. *Wernicke*, BK, II 1 a zu Art. 20 GG (Erstbearb.).

ausgesprochen. Danach besitzen das Wahlrecht zum Bundestag alle über 18 Jahre alten Deutschen im Sinne des Art. 116 I GG, die seit mindestens drei Monaten ihren Wohnsitz oder dauernden Aufenthalt im Wahlgebiet[3] haben[4].

Für die verfassungsrechtliche Beurteilung des § 12 I BWahlG kommen folgende Möglichkeiten in Betracht:

— erstens seine Verfassungswidrigkeit, wenn das Grundgesetz die Einräumung des Wahlrechts an Ausländer gebietet; das in Art. 38 III GG vorgesehene Ausführungsgesetz darf den von der Verfassung vorgegebenen Kreis der Wahlberechtigten nur konkretisieren, nicht aber einschränken[5].

— Zweitens die Verfassungsmäßigkeit des § 12 I BWahlG, wenn das Grundgesetz Ausländer vom Wahlrecht ausschließt,

— drittens Verfassungsmäßigkeit des § 12 BWahlG, wenn das Grundgesetz das Wahlrecht für Ausländer nicht ge- oder verbietet, es aber, indem es das Wahlrecht den Staatsangehörigen gewährleistet, auch nicht ausschließt,

— viertens Verfassungsmäßigkeit des § 12 I BWahlG, wenn das Grundgesetz insoweit eine Regelungslücke aufweist und damit dem einfachen Gesetzgeber in dieser Frage die Ausgestaltung überläßt.

Im ersten Falle *müßte*, im dritten und vierten Falle *könnte* das Ausländerwahlrecht durch entsprechende Änderung des Bundeswahlgesetzes eingeführt werden.

---

[2] Das Grundgesetz erwähnt den Ausländer ausdrücklich nur in Art. 74 Nr. 4, wo es das Aufenthalts- und Niederlassungsrecht des Ausländers der konkurrierenden Gesetzgebung zuweist. Wenn die Verfassung das Aufenthaltsrecht einer Personengruppe gesetzlicher Regelung unterwirft, ihr also nicht das Aufenthaltsrecht garantiert, so wird zu fragen sein, ob sie derselben Personengruppe gleichzeitig ein so weitgehendes Recht wie das Wahlrecht gewährleisten will.

[3] Wahlgebiet ist der Geltungsbereich des Grundgesetzes, das Bundesgebiet. Vgl. *Henkel*, Wahlrecht, S. 1.

[4] Mit der Beschränkung der Wahlberechtigung auf Deutsche setzt § 12 I BWahlG die Tradition früherer deutscher Wahlregelungen fort: § 1 Reichswahlgesetz vom 12. 4. 1849 (RGBl. 1849, S. 79); § 1 WahlG für den Reichstag des Norddeutschen Bundes vom 31. 5. 1869 (BGBl. Nr. 17, S. 145) iVm § 2 Gesetz, betreffend die Verfassung des Deutschen Reichs vom 16. 4. 1871 (BGBl. des Deutschen Bundes Nr. 16, S. 63); § 2 Verordnung über die Wahlen zur verfassunggebenden deutschen Nationalversammlung (Reichswahlgesetz) vom 30. 11. 1918 (RGBl. S. 1345); § 1 Reichswahlgesetz vom 27. 4. 1920 (RGBl. S. 627) i. d. F. der Bekanntmachung vom 6. 3.1924 (RGBl. I, S. 159); § 1 I Nr. 1, II Wahlgesetz vom 15. 6. 1949 (BGBl. S. 21); § 1 I Wahlgesetz vom 8. 7. 1953 (BGBl. I, S. 470).

[5] *von Mangoldt / Klein*, V zu Art. 38, S. 893; *Hamann / Lenz*, B 9 zu Art. 38; *Maunz*, in: MDH, Art. 38, Anm. 57; *Dolde*, Ausländer, S. 73; *Behrend*, S. 376.

II. Regelungsdefizit der Verfassung?

Für die zuletzt genannte Möglichkeit einer Regelungslücke in der Verfassung[6] könnte das formale Argument sprechen, daß das Wahlrecht erst in dem Ausführungsgesetz, das durch Art. 38 III GG zur Regelung der näheren Einzelheiten berufen ist, ausdrücklich auf Deutsche beschränkt wird. Das Fehlen einer ebenso ausdrücklichen Aussage in der Verfassung selbst könnte die Vermutung nahelegen, die Verfassung mache in den Wahlrechtsgrundsätzen und abgesehen von den Voraussetzungen des Art. 38 II GG keine näheren Aussagen über den Kreis der Wahlberechtigten, und dieser Auffassung sei auch der Gesetzgeber gewesen.

Die Übertragung näherer Regelung an den Gesetzgeber beweist jedoch nicht, daß sich die Verfassung einer Äußerung zu der näher zu regelnden Materie enthalten hat. Schon der Wortlaut des Art. 38 III GG („Das Nähere") bedeutet umgekehrt, daß eine Grundentscheidung in der Verfassung getroffen ist, deren Konsequenzen im einzelnen der gesetzgeberischen Konkretisierung überlassen bleiben[7].

Auf der anderen Seite zwingt die Tatsache, daß der Gesetzgeber eine bestimmte Regelung trifft, nicht zu dem Schluß, er sei vom Fehlen dieser Regelung in der Verfassung selbst ausgegangen. Umgekehrt ist die Wiederholung der bereits in der Verfassung enthaltenen Grundzügeregelung im Ausführungsgesetz üblich. So wiederholt § 12 BWahlG selbst in Nr. 1 des Absatz 1 den Art. 38 II 1. Halbsatz GG.

B. Die Wahlrechtsgrundsätze des Art. 38 I GG

Eine Regelung des Kreises der Wahlberechtigten könnte durch die in Art. 38 I GG aufgeführten Wahlrechtsgrundsätze getroffen sein.

Von den dort genannten fünf Wahlrechtsgrundsätzen können allerdings für die weitere Untersuchung von vornherein die der unmittelbaren, freien und geheimen Wahl ausgeschieden werden, da sie offensichtlich nichts über den Kreis der Wahlberechtigten aussagen, sondern nur das Wahlverfahren betreffen. Dagegen können die Grundsätze der allgemeinen und gleichen Wahl von Bedeutung sein.

I. Gleichheit der Wahl

Als spezieller Gleichheitssatz bezieht sich der Grundsatz der Gleichheit der Wahl nach einhelliger Ansicht nur auf Art und Ausmaß der Stimm-

---

[6] Die Worte „Grundgesetz" und „Verfassung" werden in dieser Arbeit synonym verwandt. Zu der Frage, inwieweit das Grundgesetz eine Verfassung darstellt, vgl. *Ehmke*, Grenzen, S. 80 ff.
[7] Vgl. *von Mangoldt/Klein*, V zu Art. 38 GG, S. 893; von einem Regelungsdefizit geht jedoch *Grabitz*, S. 27, aus.

B. Die Wahlrechtsgrundsätze des Art. 38 I GG

wertung und gebietet, jeder Stimme das gleiche Gewicht zuzumessen (Stimmwertgleichheit)[1]. Er setzt damit die Festlegung der Stimmberechtigung voraus und enthält selbst keine diesbezügliche Regelung.

II. Allgemeinheit der Wahl

Ebenso wie der Grundsatz der Gleichheit der Wahl gilt derjenige der Allgemeinheit der Wahl als spezielle Ausformung des Gleichheitssatzes[2]. Der Unterschied zwischen beiden ist lediglich ein „quantitativer"[3]: Während sich der Grundsatz der gleichen Wahl auf die Stimmwertung bezieht, betrifft der Grundsatz der allgemeinen Wahl die Stimmberechtigung.

Das im Grundsatz der allgemeinen Wahl enthaltene Gleichstellungsgebot wird nach herkömmlicher Auffassung so verstanden, daß das Stimmrecht grundsätzlich allen „Staatsbürgern" zustehen muß und nicht nur bestimmten Gruppen unter ihnen[4]. Zum Kreis der Staatsbürger werden dabei nur die Deutschen, also nicht die Ausländer gerechnet.

Abstriche vom allgemeinen Wahlrecht sind nur dort zulässig, wo infolge bestimmter persönlicher Eigenschaften eine vernünftige Wahlentscheidung nicht zu erwarten ist, wo also ein einleuchtender sachlicher Grund für eine Differenzierung zwischen den Staatsbürgern gegeben ist[5]. In diesem Sinne stellt zum Beispiel die Beschränkung des Wahlrechts auf Personen eines bestimmten Lebensalters in Art. 38 II GG eine zulässige Ausnahme vom Grundsatz der allgemeinen Wahl dar. Das gleiche gilt für die in den §§ 13, 14 BWahlG enthaltenen Beschränkungen.

Die herrschende Auffassung zur Allgemeinheit der Wahl entspricht dem traditionellen Verständnis und der historischen Stoßrichtung dieses Wahlrechtsgrundsatzes, wie sie sich im Laufe des 19. Jahrhunderts aus-

---

[1] Vgl. *BVerfGE* 1, 208, 244 ff.; 13, 243, 246 f.; 15, 165, 167; weitere Nachweise aus der Rspr. des BVerfG bei *Leibholz / Rinck*, Art. 38, Anm. 4 a; *Badura*, BK, Anh. z. Art. 38 GG: BWahlG, Anm. 5 ff.; *Maunz*, in: MDH, Art. 38, Anm. 34, Fußn. 8, Anm. 39; *Hesse*, Grundzüge, S. 60; *Herzog*, Demokratie und Gleichheit, S. 713; *Bläsi*, S. 1 f.

[2] Zahlreiche Nachweise aus der Rspr. des BVerfG bei *Leibholz / Rinck*, Art. 38, Anm. 2; *Badura*, BK, Anh. zu Art. 38, Anm. 2.

[3] *Rinck*, DVBl. 1958, S. 222 f.; *Maunz*, in: MDH, Art. 38, Anm. 34, Fußn. 8.

[4] Unbestritten, vgl. *von Mangoldt*, S. 231; *von Mangoldt / Klein*, Art. 38, III 2 c, S. 879; *Maunz*, in: MDH, Art. 38, Anm. 39, 39 ff., 40 m. Fußn. 4; *Hamann / Lenz*, Art. 38, B 2; *Badura*, BK, Anh. zu Art. 38: BWahlG, Anm. 3; *Schmidt-Bleibtreu / Klein*, Art. 38, Anm. 5; *Hesse*, Grundzüge, S. 59; *E. Stein*, S. 35; Grundlagen Wahlrecht, S. 28; *Herzog*, Demokratie und Gleichheit, S. 713; *Bläsi*, S. 1, 94; *Henkel*, Wahlrecht, S. 4; vgl. auch *Bäumlin*, S. 13; aus der Rspr. z. B. BVerfGE 11, 266, 272; 36, 139 ff. sowie die weiteren Nachweise bei *Leibholz / Rinck*, Art. 38, Anm. 3 f.

[5] *Maunz*, in: MDH, Art. 38 Anm. 40; vgl. *Seifert*, Art. 38, Anm. 6, S. 38; *von Mangoldt / Klein*, III 2 c zu Art. 38, S. 879, die aber zu Unrecht in diesem Zusammenhang auch das Kriterium der Deutscheneigenschaft nennen.

geformt und auch in den älteren deutschen Verfassungen und Wahlgesetzen ihren Niederschlag gefunden haben. Die Forderung des allgemeinen Wahlrechts wendet sich seit ihrem Entstehen, mehr oder weniger weitgehend, gegen den mit wirtschaftlichen, sozialen, bildungsmäßigen oder ähnlichen Gründen motivierten Ausschluß bestimmter Gruppen von Staatsbürgern von der Beteiligung an der staatlichen Willensbildung[6].

Beispielhaft für diese Zielrichtung des allgemeinen Wahlrechts ist die Wahlrechtsdebatte in der Frankfurter Paulskirchenversammlung im Jahre 1848. Die Verfechter des allgemeinen Wahlrechts mußten sich gegen starke Strömungen durchsetzen, die das Wahlrecht auf die „Selbständigen" unter den Staatsbürgern beschränken und damit Dienstboten, Handwerksgehilfen und Fabrikarbeiter sowie Tagelöhner in erster Linie mit dem Argument zu großer Abhängigkeit von ihrem Dienstherrn und dadurch bedingter Beeinflußbarkeit bei der Stimmabgabe ausschließen wollten[7].

Diese in der Diskussion um die Reichsverfassung von 1848 erstmals in Deutschland politisch bedeutsam gewordene Auffassung vom allgemeinen Wahlrecht als der Gegenposition zu Wahlrechtsbeschränkungen innerhalb des Kreises der Staatsbürger hat in der staatsrechtlichen und politischen Literatur der ersten Hälfte des 19. Jahrhunderts allerdings nur wenige Verfechter gehabt[8]. Von der überwiegenden Mehrheit im staatsrechtlichen Schrifttum wurde damals ein allgemeines Wahlrecht noch abgelehnt.

Die Reichsverfassung von 1871 sah in Art. 20 I das allgemeine Wahlrecht vor und knüpfte damit bewußt an Reichsverfassung und Reichswahlgesetz von 1849 an[9]. Wenn auch wegen des unterschiedlichen Erfolgswerts der Stimmen damals weiterhin bestimmte Bevölkerungsschichten, insbesondere die Arbeiterschaft, benachteiligt blieben[10], so war doch im Grundsatz die Beteiligung aller Staatsbürger (mit Ausnahme der Frauen) an der Wahl gesichert.

---

[6] Vgl. *Meyer, G.*, S. 412 ff., *Hesse*, Gleichheit, S. 119 f.; *E. Stein*, S. 36; *Bläsi*, S. 5 ff.; *Ruland*, S. 10. Das Stimmrecht der Frauen wurde erst später in den Begriff der allgemeinen Wahl einbezogen. Vgl. *Vogel / Nohlen / Schultze*, S. 20 f.

[7] Vgl. *Meyer*, S. 181 ff., *Frensdorff*, S. 143, 151; *Krüger*, Staatslehre, S. 95; *Schilfert*, S. 196 ff., 220 ff.; Einigkeit bestand jedoch auch weiterhin über den Ausschluß von Personen, die unter Vormundschaft oder Kuratel standen oder über deren Vermögen der Konkurs- oder Fallitzustand gerichtlich eröffnet worden war sowie der Bezieher von öffentlicher Armenunterstützung. Vgl. § 2 RWahlG 1849; *Schilfert*, S. 10.

[8] Vgl. die Literaturhinweise bei *Smend*, Maßstäbe, S. 20, Fußn. 4 und S. 32, Fußn. 13 sowie die Darstellung bei *Schilfert*, S. 16 ff.

[9] *Frensdorff*, S. 138; *Seifert*, S. 11.

[10] Der Reichstag hatte damals zudem eine wesentlich schwächere Stellung als der Weimarer Reichstag oder der heutige Bundestag; vgl. zum Wahlsystem im Kaiserreich *Vogel / Nohlen / Schultze*, S. 95 ff.; *Rittstieg*, S. 247 ff.

In der Weimarer Zeit wurde der Grundsatz der allgemeinen Wahl ausdrücklich dahin umschrieben, daß das Wahlrecht nicht von Voraussetzungen abhängig gemacht werden dürfe, die nicht jeder *Deutsche* im wahlfähigen Alter erfüllen könne[11].

Der Grundsatz der Allgemeinheit der Wahl wurde demnach nie anders denn als Verbot der Diskriminierung bestimmter Staatsbürgergruppen hinsichtlich ihrer Wahlberechtigung, nicht aber im Sinne der Einbeziehung sämtlicher Bewohner des Staatsgebiets einschließlich der Ausländer verstanden. Ein abgegrenzter Kreis von Staatsbürgern, innerhalb dessen der Gleichheitsmaßstab angelegt werden konnte, war damit vorausgesetzt. Der als Staatsbürger verstandene Staatsangehörige war als Bezugspunkt der allgemeinen Wahl mitgedacht.

Aus dem Verfassungsbegriff der allgemeinen Wahl selbst ist diese Beschränkung des vom Wahlrecht begünstigten Personenkreises auf die Staatsbürger allerdings nicht zu entnehmen. Dieser Begriff läßt schon nach der philologischen Interpretation des Wortes „allgemein" die Definition des Kreises derjenigen, die in den Genuß des als allgemein beschriebenen Wahlrechts kommen sollen, offen, setzt ihn also voraus. Der Begriff der Allgemeinheit der Wahl ist lediglich ein formaler Begriff. Er verlangt, daß die Verfassung außerhalb seiner, weil er selbst dies nicht leisten kann, den Kreis derjenigen bestimmt, die Objekt der Gleichstellung durch das allgemeine Wahlrecht sein sollen[12].

Die heute unangefochten herrschende Interpretation dieses Wahlrechtsgrundsatzes, die die Staatsangehörigkeit gerade nicht unter die für die Wahlberechtigung verbotenen Differenzierungsgesichtspunkte einreiht, hält also nur dann dem Maßstab der Verfassung stand, wenn sich aus dem Grundgesetz nicht entnehmen läßt, daß die Ausländer in das allgemeine Wahlrecht einbezogen werden müssen.

C. Der Zusammenhang von Art. 38 und Art. 20 GG

I. Wahl und Demokratie

Der Inhalt von Wahlrechtsgrundsätzen läßt sich nur aus der Funktion, die der Wahl nach der Verfassung im Zusammenhang des Staatsaufbaus zukommt, ermitteln. Wahlrecht und Staatsform bedingen einander.

Die Wahl zum Bundestag ist ein Kernstück der demokratischen Staatsordnung, die in den Absätzen 1 und 2 des Art. 20 GG für die Bundesre-

---

[11] RStGH in: *Lammers / Simons* I, S. 338; *Pohl*, S. 388; *Thoma*, Reich als Demokratie, S. 187, Fußn. 1; *Stier-Somlo*, S. 70 ff.
[12] Ebenso *Henkel*, Wahlrecht, S. 5, der von einem „regulativen Charakter" des Grundsatzes der allgemeinen Wahl spricht.

publik Deutschland festgelegt ist[1]. Die Verbindung des Art. 38 GG zu Art. 20 II GG ist schon nach dem Wortlaut der Bestimmungen durch zweierlei augenfällig: zum einen ist die in Art. 38 GG näher geregelte Bundestagswahl eine der Wahlen, durch die nach Art. 20 II 2 GG das Volk die Staatsgewalt ausübt. Zum anderen sind die gewählten Abgeordneten des Bundestages nach Art. 38 I 2 GG „Vertreter des ganzen Volkes".

Die Bedeutung dieser Bezeichnung liegt zwar in dem Bekenntnis des Grundgesetzes zum freien Mandat des Abgeordneten[2]. Sie drückt jedoch gleichzeitig die Eigenschaft des Bundestages als „Volksvertretung" aus[3].

In dieser Eigenschaft stellt er eines jener besonderen Organe (der Gesetzgebung) dar, die nach Art. 20 II 2 GG neben dem Volk zur Ausübung von Staatsgewalt berufen sind.

Die Verteilung der Ausübung der Staatsgewalt auf Volk und besondere Organe, wie sie Art. 20 II 2 GG vornimmt, kennzeichnet den besonderen Typus der grundgesetzlichen Demokratie: sie ist keine unmittelbare Demokratie, in der das Volk die Staatsgewalt ausschließlich selbst handelnd ausübt[4], sondern eine Form der mittelbaren, repräsentativen Demokratie.

Ihr Fundament erhält diese Staatsform durch Art. 20 II 1 GG. Der Satz, daß alle Staatsgewalt vom Volk ausgehe, beschreibt die Volkssouveränität als Inhalt des demokratischen Prinzips[5]. Er beschreibt eine bestimmte Form der Errichtung legitimer Herrschaft[6]: Die Ausübung von Staatsgewalt ist deshalb legitim, weil sie dem Volk zugerechnet werden kann und die sie ausübenden Organe dem Anspruch unterliegen, im Interesse des Volkes zu handeln. Demokratische Herrschaft heißt nicht zuletzt Verantwortung vor dem Volk[7].

In der repräsentativen Demokratie des Grundgesetzes erhält die Wahl des Bundestages ihre besondere Bedeutung aus ihrer zentralen Stellung

---

[1] *Kriele*, S. 63; *Seifert*, Art. 38, Anm. 1, S. 35.

[2] Vgl. hierzu *Badura*, BK, Art. 38 (Zweitbearb.), Anm. 48 ff.; *Maunz*, in: MDH, Art. 38, Anm. 9 ff.; das freie Mandat ist für den vorliegenden Problemkreis ohne Bedeutung.

[3] *Badura*, BK (Zweitbearb.), Art. 38, Anm. 48; auf den Zusammenhang zwischen Art. 38 und Art. 20 II weisen außerdem hin: *Maunz*, in: MDH, Art. 38, Anm. 34 mit Fußn. 7; *von Mangoldt / Klein*, II 3 zu Art. 38, S. 876; *Hamann / Lenz*, A 1 f. zu Art. 38; *Seifert*, Art. 38, Anm. 1, S. 35; *Ruppel*, S. 187; *Bläsi*, S. 94.

[4] *Zippelius*, S. 82.

[5] Vgl. *Maunz*, in: MDH, Art. 20, Anm. 46; zum Problem, ob der Staatsgewaltformel deklaratorischer oder konstitutiver Gehalt zukommt, vgl. *Steiner*, S. 44.

[6] Vgl. *Bäumlin*, S. 11; *Badura*, Diskussionsbeitrag VVDStRL 29 (1971), S. 95, 97; *H. H. Klein*, S. 169.

[7] *Kriele*, S. 60; *von Simson*, S. 6; *Hesse*, Grundzüge, S. 56; *Schnapp*, in: GG-Komm., Art. 20, Anm. 30; *Schindler*, Staatswillen, S. 28; *Bäumlin*, S. 104; *Scheuner*, Repräsentatives Prinzip, S. 398 f. *H. H. Klein*, S. 168.

in diesem Legitimationsprozeß. Da von dem gewählten Parlament alle anderen Staatsorgane abhängig sind, nimmt die Wahl im Verhältnis zu dem gewählten Repräsentativorgan der Gesetzgebung unmittelbar und im Verhältnis zu allen anderen Organen mittelbar die von Art. 20 II 1 GG geforderte Rückkoppelung aller Ausübung von Staatsgewalt an das Volk vor[8].

Das Recht zur Teilnahme an dieser Wahl erweist sich von daher als eine Funktion dieses Legitimationszusammenhanges. Wählen und damit legitimieren kann nur, wer zu denen gehört, die Quelle der Legitimation sein sollen. Indem das Grundgesetz diese Legitimationseinheit als das „Volk" benennt, schließt es alle, die nicht zum Volk gehören, vom Wahlrecht aus: Die Staatsgewalt würde sich nicht mehr vom Volk her legitimieren, wenn auch Personen, die nicht zum Volk gehören, an dem Legitimationsakt, den das Volk durch die Aktivbürgerschaft in der Wahl vornimmt, beteiligt wären[9]. Das ausschließliche Herrschaftsrecht des Volkes wäre geschmälert, d. h. aufgehoben.

Der Schlüssel zur Bestimmung des Kreises der zum Bundestag Wahlberechtigten liegt daher im Begriff des Volkes[10]. Die Zulässigkeit des Ausländerwahlrechts hängt also davon ab, ob der Volksbegriff auch Ausländer umfaßt.

II. Die Verwendung des Begriffes Volk im Grundgesetz

Der Begriff des Volkes wird weder in Art. 20 noch an anderer Stelle im Grundgesetz genau definiert. Er wird jedoch außer in Art. 20 II GG noch mehrfach an anderer Stelle gebraucht: teils wie in Art. 20 II GG ohne weiteren Zusatz (Art. 21 I, 28 I 2, 38 I), dabei in Art. 28 I 2 GG im Zusammenhang mit einer Differenzierung nach Ländern, Kreisen und Gemeinden; mehrfach mit dem Attribut „deutsches Volk" (Präambel, Art. 1 II, 56, 146) sowie in den substantivischen Zusammensetzungen Volksabstimmung (Art. 29 II), Volksentscheid (Art. 29 III, IV, V, VI), Volksbegehren (Art. 29 II, III), Volksbefragung (Art. 118), Volksvertretung (Art. 10 II, 17, 54 III, 115 h I, 144 I) und Volkszugehörigkeit (Art. 116 I).

Aus dieser vielfältigen Gebrauchsweise des Begriffes Volk werden sich möglicherweise Rückschlüsse auf den Inhalt des Begriffes in Art. 20 II GG ziehen lassen. Wegen des jeweils unterschiedlichen Zusammenhanges, in dem der Begriff je nach Regelungsgegenstand und systematischer Stellung verwendet wird, erscheint eine vorschnelle Identifizierung der jeweiligen Begriffsinhalte jedenfalls nicht angebracht[11].

---
[8] *Kriele*, S. 63 und 82, Leits. 7.
[9] So ausdrücklich auch *Behrend*, S. 276; *Ruland*, S. 11.
[10] *Zuleeg*, DVBl. 1974, S. 349.
[11] Vgl. *Maunz*, Staatsrecht, S. 222.

III. Die Verschiedenheit der Volksbegriffe in Art. 20 II 1 und Art. 20 II 2 GG

Schon in Art. 20 II GG selbst wird der Begriff Volk in verschiedener Weise verwendet. Der Unterschied der beiden Volksbegriffe in Satz 1 und 2 von Art. 20 II GG ergibt sich aus der unterschiedlichen Funktion, die der als Volk bezeichneten Gruppe jeweils zugesprochen wird. Das Grundgesetz unterscheidet zwischen Trägerschaft und Ausübung der Staatsgewalt[12].

Die Ausübung von Staatsgewalt durch Wahlen und Abstimmungen setzt eine Gruppe von Menschen voraus, die im Besitz entsprechender Entscheidungs- und Handlungsfähigkeit sind. Dem entspricht die zu allen Zeiten und in allen demokratischen Staaten übliche Handhabung, das Wahlrecht zum Beispiel erst ab einem bestimmten Lebensalter zuzusprechen, also insbesondere Kinder und Jugendliche hiervon auszuschließen.

Mit einem Kreis von in diesem Sinne Handlungsfähigen rechnet das Grundgesetz, wenn es von dem die Staatsgewalt ausübenden Volk spricht. Unter Volk im Sinne von Art. 20 II 2 GG ist demgemäß nur die Gruppe der nach staatlichem Recht Wahlberechtigten, die „Aktivbürgerschaft"[13] zu verstehen[14].

Demgegenüber handelt es sich in Art. 20 II 1 GG um den Zurechnungs- und Legitimationszusammenhang, wie er — für die demokratische Staatsform kennzeichnend — zwischen jeder staatlichen Herrschaftsausübung und Volk bestehen muß.

Aus dem funktionellen Gehalt des Volksbegriffes im Sinne von Aktivbürgerschaft läßt sich der Kreis derjenigen, die für die Wahlberechtigung in Betracht kommen, nicht ermitteln. Die Gruppe der Aktivbürger formiert sich aus dem umfassenderen[15] Kreis derjenigen, denen der Wille der Aktivbürgerschaft zugerechnet wird, die Legitimationsquelle der staatlichen Herrschaft sind. Wer zu den Aktivbürgern gehört, muß zu-

---

[12] *Kriele*, S. 60; *von Mangoldt / Klein*, Art. 20, V 3 d, S. 595; *Steiner*, S. 221; *Maunz*, in: MDH, Art. 20, Anm. 50.

[13] Aktivbürgerschaft meint die Wahlberechtigten, nicht diejenigen, die von ihrem Recht tatsächlich Gebrauch machen. Vgl. *Affolter*, S. 80 f.; *Schönherr*, S. 61.

[14] Ganz h. M.; z. B. *Maunz*, in: MDH, Art. 20, Anm. 49; *Wernicke*, BK, II 2 b zu Art. 20; *von Mangoldt / Klein*, V 3 c, d zu Art. 20, S. 595 f.; *Schnapp*, in: GG-Komm., Art. 20, Anm. 31; *Steiner*, S. 45, Fußn. 140; *Rolvering*, S. 76; *Behrend*, S. 376; *Henkel*, Integration, S. 100.

[15] Der Abgrenzung von Volk als Träger der Staatsgewalt und Volk als Aktivbürgerschaft liegt die Vorstellung konzentrischer Kreise zugrunde: Volk in Art. 20 II 1 ist die größere Einheit und schließt das Volk des Art. 20 II 2 ein. Vgl. *Wernicke*, BK, II 1 c zu Art. 20; *Rolvering*, S. 76; *Behrend*, S. 376; Volk in Art. 20 II 1 und 2 GG setzen gleich (jeweils im Sinne von Aktivbürgerschaft): *von Mangoldt*, S. 136; *Schlenker*, S. 1; *Ruppel*, S. 187.

gleich zum Volk als dem Träger der Staatsgewalt gehören. Der für die Fragestellung entscheidende Volksbegriff ist also der des Art. 20 II 1 GG.

D. Der Volksbegriff des Art. 20 II 1 GG

I. Die heutige Lehre

Die heutige Staatsrechtslehre definiert das Volk in Art. 20 II 1 GG fast unangefochten als die Gesamtheit der Staatsangehörigen[1]. Gegenüber der Weimarer Lehre zu Art. 1 II WRV besteht insofern ein Unterschied, als diese unter Volk in Art. 1 II WRV nur die Aktivbürgerschaft verstand, obwohl die Formulierung des Art. 1 II WRV mit der des Art. 20 II 1 GG praktisch identisch war[2]. Begründungen für die von der h. M. angenommene Beschränkung auf die Staatsangehörigen sind selten. Ernsthafte Ansätze finden sich in der Lehre erst, seitdem die Forderung nach dem Ausländerwahlrecht ihre Berechtigung aus demselben Art. 20 II 1 GG, dessen Volksbegriff sie im Sinne einer staatsangehörigkeitsunabhängigen „Lebens- und Schicksalsgemeinschaft" deutet, herzuleiten versucht[3].

---

[1] *Maunz*, in: MDH, Art. 20, Anm. 49; *Wernicke*, BK, II 1 c zu Art. 20; *Schönherr*, S. 3, Fußn. 9; *Schulz-Schaeffer*, S. 5 f.; *Hamm*, S. 94; *Asam*, S. 6 f.; *Kempen*, S. 71; *Behrend*, S. 376; *Ruland*, S. 10; *Henkel*, Integration, S. 100.
Ausländer sind dementsprechend nach h. M. kraft Verfassung vom Bundestagswahlrecht ausgeschlossen: *von Mangoldt / Klein*, Vorb. A II 3 c vor Art. 1 GG; *Kimminich*, BK, Art. 16, Anm. 147 (Zweitbearb. 1964); *Schmitt Glaeser*, Mißbrauch, S. 185 f.; *Bläsi*, S. 92 f.; *Kraus*, S. 90; *Heuer*, S. 36; *Bender*, S. 81; *Ruppel*, S. 23 f., 186 f.; *Papke*, S. 2327; *Rose*, S. 226; *Schiedermair*, S. 446 f.; *Scheidle*, S. 120; *E. Stein*, S. 117; *H. W. Thieme*, S. 64 (anders S. 88); *Tomuschat*, S. 57; *Dolde*, Ausländer, S. 72 f.; *Dolde*, DÖV 1973, S. 372; *Behrend*, S. 376 f.; *Isensee*, VVDStRL 32 (1974), S. 92 ff.; *Doehring*, VVDStRL 32 (1974), S. 35 f.; *Vogel*, Diskussionsbeitrag VVDStRL 32 (1974), S. 115; *Leisner*, Diskussionsbeitrag VVDStRL 32 (1974), S. 130 f.; *Sasse*, S. 17, 44; *Ruland*, S. 10 f.; *Henkel*, Integration, S. 100 f. Vgl. für die Schweiz *Fehrlin*, S. 103; *Moser*, S. 350; *Giacometti*, S. 185 ff.; für die allgemeine Staatslehre siehe *Jellinek*, S. 723; *Kelsen*, Staatslehre, S. 159; *C. Schmitt*, Verfassungslehre, S. 168 f.; *Krüger*, Staatslehre, S. 592, Fußn. 66; *Zippelius*, S. 50; *Küchenhoff*, S. 828; aus der Sicht des Völkerrechts: *Guggenheim*, S. 311; *Berber*, S. 353, 364, 382; *Doehring*, VVDStRL 32 (1974), S. 32 f.; *Britsch*, S. 26, 37; *Hauser*, S. 34 f.; *Schindler*, Gleichberechtigung, S. 12 f.; *Kimminich*, Völkerrechtsfragen, S. 134, 137.

[2] „Die Staatsgewalt geht vom Volke aus." Zur Interpretation des Art. 1 II WRV (Volk = Aktivbürgerschaft), der eine dem Art. 20 II 2 GG vergleichbare Bestimmung allerdings nicht enthielt, vgl. *Anschütz*, Art. 1, Anm. 2, S. 38; *Thoma*, Jurist. Bedeutung, S. 26; *Thoma*, Reich als Demokratie, S. 187; *Sartorius*, S. 281; *Jahrreiß*, S. 633. Nach Weimarer h. L. waren Ausländer ebenfalls vom Wahlrecht ausgeschlossen; vgl. *Anschütz*, Art. 1, Anm. 2, S. 38; *Thoma*, Jurist. Bedeutung, S. 27; *Thoma*, Reich als Demokratie, S. 187; *Strupp*, S. 274 f., 278; *Laun*, S. 244; *Fuld*, S. 45 f.; *Harz*, S. 28, 134; *Heinze*, S. 9; *Kimme*, S. 24; *Kotthaus*, S. 25; für die Zeit vor 1918 ebenso *Beutner*, S. 56; *Frensdorff*, S. 138; *G. Meyer*, S. 453 f.; *Zorn*, S. 16, 24, 28, 50 ff., 116; vgl. die historische Darstellung bei *Friederichsen*, S. 251.

[3] So insbesondere *Zuleeg*, DVBl. 1974, S. 349.

II. Die Entstehungsgeschichte

Im Parlamentarischen Rat[1] ist der Begriff des Volkes bei den Verhandlungen zum späteren[2] Art. 20 GG[3] nur einmal näher zur Sprache gekommen.

Der Abgeordnete Dr. Schmid erläuterte den Inhalt des späteren Art. 20 II 1 GG dahingehend, daß hiernach die letzte irdische Quelle der Gewalt im Staate das konkrete lebende Volk, die Summe der jeweils lebenden einzelnen Deutschen sei[4]. An Ausländer war demnach bei dem Begriff Volk nicht gedacht.

Die Beratungen zum späteren[5] Art. 38 GG[6] sind in diesem Zusammenhang zwar unergiebig. Dennoch trifft die im Schrifttum vertretene Auffassung nicht zu, daß damals über die Frage des Wahlrechts für Ausländer nie gesprochen worden sei[7]. Einen Anlaß hierzu sahen die Abgeordneten allerdings nicht bei der Beratung der speziellen Wahlrechtsbestimmungen, sondern bei Art. 3 GG.

Der Allgemeine Redaktionsausschuß hatte am 13. 12. 1948 vorgeschlagen, den Gleichheitssatz des heutigen Art. 3 I GG nicht im Sinne eines Menschenrechts, sondern, wie in der Weimarer Reichsverfassung, als Deutschenrecht zu formulieren. Dies war mit der Erwägung begründet worden, der Ausländer könne verfassungsrechtlich dem Inländer nicht gleichgestellt werden, z. B. nicht hinsichtlich Wahlen, Versammlungsfreiheit und Grunderwerbsfreiheit[8].

In der zweiten Lesung des Hauptausschusses (42. Sitzung vom 18. 1. 1949) verteidigte der Abgeordnete Dr. von Mangoldt die Fassung des Gleichheitssatzes als Menschenrecht mit dem Hinweis auf die besonderen Bestimmungen der Verfassung, in denen ausdrücklich die notwendige Beschränkung auf Deutsche vorgenommen sei und sagte: „Der besondere Artikel etwa über das Wahlrecht (...) nimmt diese notwendige Beschränkung vor[9]."

Die Wahlrechtsartikel sämtlicher Entwürfe, die bis zum Zeitpunkt dieser Äußerung vorgelegt worden waren, sahen vor, daß die Abgeordneten des Bundestages „vom Volk" gewählt werden[10]. Diese Hervorhe-

---

[1] Der *Herrenchiemseer Konvent* hatte einen mit Art. 20 GG vergleichbaren Artikel nicht in seinem Entwurf vorgesehen.
[2] In früheren Entwürfen war der Inhalt von Art. 20 unter Art. 21 vorgesehen.
[3] Vgl. JÖR NF 1 (1951), S. 195 ff.
[4] JÖR NF 1 (1951), S. 199.
[5] Der Inhalt von Art. 38 GG war in früheren Entwürfen unter Art. 45 - 47 vorgesehen.
[6] JÖR NF 1 (1951), S. 349 ff.
[7] So aber *Dolde*, Ausländer, S. 72 und DÖV 73, 372 sowie *Ruland*, S. 10.
[8] Vgl. JÖR NF 1 (1951), S. 71.
[9] *Parlamentarischer Rat*, Verhandlungen des Hauptausschusses, S. 538; vgl. auch JÖR NF 1 (1951), S. 71.

bung wurde erst in der vierten Lesung des Hauptausschusses vom 5. 5. 1949 ohne nähere Begründung gestrichen[11]. Die Streichung dürfte aus sprachkosmetischen Gründen erfolgt sein. Da die Regelung des freien Mandats der Abgeordneten („Vertreter des ganzen Volkes"), die in den früheren Entwürfen einem eigenen Artikel vorbehalten war, in derselben Sitzung als Satz 2 in einem Absatz desselben Artikels mit der eigentlichen Wahlrechtsvorschrift zur endgültigen Gestalt des Art. 38 I GG zusammengefaßt wurde[12], wäre ohne die Streichung das Wort „Volk" zweimal dicht hintereinander vorgekommen, ohne daß dies — wie in Art. 20 II 2 GG zur Differenzierung zwischen Volk und besonderen Organen — erforderlich gewesen wäre. Die Auffassung des Abgeordneten Dr. von Mangoldt, der Wahlrechtsartikel schließe die Ausländer ausdrücklich vom Wahlrecht aus[13], — ihr wurde in den Beratungen nicht widersprochen — läßt sich jedenfalls nur damit erklären, daß in dem damals noch vorhandenen Zusatz, die Abgeordneten würden „vom Volk" gewählt, unter Volk nur die wahlberechtigten Deutschen verstanden wurden. Die spätere Streichung dieses Zusatzes bezeugt keinen Sinneswandel des Verfassunggebers. Sie dokumentiert vielmehr die Selbstverständlichkeit, mit der man von der Beschränkung des Wahlrechts auf Deutsche ausging[14], zumal der Gedanke der Wahl durch das Volk in dem Begriff der „Volks"-Vertretung in Art. 38 I 2 GG aufrechterhalten war.

Die Entstehungsgeschichte des Grundgesetzes ergibt daher, daß — jedenfalls im Zusammenhang mit Wahlen und damit dem demokratischen Entscheidungsprozeß insgesamt — der Begriff Volk in Art. 20 II, 38 GG Ausländer nicht umfassen sollte.

III. Systematische Interpretation des Volksbegriffs

1. *Volk ohne adjektivischen Zusatz*

Die Möglichkeiten, den Begriff Volk aus dem Zusammenhang der anderen Grundgesetz-Bestimmungen, in denen er — ebenso wie in Art. 20 II GG — ohne den adjektivischen Zusatz „deutsch" gebraucht wird, näher zu umreißen, sind begrenzt. In dem schon erwähnten Art. 38 I GG ist, da der Bundestag Organ des Bundes ist, das von ihm vertretene Volk das Volk des Bundes[1] im Gegensatz zum Volk der Länder, Kreise

---

[10] Vgl. Art. 45 I des Entwurfs von Herrenchiemsee, abgedr. in JÖR NF 1 (1951), S. 349. Art. 45 GG-Entwurf, Formulierungen des Organisationsausschusses (Stand 18. 10. 1948), Drucks. Nr. 203, abgedr. in JÖR NF 1 (1951), S. 351. Art. 45 der Fassung des Hauptausschusses in dritter Lesung, abgedr. in JÖR NF 1 (1951), S. 353.
[11] JÖR NF 1 (1951), S. 353.
[12] JÖR NF 1 (1951), S. 353.
[13] *H. W. Thieme*, S. 27, meint, diese Voraussetzung, von der Dr. von Mangoldt ausgegangen sei, sei angesichts der Formulierung des Art. 38 GG nicht eingetreten.
[14] *Ruppel*, S. 187 mit Fußn. 1; *Dolde*, Ausländer, S. 72; *Ruland*, S. 10.

und Gemeinden, für das von Art. 28 I 2 GG jeweils eigene Vertretungsorgane vorgesehen sind. Das Grundgesetz bezeichnet also Personeneinheiten, die verschiedenen Territorien zuzuordnen sind, mit dem Begriff Volk. Aus den beiden genannten Bestimmungen allein läßt sich aber nicht entnehmen, ob das territorial unterschiedene Volk jeweils auch in seiner personellen Zusammensetzung unterschiedlich ist, ob also für die verschiedenen Territorien jeweils ein anderer Volksbegriff verwendet wird, oder ob es sich im Bund und den anderen Gebietsverbänden insgesamt um ein und dieselbe Personeneinheit handelt, die nur unter territorialem Aspekt untergliedert wird.

Für diese letztere Interpretation spricht Art. 21 I GG. Der Wirkungsbereich der Parteien bei der politischen Willensbildung, also im Vorfeld der in Art. 20 II GG angesprochenen formalisierten Staatswillensbildung, erstreckt sich gleichermaßen auf Gesamtstaat, Gliedstaaten und unterstaatliche Verbände. Es liegt nicht gerade nahe, daß derselbe Begriff Volk, bezogen auf den einen Grundgesetz-Artikel, in dem er gebraucht wird, je nach Gebietseinheit einen — abgesehen von der territorialen Differenzierung — unterschiedlichen Inhalt hat.

2. Volk als „deutsches Volk"

Da das Grundgesetz den Begriff Volk an mehreren Stellen in der Verbindung „deutsches Volk" verwendet, bietet es sich an, in der Deutscheneigenschaft das verbindende Merkmal zu sehen, das dem Volksbegriff der Verfassung auch in seiner schon festgestellten territorialen und funktionalen[2] Differenzierung zugrunde liegt.

a) Der Begriff des Deutschen nach Art. 116 I GG

Wer zum deutschen Volk gehört, wird von Art. 116 I GG definiert[3]. Deutscher im Gegensatz zum Ausländer[4] ist danach, „wer die deutsche Staatsangehörigkeit besitzt oder als Flüchtling oder Vertriebener deutscher Volkszugehörigkeit oder als dessen Ehegatte oder Abkömmling in dem Gebiet des Deutschen Reiches nach dem Stande vom 31. Dezember 1937 Aufnahme gefunden hat".

Das deutsche Volk ist die Gesamtheit dieser Deutschen, bestehend aus Staatsangehörigen und Volkszugehörigen.

Der Begriff Volk in Volkszugehörigkeit ist nicht identisch mit Volk in dem Begriff „deutsches Volk": Volk ist in dem Begriff Volkszugehörig-

---
[1] Vgl. *von Mangoldt*, S. 223, 231; *von Mangoldt / Klein*, IV 3 zu Art. 38, S. 888; *Maunz*, in: MDH, Art. 38, Anm. 3, 5 und Art. 20, Anm. 48; *Henkel*, Wahlrecht, S. 1.
[2] Demokratisch-funktionale Differenzierung des Art. 20 II: Volk als Aktivbürgerschaft und als Legitimationseinheit, s. o. C. III.
[3] *Asam*, S. 6.
[4] Vgl. § 1 II AuslG.

keit in kultursoziologischem Sinn gebraucht[5]. Zum deutschen Volk können als Staatsangehörige aber auch Personen zählen, die nicht in dem soeben genannten Sinne Volkszugehörige sind, da nach Staatsangehörigkeitsrecht die Möglichkeit der Einbürgerung von Ausländern besteht und diese die Volkszugehörigkeit nicht voraussetzt[6].

b) Staatenordnung und Staatsangehörigkeit als Verfassungsvoraussetzung

Wie die Verweisung in der Definition des Art. 116 I GG erkennen läßt, setzt das Grundgesetz die Staatsangehörigkeit als Institution voraus und schließt damit an das vorkonstitutionelle deutsche Gesetzesrecht, insbesondere das Reichs- und Staatsangehörigkeitsgesetz[7] sowie das Völkerrecht an[8].

Die Anerkennung der Staatsangehörigkeit als Institution ergibt sich über Art. 116 I GG hinaus auch aus den Art. 16 I, 73 Nr. 2, 74 Nr. 4 und 8, 19 III GG. Sie bedeutet allerdings nicht, daß der Inhalt des Verfassungsbegriffs der Staatsangehörigkeit im einzelnen mit den Merkmalen, die die Staatsangehörigkeit nach früherem oder gegenwärtigem Gesetzesrecht kennzeichnen, übereinstimmen muß[9]. Staatsangehörigkeit als Verfassungsbegriff ist, wie insbesondere die Kompetenznormen der Art. 73 Nr. 2 und 74 Nr. 8 GG zeigen, inhaltlich nicht starr festgeschrieben, sondern für Fortbildungen offen[10].

Um eine derartige Fortbildung handelt es sich aber nicht, wenn in Art. 116 I GG für die Deutscheneigenschaft neben der deutschen Staatsangehörigkeit die deutsche Volkszugehörigkeit maßgeblich ist. Ebensowenig kann hier von einer Überwindung des „formalen Kriteriums" der

---

[5] Vgl. die Definition der Volkszugehörigkeit in § 6 des Gesetzes über die Angelegenheiten der Vertriebenen und Flüchtlinge (BVFG) i. d. F. vom 23. 10. 1961 (BGBl. I, S. 1883) / 3. 8. 1964 (BGBl. I, S. 571): „Deutscher Volkszugehöriger im Sinne dieses Gesetzes ist, wer sich in seiner Heimat zum deutschen Volkstum bekannt hat, sofern dieses Bekenntnis durch bestimmte Merkmale, wie Abstammung, Sprache, Erziehung, Kultur bestätigt wird"; vgl. *Maunz*, in: MDH, Art. 116, Anm. 13.

[6] Vgl. § 8 RuStG; allerdings setzt die Einbürgerung in der Praxis die Eingliederung in die deutschen Lebensverhältnisse voraus; dies hat aber mit „Volkszugehörigkeit" nichts zu tun.

[7] Vom 22. 7. 1913 (RGBl. S. 583), dazu Verordnung über die deutsche Staatsangehörigkeit vom 5. 2. 1934 (RGBl. S. 85).

[8] *Isensee*, VVDStRL 32 (1974), S. 59, Fußn. 22; *Maunz*, Staatsrecht, S. 26; *Maunz*, in: MDH, Art. 116, Anm. 2.

[9] Vgl. *Leisner*, Verfassungsmäßigkeit, S. 29, Fußn. 63 und S. 33 mit Fußn. 77.

[10] *Isensee*, VVDStRL 32 (1974), S. 59, Fußn. 22; es handelt sich daher nur bedingt um einen Begriff der „Verfassung nach Gesetz", also einen Begriff, der seinen Inhalt aus einem gegenüber der Verfassung niederrangigen Normbereich bezieht. Zum Problem der Verfassung nach Gesetz und der Gefahr unkritischen Rückgriffs auf die Begrifflichkeit niederrangigen Rechts s. *Leisner*, Verfassungsmäßigkeit, passim, insb. S. 26 ff.; kritisch zu Leisner und allgemein zum Problem *Majewski*, passim, insb. S. 17 ff., 20.

Staatsangehörigkeit durch Anknüpfung an tatsächliche Verhältnisse[11] gesprochen werden. Die Aufnahme eines besonderen Status des „Deutschen ohne deutsche Staatsangehörigkeit" in das Grundgesetz ist ausschließlich aus der Nachkriegssituation zu erklären. Sie war dazu bestimmt, der durch Vertreibung und Verfolgung Volksdeutscher im Anschluß an den zweiten Weltkrieg hervorgerufenen anomalen Situation und den Notzuständen der Nachkriegszeit Rechnung zu tragen[12].

Diese Zielsetzung kennzeichnet Art. 116 I GG als echte, nicht nur durch seine Stellung im gleichnamigen Abschnitt des Grundgesetzes als solche ausgewiesene Übergangsvorschrift, die nach und nach durch Aufnahme der Betroffenen in den Kreis der Staatsangehörigen überflüssig wird[13].

Der Gesetzgeber hat dem Rechnung getragen, indem er den Deutschen ohne deutsche Staatsangehörigkeit im Sinne von Art. 116 I GG durch § 6 I des Gesetzes zur Regelung von Fragen der Staatsangehörigkeit vom 22. 2. 1955[14] einen Anspruch auf Einbürgerung eingeräumt hat. Damit bleibt der Besitz der Staatsangehörigkeit die eigentliche Grundlage der Deutscheneigenschaft und wird vom Grundgesetz als der Normalfall angesehen[15]. Die vorliegende Untersuchung bedarf daher keiner Differenzierung für Deutsche mit und ohne deutsche Staatsangehörigkeit, sondern kann den Normalfall der Staatsangehörigkeit zugrundelegen.

Die Verweisung auf die Institution Staatsangehörigkeit macht deutlich, daß das Grundgesetz wie jede Verfassung kein lückenloses System der gesamten Verfassungsmaterie enthält, sondern daß es auf bestimmten Grundlagen aufbaut, die es selbst nicht regelt, die aber zur Verfassung im materiellen Sinne gehören. Der Gesamtkomplex dieser Grundlagen wird in der Literatur mit dem Begriff der „Verfassungsvoraussetzungen" gekennzeichnet und als ein Teil der Verfassungssätze außerhalb der geschriebenen Verfassung angesehen[16].

Der Anerkennung der Institution Staatsangehörigkeit kommt in diesem Zusammenhang insofern Bedeutung zu, als das Grundgesetz hiermit die von ihm vorgefundene Staatenordnung widerspiegelt. Es ist die Verfassung eines Staates, der sich in eine Gemeinschaft von Staaten, die nicht nur in territorialer Hinsicht, sondern durch die Institution der

---

[11] So *Dolde*, Ausländer, S. 77.
[12] *Maunz*, in: MDH, Art. 116, Anm. 2; so auch *Dolde* selbst, Ausländer, S. 57; *Asam*, S. 6.
[13] *Maunz*, in: MDH, Art. 116, Anm. 2.
[14] BGBl. I, S. 65. Die Einbürgerung steht nur unter dem Vorbehalt, daß der Antragsteller die Staatssicherheit nicht gefährdet.
[15] *Rolvering*, S. 5; die Deutschen ohne (formelle) deutsche Staatsangehörigkeit haben, da sie den deutschen Staatsangehörigen nach Rechten und Pflichten gleichgestellt sind, materiell den Status von Staatsangehörigen inne; vgl. G. *Hoffmann*, S. 306 f.
[16] Zum Begriff der Verfassungsvoraussetzungen: *Krüger*, Verfassungsvoraussetzungen, S. 286 ff.

Staatsangehörigkeit auch in personeller Hinsicht gegeneinander abgegrenzt sind, einfügt und einfügen muß[17].

Das Grundgesetz setzt die Staatenordnung der Gegenwart als die Umwelt, in die das von ihm verfaßte Staatswesen hineingestellt ist, voraus und macht diese Verfassungsvoraussetzung durch Anerkennung der Institution Staatsangehörigkeit sichtbar.

Dies ergibt sich auch aus den Bestimmungen des Grundgesetzes, die Ausdruck seiner völkerrechtsfreundlichen Grundhaltung sind: Präambel Satz 1, Art. 9 II, 24 - 26, 32 GG[18]. Die Öffnung zum Völkerrecht und zu zwischenstaatlichen Beziehungen setzt abgegrenzte Staatlichkeit voraus. Mit der Anerkennung der Staatsangehörigkeit und der damit verbundenen Unterscheidung zwischen Staatsangehörigen und Staatsfremden folgt das Grundgesetz einem Gebot des Völkerrechts. Die Weigerung eines Staates, den Kreis seiner Staatsangehörigen überhaupt zu bestimmen, wäre nach der gegenwärtigen Staatenordnung ein völkerrechtswidriges Verhalten[19].

Die Staatsangehörigkeit läßt sich demnach vom Staatsbild des Grundgesetzes nicht trennen, weil sie wesentlicher Bestandteil der vom Grundgesetz vorausgesetzten Staatenordnung, wie sie sich im Laufe der beiden letzten Jahrhunderte herausgebildet hat, und deren Staaten ist[20].

Zwar ist mit der deutschen Staatsangehörigkeit in Art. 116 I GG nicht eine eigene formelle Staatsangehörigkeit des Staates Bundesrepublik Deutschland gemeint; vielmehr wird hiermit an einer gesamtdeutschen Staatsangehörigkeit festgehalten, die zugleich die Staatsangehörigkeit der Bundesrepublik Deutschland sei[21]. Diese Problematik, die auf der besonderen Rechtslage Deutschlands beruht, wie sie in der Folge des zweiten Weltkriegs entstanden ist, kann hier jedoch vernachlässigt werden, da es in dieser Arbeit nur um die Abgrenzung zum Ausländer geht und der Ausländerbegriff negativ aus Art. 116 I GG abgeleitet ist.

Liegt dem Begriff des Deutschen und damit dem des deutschen Volkes nach dem Verfassungstext die Institution Staatsangehörigkeit zugrunde und wird hierin ein bestimmtes, von der Verfassung vorausgesetztes Staatsbild sichtbar, so muß eine Verfassungsauslegung, die bei Beach-

---

[17] Vgl. *Doehring*, VVDStRL 32 (1974), S. 8.
[18] Zum Verfassungsgrundsatz der Völkerrechtsfreundlichkeit vgl. *Isensee*, VVDStRL 32 (1974), S. 57, Fußn. 18 m. w. N.; *Maunz*, in: MDH, Art. 25, Anm. 3.
[19] *Doehring*, VVDStRL 32 (1974), S. 11; vgl. aber *G. Hoffmann*, S. 314 ff.; das Fehlen eines formellen Staatsangehörigkeitsgesetzes würde Völkerrechtswidrigkeit nicht begründen, sofern nur der Status materieller Staatsangehörigkeit anhand der bestehenden Rechte und Pflichten gegenüber dem Staat erkennbar wäre.
[20] Vgl. *G. Hoffmann*, S. 312 f.; *Böckenförde*, Teilung, S. 430.
[21] BVerfGE 36, 1, 16 f., 30; *Maunz*, in: MDH, Art. 73, Anm. 50; vgl. *Maunz*, Staatsrecht, S. 27 f.; kritisch *Rumpf*, S. 203 ff.; vgl. *Böckenförde*, Teilung, S. 457 ff.

tung aller Differenzierung auf die Einheit und systematische Geschlossenheit der Verfassung abstellt, auch im Volksbegriff des Art. 20 II 1 GG in der Staatsangehörigkeit das Merkmal sehen, das die Verbindung zu den an anderer Stelle verwendeten Volksbegriffen herstellt. Eine Identifizierung dieser Volksbegriffe wird damit nicht vorgenommen.

Hier läßt sich die Auslegung des Volksbegriffes in Art. 20 II 1 GG jedoch nicht abschließen. Als Bestandteil des Satzes über Ursprung und Legitimation der Staatsgewalt gehört dieser Begriff zum Grundbestand aller modernen Verfassungen seit der französischen Revolution. Er wurzelt in verfassungstheoretischen Vorstellungen und gehört zur Kategorie der „selbständigen Verfassungsbegriffe", d. h. der Begriffe, die nur die Verfassung oder die sie jedenfalls primär, d. h. unabgeleitet kennt, er ist typische Verfassungsmaterie[22].

Sein Inhalt erschließt sich daher aus der zugehörigen Verfassungstheorie, die ihrerseits allerdings auf Tradition und damit auch auf herkömmlichen niederrangigen Normen aufbauen kann[23].

Die Institution Staatsangehörigkeit kann, von diesem Ansatz aus betrachtet, in den Volksbegriff des Art. 20 II 1 GG Eingang nur finden, wenn ihr dies durch die Verfassungstheorie vermittelt wird.

Hierzu wird unten im Anschluß an die systematische Interpretation Stellung zu nehmen sein[24].

c) Die Möglichkeit eines Umkehrschlusses von „deutsches Volk" auf „Volk"

Da die Verfassung ausdrücklich ein deutsches Volk im Unterschied zu den Ausländern kennt, könnte man per argumentum e contrario zu der Auffassung gelangen, sie habe auch nur dort, wo sie ausdrücklich vom deutschen Volk spreche, allein die Deutschen gemeint, dort aber, wo sie auf das Adjektiv „deutsch" verzichte, den Ausländer einbeziehen oder zumindest nicht ausschließen wollen. Bei näherer Betrachtung wird aber erkennbar, daß dieser Verzicht andere, von der Ausländerproblematik unabhängige sachliche Gründe hat.

Wäre die Formulierung „deutsches Volk" auch in den Art. 20 II, 28 I 2 und 38 I GG — bei Gleichheit von deren Fassung im übrigen — gewählt worden, so hätte der Begriff „deutsches Volk" nicht nur im Sinne der Abgrenzung zu Ausländern, sondern bei Fehlen einer entsprechenden Einschränkung in der Bedeutung „gesamtes deutsches Volk" oder zumindest „deutsches Volk der Bundesrepublik Deutschland" interpretiert werden und damit Mißverständnisse hervorrufen müssen.

---

[22] Nach *Leisner*, Verfassungsmäßigkeit, S. 16.
[23] *Leisner*, Verfassungsmäßigkeit, S. 20 ff.; *ders.*, Imperium, S. 285 f.
[24] Siehe unten IV.

D. Der Volksbegriff des Art. 20 II 1 GG

So würde Art. 20 II 1 GG in der Fassung: „Alle Staatsgewalt geht vom deutschen Volke aus" mit der anerkannten Staatsqualität[25] der Bundesländer kollidieren. Eine solche Fassung des Art. 20 II 1 GG müßte in dem Sinne gedeutet werden, daß sich die Staatsgewalt des einzelnen Bundeslandes nicht aus dessen Landesvolk, sondern entweder aus dem deutschen Bundesvolk oder gar dem gesamten deutschen Volk legitimieren solle, sie also keine originäre, sondern abgeleitete Staatsgewalt wäre[26].

Da (Landes-)Staatsgewalt aber nicht in irgendeinem Volk, das außerhalb ihres Machtbereichs lebt, ihre Legitimation finden kann, wäre eine solche Fassung des Art. 20 II 1 GG unter demokratischem Aspekt nicht haltbar[27]. Die Landesstaatsgewalt leitet sich nur aus dem Landesvolk her. Mit diesem Inhalt gilt Art. 20 II 1 GG unmittelbar für die Länder[28].

Die Intention seiner jetzigen Fassung (nur „Volk") ist von daher nicht die Einbeziehung des Ausländers, sondern die differenzierende Berücksichtigung von Bundes- und Ländervolk[29].

In Art. 38 I 2 GG wäre es nicht möglich, die Abgeordneten als „Vertreter des ganzen deutschen Volkes" zu bezeichnen. Zwar sind auch die Bürger der DDR und die Deutschen in den Ostgebieten Deutsche im Sinne des Grundgesetzes. Der Bundestag ist jedoch nicht ihr Vertretungsorgan, da er nur das Volk des Staatsverbandes der Bundesrepublik, die im Bundesgebiet lebenden Deutschen repräsentiert[30].

Ähnliche Mißverständnisse würden in Art. 28 I 2 GG wegen dessen Verbindung mit Art. 20 II GG auftreten. Dem argumentum e contrario ist damit der Boden entzogen.

d) Präambel und Art. 146 GG

Der Begriff des „deutschen Volkes" wird in Satz 1 der Präambel in bezug auf die dort namentlich aufgeführten Länder verwendet. Dieser

---

[25] H. M. vgl. *Maunz*, in: MDH, Art. 20, Anm. 5, 11; Art. 28, Anm. 1; *von Mangoldt*, S. 126, 135; *von Mangoldt / Klein*, III 3 a zu Art. 20, S. 589; *Wernicke*, BK, II 1 b zu Art. 20; *Stern*, BK, Art. 28 (Zweitbearb.), Anm. 4; *G. Hoffmann*, S. 309 ff.; umfassende Nachweise bei *Hempel*, S. 56 f. in Fußn. 8, 9; aus der Rechtsprechung *BVerfGE* 1, 14, 34; 12, 205, 255.

[26] So in der Tat *Zinn*, S. 294, 296 und *Hamann / Lenz*, B 5 zu Art. 20; aA die h. M., statt aller *Maunz*, in: MDH, Art. 20, Anm. 48 und *G. Hoffmann*, S. 310.

[27] *Maunz*, in: MDH, Art. 20, Anm. 48; *von Mangoldt / Klein*, V 4 e zu Art. 20, S. 596.

[28] *Maunz*, in: MDH, Art. 20, Anm. 48; *Maunz*, Staatsrecht, S. 221.

[29] *von Mangoldt*, S. 136; *Maunz*, in: MDH, Art. 20, Anm. 48; *Maunz*, Staatsrecht, S. 222; ebenso für Art. 1 II WRV *Anschütz*, Anm. 3 zu Art. 1, S. 38 f.; *Liermann*, S. 176.

[30] *BVerfGE* 5, 2, 6: Der Bundestag ist das Repräsentationsorgan der im Geltungsbereich des Grundgesetzes lebenden Bevölkerung. Vgl. *von Mangoldt*, S. 223, 231; *von Mangoldt / Klein*, IV 3 zu Art. 38, S. 888; *Maunz*, in: MDH, Art. 38, Anm. 3, 5 und Art. 20, Anm. 48; *Henkel*, Wahlrecht, S. 1; siehe zu dieser Frage noch unten V. 5.

Sprachgebrauch macht wiederum[31] deutlich, daß das Grundgesetz die territoriale Differenzierung des Volksbegriffs kennt, zusätzlich bestätigt sie, daß die Deutscheneigenschaft des Volkes in der territorialen Differenzierung unverändert bleibt, daß sie das verbindende Merkmal des territorial gegliederten Volkes ist[32].

Der Volksbegriff in Satz 1 der Präambel ist aber nicht mit dem Volksbegriff in Art. 20 II 1 GG identisch, weil er den historischen Verfassunggeber kennzeichnet[33]. Dieses Volk stimmt mit dem des Art. 20 II 1 GG nicht überein, weil die in Satz 1 der Präambel genannten Länder nicht das ganze heutige Staatsgebiet der Bundesrepublik ausmachen[34], das die (aktuelle) Staatsgewalt legitimierende Volk des Art. 20 II 1 GG aber das gesamte Volk des gesamten Staatsgebiets, auf das sich die Staatsgewalt erstreckt, sein muß.

In Satz 3 der Präambel und Art. 146 GG ist im Unterschied zu Satz 1 der Präambel das gesamte deutsche Volk als Verfassunggeber eines künftigen wiedervereinigten Deutschland angesprochen[35]. Hierzu zählen alle Deutschen im Sinne von Art. 116 I GG in deutschem Staatsgebiet[36], auch soweit sie Bewohner der DDR sind. Von den Bewohnern des Bundesgebietes gehören dazu jedenfalls auch nur Deutsche, nicht aber Ausländer, die somit ausdrücklich ausgeschlossen sind. Die gegenteilige Auffassung vermag den von ihr provozierten Widerspruch zwischen Art. 146 und Art. 116 I GG nicht zu erklären.

Aus Satz 3 der Präambel und Art. 146 GG ergibt sich für die Auslegung des Art. 20 II 1 GG folgendes Argument: Es bestünde ein Widerspruch zwischen ihnen und Art. 20 II 1 GG, wenn zur verfassunggebenden Gewalt eines künftigen gesamtdeutschen Staates aus dem Vorgänger- und Teilstaat Bundesrepublik nach dem Willen der Verfassung nur die Deutschen gehören sollten, die Staatsgewalt dieses Teilstaates sich nach Art. 20 II 1 GG aber andererseits aus einem auch die dort lebenden Ausländer umfassenden „Volk" legitimieren und damit das politische Schicksal dieses Teilstaates von Ausländern mit abhängig sein würde.

---

[31] Vgl. oben III. 1.
[32] Vgl. oben III. 2. b.
[33] *Zuleeg*, DVBl. 1974, S. 349.
[34] Es fehlt das Saarland.
[35] *von Mangoldt*, Art. 146, Anm. 2, S. 668; *Hamann / Lenz*, Art. 146, Anm. B 3, S. 745; *Lemke*, S. 58 ff., 63; a. A. *Dichgans*, S. 62; *Dennewitz*, BK, Art. 146, III; nicht haltbar ist die Auffassung, Art. 146 GG habe einen Bedeutungswandel durchgemacht des Inhalts, daß mit dem „deutschen Volk" in den Jahren nach 1949 das gesamte deutsche Volk auch außerhalb der Bundesrepublik bezeichnet worden sei, heute aber, nach Verringerung der Wahrscheinlichkeit einer Wiedervereinigung, hiermit nur noch die Deutschen in der Bundesrepublik gemeint seien (so *Dichgans*, S. 62).
[36] *Hamann / Lenz*, B 3 zu Art. 146, S. 745; was im einzelnen als deutsches Staatsgebiet in diesem Sinne anzusehen ist, kann hier offenbleiben.

Der Wiedervereinigungsappell in Satz 3 der Präambel und Art. 146 GG hingen in der Luft, wenn das Grundgesetz nicht alle staatliche Macht zur Verwirklichung jenes Zieles denen vorbehalten hätte, die als Deutsche den anvisierten Gesamtstaat schaffen sollen, wenn es, überspitzt ausgedrückt, durch die Ermöglichung der staatlichen Mitwirkung von Staatsfremden über Art. 20 II GG zugleich die Möglichkeit zur Vereitelung des selbstgesteckten Zieles quasi institutionalisiert hätte.

e) Art. 56, 64 II GG

Gegen die Zugehörigkeit der Ausländer zum Volk im Sinne von Art. 20 II 1 GG und damit gegen deren Mitwirkung bei der Bundestagswahl als Aktivbürger (Art. 20 II 2 GG) spricht auch die Fassung des von Bundeskanzler, Bundesministern und Bundespräsident gemäß Art. 56, 64 II GG zu leistenden Amtseides. Dieser verpflichtet die genannten Amtsträger nicht auf das Wohl des Volkes, sondern ausdrücklich auf das Wohl des „deutschen Volkes".

Der Eid von Kanzler und Ministern ist zu sehen im Zusammenhang mit der Stellung der Bundesregierung als besonderes Organ der vollziehenden Gewalt im Sinne von Art. 20 II 2 GG, das seine Legitimation für die Ausübung von Staatsgewalt gemäß Art. 20 II 1 GG aus dem Volk bezieht.

Heißt Legitimation durch das Volk zugleich Verantwortung vor dem Volk und Pflicht, in seinem Interesse zu handeln[37], so würde der Amtseid, indem er Pflichten der Regierung nur gegenüber dem deutschen Volk[38] statuiert, diesen Verantwortungszusammenhang unzulässig verkürzen, wenn zu dem legitimierenden Volk des Art. 20 II 1 GG auch Ausländer gehören könnten.

Für den Eid des Bundespräsidenten gelten diese Erwägungen entsprechend.

3. Volk in substantivischen Zusammensetzungen[39]

Die zusammengesetzten Begriffe, in denen der Begriff Volk im Grundgesetz vorkommt, tragen zur Auslegung von Art. 20 II 1 GG nichts Zusätzliches bei.

So bezeichnet der Begriff „Volksvertretung" teils nur den Bundestag (Art. 10 II GG), teils nur die Landtage (Bürgerschaften) (Art. 54 III, 115 h I, 144 I), teils beide (Art. 17)[40]. Die einschlägigen Bestimmungen haben daher nicht mehr Aussagekraft als Art. 38 I und Art. 28 I 2 GG.

---

[37] Vgl. oben C. I.
[38] Offenbleiben kann hier, ob der Eid mit dem deutschen Volk das gesamte deutsche Volk oder nur die in der Bundesrepublik lebenden Deutschen meint. In beiden Fällen werden Ausländer nicht erfaßt.
[39] Der Begriff der Volkszugehörigkeit in Art. 116 I GG wurde bereits oben, D. III. 2. a, behandelt.

Die Begriffe „Volksentscheid" und „Volksabstimmung" in Art. 29 II - VI beinhalten eine Abstimmung im Sinne von Art. 20 II 2 GG. Unter Volk ist hier also die Aktivbürgerschaft des Gebietsvolkes[41] zu verstehen[42].

Art. 29 III 2 GG verweist zwar für die Abgrenzung der Stimmberechtigten auf die Wahlberechtigung zum Landtag. Obwohl das Landtagswahlrecht bei Inkrafttreten und unter Geltung des Grundgesetzes in allen Bundesländern immer auf Deutsche beschränkt war und ist[43], läßt sich mit Hilfe dieser Verweisung des Art. 29 III 2 GG die generelle Beschränkung der Aktivbürgerschaft[44] auf Deutsche als Verfassungsgebot nicht begründen. Die Verweisung bezieht sich auf die jeweilige, durch die Landesgesetzgebung umschriebene Aktivbürgerschaft, sagt aber selbst nichts darüber aus, wer zur Aktivbürgerschaft gehören kann oder muß.

In den Begriffen „Volksabstimmung" und „Volksentscheid" bedarf „Volk" also ebenso einer Abgrenzung durch eine andere Verfassungsnorm, wie die Aktivbürgerschaft in Art. 20 II 2 GG.

Analoges gilt für den Begriff „Volksbefragung" in Art. 118 GG.

In dem Begriff „Volksbegehren" schließlich hat „Volk" einen anderen, von allem Bisherigen abweichenden Sinn: es ist hier nur eine Minderheit (Art. 29 II GG: ein Zehntel) der Aktivbürger[45].

4. Art. 20 IV GG

Für die Ermittlung des Inhalts des Volksbegriffs von Art. 20 II 1 GG kommen nicht nur die anderen Grundgesetzbestimmungen in Betracht, in deren Zusammenhang das Wort „Volk" eine Rolle spielt. Einige Verfassungsnormen stehen von ihrem Regelungsgegenstand her in Beziehung zu Art. 20 II 1 GG und können daher mittelbar Aufschluß über dessen Volksbegriff geben.

Hierzu gehört Art. 20 IV GG, der im Zuge der Notstandsgesetzgebung nachträglich in das Grundgesetz eingefügt wurde; das durch ihn positivierte Widerstandsrecht ist nicht (überpositives) individuelles Notwehrrecht, sondern politisch- demokratisches Widerstandsrecht zur Verteidigung der „freiheitlichen demokratischen Grundordnung", das in der

---

[40] *Dürig*, in: MDH, Art. 17, Anm. 58.
[41] Der Begriff Gebietsvolk wird als Gegensatz zu Bundesvolk gebraucht von *Maunz*, in: MDH, Art. 29, Anm. 43, 56.
[42] *Schulz-Schaeffer*, S. 6.
[43] Vgl. die Nachweise unten 2. Teil, 1. Abschnitt A.
[44] Der Begriff „Volksentscheid" wird in Art. 29 GG auch auf das Bundesvolk bezogen (Art. 29 V 3 GG).
[45] Zum Begriff des Volksbegehrens vgl. *C. Schmitt*, Verfassungslehre, S. 241.

D. Der Volksbegriff des Art. 20 II 1 GG

Souveränität des Volkes wurzelt und dem Einzelnen kraft seiner Zugehörigkeit zum souveränen Volk zukommt[46]. Diesen Zusammenhang manifestiert die systematische Stellung des Rechts in der Staatsformbestimmung des Art. 20 GG, also in unmittelbarer Nähe des die Volkssouveränität ausdrückenden Art. 20 II 1 GG[47].

Als Recht des Status activus[48] steht das Widerstandsrecht des Art. 20 IV GG in der Nähe des Wahlrechts[49].

Wenn Art. 20 IV GG dieses als Ausfluß der Volkssouveränität verstandene Widerstandsrecht ausdrücklich auf Deutsche beschränkt[50], so bedeutet dies für die systematische Verfassungsauslegung, daß Ausländer nicht zum souveränen Volk im Sinne von Art. 20 II 1 GG gehören.

5. Art. 33 I GG

Art. 33 I GG handelt von staatsbürgerlichen Rechten und Pflichten, steht also in engstem Sachzusammenhang mit Art. 20 II GG, so daß seine Auslegung auch unter Berücksichtigung dieser Bestimmung erfolgen muß.

Art. 33 I GG bezieht sich zwar ausdrücklich nur auf die Träger staatsbürgerlicher Rechte und Pflichten in den Bundesländern. Seine diesbezügliche Regelung erlaubt aber gewisse Rückschlüsse auf die von der Verfassung für den Bund vorgesehenen Verhältnisse.

Die staatsbürgerlichen Rechte und Pflichten sollen in jedem Land jedem Deutschen in gleicher Weise zukommen. Art. 33 I GG umschreibt damit für die Länder den Kreis der Aktivbürgerschaft im Sinne von Art. 20 II 2 GG. Die von ihm vorgenommene Gleichstellung der Deutschen bringt zum Ausdruck, daß die Verfassung die Anknüpfung jener Rechte und Pflichten an eine besondere Landeszugehörigkeit, unter Voraussetzung, daß eine solche formell geregelt wäre, nicht für erforderlich hält[51]. Zweck der Vorschrift ist es zu verhindern, daß es in irgendeinem Bundesland „Bürger minderen Rechts" gibt[52].

---

[46] So die h. M.: *Isensee*, Widerstandsrecht, S. 33, 34 m. w. N. aus Entstehungsgeschichte und Literatur in Fußn. 70; *Kempen*, S. 69 - 72; *Scheidle*, S. 120 f., 148; *Schneider*, S. 13, 15; abweichend *Bertram*, S. 51 f.
[47] *Kempen*, S. 71; *Isensee*, Widerstandsrecht, S. 44; ähnlich *Dolde*, Ausländer, S. 89.
[48] *Scheidle*, S. 120, 148; *Isensee*, Widerstandsrecht, S. 84.
[49] Diese Querverbindung sehen *Isensee*, Widerstandsrecht, S. 84; *Kempen*, S. 71 f.; *Schneider*, S. 16; *Scheidle*, S. 120 (Hinweis auch auf Art. 38 GG).
[50] Art. 20 IV GG begründet jedoch kein Recht der Deutschen außerhalb der Bundesrepublik. Der Schutz der Staatsordnung ist nur denen aufgetragen, die in ihrem Geltungsbereich leben; ein Interventionsrecht für Außenstehende ist nicht gewollt; vgl. *Isensee*, Widerstandsrecht, S. 50 f.; *Kröger*, S. 11; *Schneider*, S. 15 f.; für das Wahlrecht vgl. unten V. 5.
[51] *Maunz*, in: MDH, Art. 33, Anm. 4, 5.
[52] *Maunz*, in: MDH, Art. 33, Anm. 5.

Die Gleichstellung aller Deutschen hinsichtlich des status activus auf Landesebene läßt sich nicht ohne die Verfassungsentscheidung für den Bundesstaat, wie sie in Art. 20 I GG getroffen ist, erklären[53]. Sie beruht auf der politischen Homogenität[54], die die Verbindung der Länder als Gliedstaaten und den aus ihnen gebildeten Zentralstaat[55] auszeichnet. Der bundesstaatliche Zusammenschluß der Einzelstaaten, der ihnen selbst den Charakter einer politischen Einheit beläßt, sie aber zugleich in eine neue gemeinsame politische Einheit einbettet[56], macht für den einzelnen Gliedstaat eine strikte Unterscheidung zwischen eigenen Landesangehörigen und solchen anderer Bundesländer sowie deren Rechtsposition nicht mehr erforderlich.

Die bundesstaatlich begründete Gleichheit in den Gliedstaaten impliziert aber staatsbürgerliche Gleichheit auf der Ebene des Bundes, d. h. im Zentralstaat; insofern enthält Art. 33 I GG (in Verbindung mit Art. 20 I GG) indirekt auch eine Aussage über die Träger staatsbürgerlicher Rechte und Pflichten im Bund. Da alle Mitglieder der Gliedstaaten zugleich Mitglieder des Zentralstaates[57] sind, liegt es in der Logik des Bundesstaates, daß in den Gliedstaaten nur derjenige gleichzustellen ist, der auf der Ebene des Zentralstaates zu den Gleichen gehört und weil er zu diesen gehört. Gliedstaatliche Gleichheit ohne das Korrelat der auf den Zentralstaat bezogenen Gleichheit wäre ein Widerspruch im System[58].

Wenn demnach Art. 33 I GG sein Gleichstellungsgebot für die Länder nicht auf Ausländer erstreckt, gibt er zu erkennen, daß diese auch nicht im Bund einen Status staatsbürgerlicher Gleichheit innehaben. Denn es hätte weder einen rechtlichen noch einen politischen Sinn, Ausländer von der Gleichstellung in den Ländern auszunehmen, wenn ihnen im Bund staatsbürgerliche Gleichheit zukäme. Art. 33 I GG setzt also eine aus Deutschen bestehende Bundes-Aktivbürgerschaft voraus[59].

---

[53] Der Zusammenhang von Art. 33 I GG und bundesstaatlichem Prinzip wird erwähnt von *Maunz*, in: MDH, Art. 33, Anm. 5.

[54] Zur Bedeutung der politischen Homogenität im Bundesstaat vgl. *C. Schmitt*, Verfassungslehre, S. 375 ff.; vgl. auch *Maunz*, in: MDH, Art. 28, Anm. 2.

[55] Zur terminologischen Unterscheidung von Gliedstaat, Zentralstaat und Gesamtstaat: *Maunz*, in: MDH, Art. 20, Anm. 6; ablehnend BVerfGE 13, 54, 77 ff. (Zweigliedrigkeit); zum Problem dieser Unterscheidungen, die hier unerörtert bleiben können, allgemein *Hempel*, S. 58 ff., 64 ff.

[56] Vgl. *C. Schmitt*, Verfassungslehre, S. 371; *Stern*, BK, Art. 28 (Zweitbearb.), Anm. 5.

[57] Im Bundesstaat kann es keine Personen geben, die Staatsangehörige des Bundes, nicht aber eines Landes sind und umgekehrt; die Länder wären daher, gäbe es eine formelle Landesangehörigkeit, gehindert, diese Ausländern zu verleihen, sofern damit nicht gleichzeitig die Staatsangehörigkeit im Bund erworben würde; vgl. *G. Hoffmann*, S. 331 f.

[58] Dagegen wäre eine auf den Zentralstaat bezogene Gleichheit ohne Gleichheit in den Gliedstaaten möglich, vgl. *Maunz*, in: MDH, Art. 33, Anm. 4.

[59] A. A. *H. W. Thieme*, S. 27.

D. Der Volksbegriff des Art. 20 II 1 GG

Demgegenüber ist es nicht haltbar, durch Umkehrschluß aus der Erwägung, daß Art. 33 I GG sich nur an den Landesgesetzgeber richte[60], für die Bundesebene die gleiche staatsbürgerliche Teilhabe der Ausländer zu folgern und dann die Zulässigkeit von deren Einschränkung durch § 12 I BWahlG aus Art. 3 I GG abzuleiten[61]. Diese Argumentation übersieht die aufgezeigten bundesstaatlichen Implikationen des Art. 33 I GG.

Aus dem bisher Gesagten folgt zunächst aber nur, daß der Ausschluß der Ausländer vom Wahlrecht nicht gegen das Grundgesetz verstößt, das Grundgesetz ihr Wahlrecht also nicht gebietet. Noch nicht entschieden ist, ob die von Art. 33 I GG vorausgesetzte Gleichheit im Bund eine die Ausländer qua Verfassungsgebot ausschließende Gleichheit ist.

Dagegen sprechen könnte das Beispiel einiger Deutschengrundrechte (z. B. Art. 8 I, 9 I GG), die dem Gesetzgeber freie Hand lassen, den Ausländer dem Deutschen gleichzustellen.

Art. 33 I GG wäre dann nicht als Sperre gegen die Verleihung des status activus an Ausländer zu verstehen. Der status activus des Ausländers wäre dann lediglich nicht in gleicher Weise wie der des Deutschen vom Grundgesetz geschützt.

Als Regelungsnorm des status activus ist Art. 33 I GG jedoch in Verbindung mit Art. 20 II GG zu sehen, der ja auch für die Länder unmittelbar gilt[62]. Die Zuweisung des status activus an alle Deutschen, die in einem Bundesland wohnen, besagt infolge des Legitimationszusammenhanges, der zwischen Aktivbürgerschaft und Volk im Sinne von Art. 20 II 1 GG besteht, zugleich, daß jedenfalls alle Deutschen in dem Bundesland zum Volk des Landes gemäß Art. 20 II 1 GG gehören.

Würden die im Lande wohnenden Ausländer zum Landesvolk im Sinne von Art. 20 II 1 GG gehören und in dieser Eigenschaft die Staatsgewalt des Landes grundsätzlich legitimieren können, so wäre ihre Einbeziehung in den zwischen Volk und Staatsorganen bestehenden Legitimationsprozeß mangels einer Verfassungsgarantie ihres status activus nicht abgesichert.

Das Grundgesetz würde dann innerhalb des Volkes als Träger der Staatsgewalt zwei Personengruppen mit verschiedener Legitimationsfähigkeit unterscheiden: zum einen die deutschen Landesbewohner, denen die staatsbürgerlichen Rechte verfassungskräftig garantiert wären (Art. 33 I, 93 I Nr. 4 a GG), sofern nur die natürlichen Voraussetzungen zu deren Wahrnehmung gegeben wären (Mindestalter usw.); auf der anderen Seite die ausländischen Landesbewohner, die auf Grund ihres Auslän-

---

[60] So *H. W. Thieme*, S. 88; das ist schon insofern mißverständlich, als Art. 33 I GG nicht nur einen Auftrag an den Landesgesetzgeber, sondern unmittelbar geltendes Recht enthält; vgl. *Maunz*, in: MDH, Art. 33, Anm. 10.
[61] *H. W. Thieme*, S. 88, 90.
[62] Vgl. oben D. III. 2. c.

derstatus nie Zugang zu den staatsbürgerlichen Rechten zu erhalten brauchten, da ja ihr Ausschluß, wie Art. 33 I GG zeigt, nicht gegen das Grundgesetz verstößt. Es gäbe also Personen, die als Angehörige des Volkes im Sinne von Art. 20 II 1 GG zwar im Prinzip Staatsgewalt legitimieren, diese aber nicht in Wahlen und Abstimmungen mangels eines entsprechenden Verfassungsgebotes ausüben könnten.

Eine solche Spaltung des Volkes als Träger der Staatsgewalt scheint mit Inhalt und Sinn von Art. 20 II 1 GG kaum vereinbar. Dies bedarf noch einer näheren Untersuchung[63].

Jedenfalls läßt sich aus Art. 33 I GG in Verbindung mit Art. 74 Nr. 8 GG nicht entnehmen, das Grundgesetz gehe davon aus, daß die Staatsangehörigkeit keine unabdingbare Voraussetzung des Wahlrechts sei[64].

Diese Argumentation unterschiebt dem Begriff der Staatsangehörigkeit in den Ländern gemäß Art. 74 Nr. 8 GG einen bestimmten Inhalt, nämlich daß sie ein Status sei, der *nicht* von jedem Deutschen bereits mit der Wohnsitznahme in einem Bundesland erlangt werde.

Art. 33 I GG hat jedoch selbst bereits Auswirkungen darauf, wie eine formell geregelte Landeszugehörigkeit, die auf Grund von Art. 74 Nr. 8 GG eingeführt würde, überhaupt aussehen dürfte: Da er die Deutschen hinsichtlich aller staatsbürgerlichen Rechte und Pflichten in jedem Bundesland gleichstellt, entscheidet er, daß jeder Deutsche mit der Niederlassung in einem Land materiell dessen Angehöriger wird[65]. Die Rechtswirkung einer besonderen Landesangehörigkeit könnte praktisch über die Vermittlung der Staatsbürgerrechte nicht hinausgehen.

Eine Staatsangehörigkeit in einem Bundesland, die dies nicht berücksichtigen würde, wäre verfassungswidrig[66].

Selbst wenn man aber einen engeren Begriff der Staatsangehörigkeit in den Ländern zugrunde legt, so würde die Tatsache, daß es eigens einer Vorschrift wie des Art. 33 I GG bedarf, um das Wahlrecht von der Landesangehörigkeit zu lösen, eher umgekehrt dafür sprechen, daß das Grundgesetz die grundsätzliche Konnexität von Staatsangehörigkeit und Wahlrecht anerkennt. Daß es durch Art. 33 I GG den Konnex löst, bedeutet dann wiederum eine (materielle) Neubestimmung der Landesangehörigkeit.

6. Art. 25 GG

a) Der Normadressat

Art. 25 GG führt mit dem Begriff der Bewohner des Bundesgebietes eine weitere Kategorie von Rechts- und Pflichtenträgern ein. Bewohner

---

[63] Dazu unten IV.
[64] So *Dolde*, Ausländer, S. 77.
[65] Vgl. *G. Hoffmann*, S. 334.
[66] Vgl. *Maunz*, in: MDH, Art. 74, Anm. 54 unter d.

des Bundesgebietes in diesem Sinne sind Deutsche und Ausländer gleichermaßen[67]. Die Aufnahme der Ausländer als Normadressaten des Art. 25 GG ist schon deshalb erforderlich, weil sonst der von den allgemeinen Regeln des Völkerrechts umfaßte fremdenrechtliche Mindeststandard für Ausländer im Inland nicht gelten würde.

Die Tatsache, daß das Grundgesetz einen die Ausländer umfassenden Begriff dort wählt, wo es, wie bei der Rezeption des Völkerrechts, von der Sache her geboten ist, beweist, daß es auch außerhalb des Grundrechtsabschnittes zwischen Inländern und Ausländern unterscheidet, die Wahl des jeweiligen Begriffes also genau zu beachten ist. Es hätte daher, wenn es die staatsbürgerliche Gleichstellung der Ausländer gewollt hätte, auch in Art. 33 I GG den Begriff „Bewohner des Bundesgebietes" verwenden können. Da es unterblieben ist, bestätigt die Fassung des Art. 25 S. 2 GG die soeben vorgenommene Auslegung des Art. 33 I GG: Wenn es die Zielrichtung des Art. 33 I GG ist, Bürger minderen Rechts in den Ländern zu verhindern, so erlaubt die nur auf Deutsche und nicht auf die Bewohner des Bundesgebietes erstreckte Gleichstellung den Schluß daß Ausländer in den Ländern und daher mittelbar im Bund einen Status minderen Rechts hinsichtlich des status activus innehaben können.

Dagegen kann daraus, daß Art. 25 S. 2 GG nicht den Begriff Volk verwendet, nicht gefolgert werden, die Ausländer gehörten nicht zum Volk im Sinne des Grundgesetzes. Art. 25 S. 2 GG spricht die Bewohner des Bundesgebietes als Träger individueller Rechte und Pflichten an. Dieser individuelle Charakter der Rechtsposition hätte mit dem Kollektivbegriff Volk nicht zutreffend ausgedrückt werden können.

b) Wahlrecht und allgemeine Regeln des Völkerrechts

Die von Art. 25 GG rezipierten allgemeinen Regeln des Völkerrechts[68] selbst fordern das Wahlrecht des Ausländers im Aufenthaltsstaat nicht. Sie umfassen zu seinen Gunsten nur den erwähnten, von der h. L.[69] des Völkerrechts geforderten fremdenrechtlichen Mindeststandard, wie er sich durch Völkergewohnheitsrecht und allgemeine völkerrechtliche Rechtsgrundsätze ausgebildet hat[70].

---

[67] Unbestritten. Vgl. statt aller *Maunz*, in: MDH, Art. 25, Anm. 21 sub c; in diesem Sinne auch schon Art. 22 des Entwurfs von Herrenchiemsee und die Diskussion im *Parlamentarischen Rat*, vgl. JÖR NF 1 (1951), S. 229 f.

[68] Zu ihrem Rang in der Stufenleiter des Bundesrechts siehe *Doehring*, Regeln, S. 138 ff., 173 ff., 187 ff. und *Doehring*, VVDStRL 32 (1974), S. 22; *Dolde*, Ausländer, S. 170 ff.

[69] *Berber*, S. 380 ff.; *Guggenheim*, S. 307; *Wengler*, II, S. 1004; vgl. *Doehring*, Regeln, S. 70 ff.; *Doehring*, VVDStRL 32 (1974), S. 13; *Bender*, S. 71; *Hauser*, S. 22 ff.; *Thomsen*, S. 8; *Tomuschat*, S. 13 mit weiteren Nachweisen in Fußn. 4.

[70] *Doehring*, VVDStRL 32 (1974), S. 16 ff., 23; vgl. *Maunz*, in: MDH, Art. 25, Anm. 14 ff.

Dieser Mindeststandard beinhaltet für das Individuum nicht einmal das Recht zu politischer Betätigung[71] und somit erst recht nicht die dieses Recht voraussetzende Teilhabe am status activus[72].

Wichtiger ist daher die Frage, ob es das Völkerrecht dem Aufenthaltsstaat nicht sogar verbietet, den auf seinem Territorium lebenden Ausländern das Wahlrecht einzuräumen. Diese Vergünstigung könnte, da sie den Ausländer hinsichtlich seiner Rechte dem Inländer gleichstellen würde, in die Personalhoheit des Heimatstaates eingreifen. Die Wahrnehmung einer vom Aufenthaltsstaat angebotenen Teilhabe an der Staatswillensbildung könnte als Verletzung der Gehorsams- und Treuepflicht erscheinen, die dem Ausländer gegenüber seinem Heimatstaat nach einer verbreiteten Meinung auch dann obliegt, wenn er sich auf dem Gebiet eines anderen Staates aufhält[73]. Durch Verleihung des Wahlrechts würde dann der Aufenthaltsstaat diesen „Treuebruch" provozieren.

Auf Grund derartiger Überlegungen ist der Einführung des Ausländerwahlrechts mit dem Argument begegnet worden, sie stelle, wenn nicht ein völkerrechtswidriges, so doch kein völkerrechtsfreundliches Verhalten dar[74]. Hierbei muß jedoch zunächst zwischen aktivem und passivem Wahlrecht differenziert werden.

Hinsichtlich des aktiven Wahlrechts erscheint es so gut wie ausgeschlossen, daß durch seine Gewährung die Personalhoheit des Heimatstaates „unterminiert" werden könnte[75]. Die immer wieder genannten, völkerrechtlich nicht zu beanstandenden[76] Sanktionen[77], mit denen ver-

---

[71] *Berber*, S. 382; *Guggenheim*, S. 311; *Bender*, S. 72; *Hauser*, S. 34; *Heuer*, S. 15; *Rolvering*, S. 25; *Ruppel*, S. 101; *Thieme*, S. 72; *Thomsen*, S. 9; *Tomuschat*, S. 14 f.; *Kimminich*, Völkerrechtsfragen, S. 136 ff.

[72] Die Notwendigkeit der Verleihung politischer Rechte ergibt sich für die Bundesrepublik ebensowenig aus Völkervertragsrecht (*Heuer*, S. 15 und die im folgenden genannten Autoren). Dies gilt für die Menschenrechtsdeklaration der Vereinten Nationen vom 10. 12. 1948 — Art. 21 beschränkt das Wahlrecht auf den jeweiligen Heimatstaat — wie für die Konvention über bürgerliche und politische Rechte vom 16. 12. 1966 (Art. 15: Wahlrecht nur für jeden Staatsbürger). Das europäische Völkervertragsrecht weist keine Besonderheiten auf. Art. 16 der Europäischen Menschenrechtskonvention vom 4. 11. 1950 (ZustG vom 7. 8. 1952, BGBl. II, S. 685) behält den Unterzeichnerstaaten die Einschränkung der politischen Betätigung von Ausländern vor (*Dolde*, Ausländer, S. 166 f.; *Bender*, S. 75 ff.). Das Europäische Niederlassungsabkommen verbessert nur die wirtschaftliche Betätigungsfreiheit der Angehörigen der Vertragsstaaten (*Bender*, S. 77; *Ruland*, S. 9). Das gleiche gilt für die von der Bundesrepublik abgeschlossenen bilateralen Freundschafts- und Niederlassungsverträge (*Bender*, S. 78 f.) sowie für den EWG-Vertrag; vgl. zum letzteren unten V. 2.

[73] Vgl. etwa *Berber*, S. 365; *Jaenicke / Doehring*, S. 524 f.

[74] *Doehring*, VVDStRL 32 (1974), S. 20 f., 35.

[75] Unter seinen Beispielen nennt *Doehring*, VVDStRL 32 (1974), S. 35 auch nur das passive, nicht das aktive Wahlrecht.

[76] *Doehring*, VVDStRL 32 (1974), S. 35.

[77] *Doehring* nennt, VVDStRL 32 (1974), S. 35, Fußn. 82, als Beispiel USA Nationality Act of 1940, Sec. 401 (b), wonach der Verlust der amerikanischen

schiedene Staaten auf eine nach ihrer Auffassung zu starke Bindung von Staatsangehörigen an fremde Staaten reagieren bzw. reagiert haben, betreffen alle einen stärkeren Integrationsgrad, als ihn Verleihung und Ausübung des aktiven Wahlrechts voraussetzen. Das klassische Beispiel ist die Annahme eines öffentlichen Amtes im Aufenthaltsstaat. Eine vergleichbare Bindung an den Aufenthaltsstaat bewirkt die Ausübung des aktiven Wahlrechts nicht. Auch das Gewicht einer Treueerklärung kommt ihr nicht zu. Sie begründet keine auf eine gewisse Dauer angelegte Beziehung, wie sie der Verpflichtung in ein öffentliches Amt eigentümlich ist, sondern beschränkt sich in ihrer Wirkung auf den Wahlakt. Bei der Stimmabgabe sollte der Ausländer zwar auch, sofern dies überhaupt möglich ist, unter Beachtung der Interessen des Aufenthaltsstaates handeln. Diese Interessenwahrnehmung würde aber keine über den Wahlakt hinausgehende Bindung zur Folge haben.

Eine mit Bindungswirkung ausgestattete Rechtsposition erhält der Ausländer nur, wenn der Aufenthaltsstaat mit der Wahlberechtigung diejenigen Pflichten verknüpft, die herkömmlich mit der Stellung des Aktivbürgers korrespondieren. Eine Verletzung der Treuepflicht gegenüber dem Heimatstaat könnte dann auch erst durch Erfüllung dieser Pflichten gegenüber dem Aufenthaltsstaat, ein Angriff auf die Personalhoheit des Heimatstaates seitens des Aufenthaltsstaates erst durch Auferlegung dieser Pflichten eintreten.

Schon näher liegt der Eingriff in ausländische Personalhoheit bei Verleihung des passiven Wahlrechts, auf das hier insoweit wegen des Sachzusammenhanges vorgegriffen werden darf.

Das Abgeordnetenmandat kommt einem öffentlichen Amt insofern nahe, als es seinen Träger verpflichtet, für eine gewisse Dauer für den Staat tätig zu werden. Wenn auch der Heimatstaat des Ausländers an die Annahme des Abgeordnetenmandats Sanktionen knüpfen mag, ohne sich damit in Widerspruch zum Völkerrecht zu setzen, so folgt daraus noch nicht, daß das die Sanktionen bedingende Verhalten des Aufenthaltsstaates völkerrechtswidrig sein muß. Für die Fälle der Aufnahme eines Ausländers in den Staatsdienst des Aufenthaltsstaates, der am häufigsten den Sanktionen des Heimatstaates zugrunde liegt, ist dies, soweit ersichtlich, auch noch nicht behauptet worden.

Staatsangehörigkeit bei Abgabe einer Treueerklärung gegenüber einem fremden Staat eintritt, sowie Art. 12 I Ziff. 1 des Staatsangehörigkeitsgesetzes von Polen vom 19. 1. 1951 (GBl. 1951, Nr. 4), wonach der Verlust der Staatsangehörigkeit bei Verletzung der Treuepflicht gegenüber dem polnischen Staat wegen Annahme eines öffentlichen Amtes im Ausland u. ä. eintritt; vgl. auch Art. 36 e des rumänischen Staatsangehörigkeitsgesetzes vom 23. 2. 1924 und Art. 40, 3 des Gesetzes vom 16. 1. 1939, wonach die Annahme des Schutzes eines ausländischen Staates als Grund für den Verlust der rumänischen Staatsangehörigkeit betrachtet wird (zit. nach *Grawert*, S. 56 mit Fußn. 57); vgl. auch § 28 I RuStG vom 22. 7. 1913 (RGBl. S. 583), der infolge Widerspruchs zu Art. 16 I GG gemäß Art. 123 GG inzwischen außer Kraft getreten ist; dazu *Rolvering*, S. 17.

Die Verleihung des passiven Wahlrechts wäre, selbst wenn es sich um eine größere Zahl in Betracht kommender Ausländer handelte, offensichtlich auch keine „Abwerbung", die den Heimatstaat der Ausländer in meßbare Existenznot bringen könnte, so daß etwa die „Extrem- und Evidenzgrenze" erreicht wäre, bei der ein unfreundlicher Akt in völkerrechtswidriges Verhalten umschlägt[78].

Selbst wenn man hierin überhaupt einen unfreundlichen Akt sehen könnte, so ergäbe sich daraus jedenfalls kein völkerrechtliches Verbot, Staatsfremden das passive Wahlrecht zu verleihen.

Es bleibt damit festzustellen, daß das Völkerrecht das Wahlrecht für Ausländer weder gebietet noch verbietet, sondern insoweit dem innerstaatlichen Recht freie Hand läßt[79].

7. Die politischen Grundrechte

Von Aussagekraft für die Abgrenzung des vom Grundgesetz als Wählerschaft vorausgesetzten Personenkreises und damit für den Volksbegriff des Art. 20 II 1 GG sind schließlich noch diejenigen Grundrechte, die aufgrund ihres engen Zusammenhanges mit der öffentlichen Meinungsbildung und damit der politischen Willensbildung des Volkes geradezu als deren Voraussetzung erscheinen. Zwar sind Meinungs- und Informationsfreiheit in Art. 5 GG als Menschenrechte garantiert[80]. Die sie ergänzenden kollektiven Garantien[81] der Vereins- und Versammlungsfreiheit (Art. 8 I, 9 I GG) hingegen sind den Deutschen vorbehalten. Lediglich das von der Menschenwürde geforderte Minimum „organisierter Kommunikation"[82] ist dem Ausländer über das subsidiäre allgemeine Freiheitsrecht des Art. 2 I GG in diesem Bereich garantiert[83].

Läßt die Verfassung im Bereich der „Vorformung der politischen Willensbildung des Volkes"[84] demnach eine Schlechterstellung des Ausländers zu, so wäre es damit nicht vereinbar, wenn sie ihn andererseits an der formalisierten Staatswillensbildung beteiligen wollte[85].

Aus dem Vergleich mit Art. 8 I, 9 I GG ergibt sich also ebenfalls, daß das Grundgesetz das Wahlrecht für Ausländer nicht fordert. Da jedoch

---

[78] Zitat und Kriterium: *Doehring*, VVDStRL 32 (1974), S. 21.

[79] So auch *Dolde*, Ausländer, S. 170, 172 f.; *Rolvering*, S. 17; *Kewenig*, Diskussionsbeitrag VVDStRL 32 (1974), S. 108; *Zuleeg*, DVBl. 1974, S. 348; früher schon *Kotthaus*, S. 25.

[80] Zur Frage der „großen" und „kleinen" Meinungsfreiheit siehe unten E. I.

[81] *Maunz*, Staatsrecht, S. 129; *Hesse*, Grundzüge, S. 166; *Dolde*, Ausländer, S. 27.

[82] *Isensee*, VVDStRL 32 (1974), S. 79.

[83] *Isensee*, VVDStRL 32 (1974), S. 80 f. m. w. N. in Fußn. 73; *Ruland*, S. 10; kritisch *Dolde*, Ausländer, S. 60 ff.

[84] BVerfGE 8, 104, 113; 20, 56, 98.

[85] Ebenso *Ruland*, S. 10.

die Deutschengrundrechte die Gleichstellung des Ausländers in ihrem Bereich durch den Gesetzgeber nicht verhindern wollen[86], kann der Vergleich nicht ausschließen, daß dies auch für das Wahlrecht der Fall sein könnte. Hier liegen die Grenzen einer auf die Deutschengrundrechte abstellenden systematischen Auslegung.

IV. Der demokratische Volksbegriff

1. Das Volk als Subjekt der demokratischen Staatsordnung

Infolge der fundamentalen Bedeutung des Art. 20 II 1 GG als Grundentscheidung der Verfassung für die demokratische Staatsform darf sich seine Interpretation nicht auf entstehungsgeschichtliche und verfassungssystematische Gesichtspunkte beschränken, sondern muß den ideengeschichtlichen Zusammenhang, in dem die Vorschrift steht, einbeziehen. Aus der Vielfalt möglicher Inhalte des Begriffes Volk[1] die für den demokratischen Volksbegriff kennzeichnenden Merkmale herauszustellen, vermag nur eine Auslegung, die Verfassungsdogmatik und Verfassungstheorie als Einheit sieht. Die grundlegende Funktion des Art. 20 II 1 GG für Legitimation und Aufbau des Staates, die gerade am Beispiel des Wahlrechts praktisch-politische Relevanz besitzt, verlangt Klarheit der begrifflichen Voraussetzungen, wenn die Umsetzung der politischen Grundentscheidung in die politische Praxis gelingen soll. Die verfassungskräftige Rückkoppelung aller staatlichen Herrschaft an das Volk ginge ins Leere, wenn sich dieses zur Legitimationsquelle erhobene Volk in dem Wirrwarr begrifflicher Vieldeutigkeit nicht ausmachen ließe[2].

Wer mit dem Begriff der Demokratie konfrontiert wird, sieht sich in Verlegenheit. Die oft beklagte Vielfalt der Inhalte[3], die diesem Begriff beigegeben werden, scheint selbst die schmalste Basis des Konsenses und damit die Möglichkeit der Herleitung von Ergebnissen, die allgemeine Zustimmung finden können, in Frage zu stellen.

Die verfassungsrechtliche Analyse darf zwar nicht von irgendeinem beliebigen Begriff von Demokratie ausgehen, sondern muß den Demokratiebegriff zugrundelegen, der konkret im Grundgesetz nach dessen Gesamtkonzeption, wie sie in den einzelnen Ausprägungen sichtbar wird, vorausgesetzt ist[4]. Doch selbst für denjenigen, der nicht Demokratie

---

[86] Vgl. *Isensee*, VVDStRL 32 (1974), S. 81.
[1] Vgl. die Übersicht bei *Liermann*, S. 9 ff.
[2] Mißverständlich *Kröger*, S. 18, der davon ausgeht, das Volk sei als Souverän nicht personifizierbar.
[3] *Hesse*, Grundzüge, S. 52; *von Simson*, S. 4 ff.; *C. Schmitt*, Verfassungslehre, S. 225; eine knappe Übersicht über verschiedene Demokratiebegriffe bei *von Simson*, S. 6; vgl. auch *Curtius*, S. 107 ff.
[4] *Hesse*, Grundzüge, S. 52.

schlechthin, sondern Demokratie, wie sie speziell das Grundgesetz versteht, untersuchen muß, ändert sich der Befund nicht grundlegend. Die herrschende Verfassungsdogmatik sieht sich denn auch nicht in der Lage, Demokratie im Sinne des Grundgesetzes abschließend zu definieren und begnügt sich mit der Aufzählung mehrerer, als unverzichtbar angesehener Begriffselemente[5]. Hierbei stehen meist Merkmale, die Demokratie als eine bestimmte formale Methode der Erzeugung legitimer Herrschaft kennzeichnen[6], neben solchen, die mit dieser Staatsform auch einen Grundbestand materieller Wertordnung verbinden und damit die traditionelle Abgrenzung zur rechtsstaatlichen und sozialstaatlichen Sphäre nicht mehr in aller Schärfe erkennen lassen[7].

Diese ganze Spanne möglicher Begriffselemente von Demokratie auszuloten, erfordert die Frage nach dem demokratischen Volksbegriff jedoch nicht. Es geht ihr nicht um die einzelnen, das Verfahren der Konstituierung von Herrschaft charakterisierenden Wesenszüge (z. B. Mehrheitsprinzip, Mehrparteiensystem) oder darum, ob zum Demokratiebegriff möglicherweise die Anerkennung von Grund- und Freiheitsrechten des Einzelnen oder Minderheitenschutz gehören. So wesentlich diese Gesichtspunkte sind, so wenig liefern sie allein bereits die Kriterien, durch die sich Demokratie von anderen Staatsformen abhebt. Das Prinzip der Herrschaft der Mehrheit zum Beispiel bleibt ohne Aussagewert, wenn ihm nicht die Bezugsgröße beigegeben wird, innerhalb derer die Unterscheidung von Mehrheit und Minderheit getroffen werden soll. Indem in der Demokratie das Volk zu dieser Bezugseinheit erhoben wird, rückt der Begriff des Volkes in das Zentrum des Demokratiebegriffes überhaupt. Die Aufgabe besteht in unserem Zusammenhang demnach nicht darin, den Demokratiebegriff des Grundgesetzes in all seinen Dimensionen zu erfassen. Die Fragestellung darf sich auf das personelle Substrat beschränken, das der Erzeugung der Herrschaftsordnung in der Demokratie zugrunde liegt[8].

2. Der Demokratiebegriff des Verfassunggebers

Damit ist zugleich die Frage aufgeworfen, welches Demokratieverständnis im besonderen im Grundgesetz Ausdruck gefunden hat.

Die Väter der Verfassung haben sich in den Beratungen im Parlamentarischen Rat mit dem Begriff der Demokratie unmittelbar kaum auseinandergesetzt, obwohl man dies aufgrund der voraufgegangenen poli-

---

[5] Vgl. den Katalog bei *Maunz*, in: MDH, Art. 20, Anm. 30 ff.; *Püttner*, S. 49.

[6] Vgl. *Badura*, Diskussionsbeitrag, VVDStRL 29 (1971), S. 95; *Badura*, BK, Art. 38 (Zweitbearb.), Anm. 38; in diesem Sinne etwa *Hamm*, S. 99 f.; *H. H. Klein*, S. 170.

[7] Vgl. *Maunz*, in: MDH, Art. 20, Anm. 36, 39 f., 45; *Hesse*, Grundzüge, S. 52 ff.

[8] Vgl. *Isensee*, VVDStRL 32 (1974), S. 92: „Demokratie ist Herrschaftszuständigkeit, nicht Herrschaftsziel oder Herrschaftsgrenze."

D. Der Volksbegriff des Art. 20 II 1 GG

tischen Erfahrungen, auf die das Grundgesetz eine Art Antwort sein mußte, eigentlich hätte erwarten können[9].

Auch die Aufnahme der Bestimmung des späteren Art. 20 I GG, in dem von der Demokratie ausdrücklich die Rede ist und der weder in der Weimarer Reichsverfassung noch im Entwurf des Verfassungskonvents von Herrenchiemsee ein Vorbild hatte[10], war den Abgeordneten kein Anlaß, eine Begriffsinterpretation vorzunehmen[11].

Der Wortlaut des ersten Entwurfs zum späteren Art. 20 I GG[12], den der Abgeordnete Dr. von Mangoldt dem Grundsatzausschuß in seiner 11. Sitzung am 14. 10. 1948, damals noch als Art. 21 I GG, vorgelegt hatte[13], lenkte den Akzent der Debatte nicht auf den Begriff der Demokratie, sondern auf die parlamentarische Regierungsform[14], die offenbar in spezifischer Verknüpfung mit der Demokratie gesehen wurde. Lediglich der Abgeordnete Dr. Schmid schlug vor, man solle sich mit der Formel, das Volk sei Träger der Staatsgewalt, begnügen, weil damit „das Wesen des Demokratischen bereits ausgesprochen" sei[15].

Derselbe Abgeordnete war es auch, der bereits vorher, in der zweiten Sitzung des Plenums am 8. 9. 1948, als einziger näher auf den Begriff der Demokratie eingegangen war. Er sprach von ihr als der klassischen Demokratie, als deren Kennzeichen er Gleichheit und Freiheit der Bürger, Gewaltenteilung und Garantie der Grundrechte hervorhob[16].

In dieser Äußerung fand das von der ganz überwiegenden Mehrheit des Parlamentarischen Rates geteilte Verständnis der zu schaffenden Staatsordnung als einer liberalen Demokratie westlicher Prägung[17] seinen Ausdruck. Dieses Verständnis gründete vor allem auf der bewußten Ablehnung des Gegenmodells einer „sozialistischen" Demokratie, wie sie in den Ländern der damaligen Ostzone praktiziert wurde, sowie auf den Erfahrungen der nationalsozialistischen Ära[18]. Von diesen politischen Erfahrungen rührt es auch her, daß unter den Demokratiebegriff — wie

---

[9] Zum Demokratiekonzept in den damaligen Verfassungsmodellen der politischen Parteien vgl. *Fromme*, S. 519 f.
[10] Vgl. JÖR NF 1 (1951), S. 195.
[11] Vgl. JÖR NF 1 (1951), S. 195 ff.; *Fromme*, S. 520.
[12] „Die Bundesrepublik Deutschland ist ein demokratischer und sozialer Rechtsstaat mit parlamentarischer Regierungsform und bundesstaatlichem Aufbau." Vgl. JÖR NF 1 (1951), S. 195.
[13] JÖR NF 1 (1951), S. 195.
[14] JÖR NF 1 (1951), S. 195, 196.
[15] Stenogr. Protokoll des Grundsatzausschusses, 11. Sitzung, S. 4 (zit. nach *Fromme*, S. 520, Fußn. 22).
[16] *Parlamentarischer Rat*, Stenogr. Bericht, S. 14.
[17] *Fromme*, S. 522; *Kriele*, Diskussionsbeitrag, VVDStRL 29 (1971), S. 107.
[18] Vgl. die Äußerung des Abgeordneten Dr. *Bergsträßer* in der 11. Sitzung des Grundsatzausschusses am 14. 10. 1948, JÖR NF 1 (1951), S. 195. Die Dürftig-

die Äußerung des Abgeordneten Dr. Schmid mit der Erwähnung der Grundrechte zeigt — nicht nur formal die Legitimation von Herrschaft, sondern auch bestimmte Inhalte und Richtwerte für die Art ihrer Ausübung gefaßt wurden[19].

3. Die ideengeschichtlichen Grundlagen der Demokratie des Grundgesetzes

Die grundgesetzliche Demokratie hat, wie auch die Entstehungsgeschichte zeigt, im wesentlichen drei geistige Wurzeln: Neben der in Frankreich entwickelten modernen Idee der Volkssouveränität, ausgedrückt durch die klassische Formel vom Volk als Träger aller Staatsgewalt in Art. 20 II 1 GG, haben Vorstellungen des Parlamentarismus, wie sie insbesondere in England ihre historischen Vorbilder haben, und solche des Liberalismus Eingang gefunden.

Die konkrete Ausgestaltung, die das Grundgesetz in den Art. 20, 21 und 38 seiner Demokratie gegeben hat, kennzeichnen diese als eine Erscheinungsform des Types der parlamentarisch-repräsentativen Demokratie.

Der Begriff des Volkes, der dieser Verfassungsform zugrunde liegt und ihr personelles Substrat definiert, läßt sich allerdings weder unmittelbar aus dem Begriff des Parlamentarismus noch aus der Idee der Repräsentation bestimmen.

a) Volksbegriff und Parlamentarismus

Der Parlamentarismus stellt — bei aller begrifflichen Unbestimmtheit im einzelnen und Variabilität der Erscheinungsformen[20] — ursprünglich eine besondere Form des Regierungssystems dar, in dem das Parlament, wenigstens der Idee nach, als öffentliche Austragungsstätte kritischer Diskussion von Meinung und Gegenmeinung[21] eine unentbehrliche Funktion im staatlichen Entscheidungsprozeß wahrnimmt.

Das Parlament ist damit aber noch keine demokratische Institution. In seinem klassischen Land, in England, war der Parlamentarismus vielmehr ständischen Ursprungs[22]. Erst nach der französischen Revolution

---

keit der Entstehungsmaterialien erklärt sich daraus, daß die Mehrheit des Parlamentarischen Rates ihr eigenes Demokratieverständnis nicht zu konkretisieren brauchte, weil es an einer Herausforderung hierzu infolge der zahlenmäßigen und theoretischen Schwäche der Vertreter des sozialistischen Gegenmodells, der KPD, fehlte. Vgl. *Fromme*, S. 521 f.

[19] *Fromme*, S. 518 mit Fußn. 2.
[20] Vgl. *C. Schmitt*, Verfassungslehre, S. 303; *Loewenstein*, S. 65; *Kluxen*, S. 17.
[21] *C. Schmitt*, Verfassungslehre, S. 315; *Kluxen*, S. 18.
[22] *Max Weber*, S. 27; *Kluxen*, S. 91.

gingen Parlamentarismus und Demokratie eine Verbindung ein, ohne jedoch trotz ihrer vielfältigen Zusammenhänge zu Synonymen zu werden. Demokratie schließt Parlamentarismus nicht ein, sondern ist nur Voraussetzung eines modernen Parlamentarismus[23]. In diesem ist die besondere Stellung des Parlaments durch eine wechselseitige Abhängigkeit im Verhältnis zur Regierung gekennzeichnet, die verhindern soll, daß der Staatswille von einem der beiden Staatsorgane allein gebildet werden kann[24]. Diese Abhängigkeit äußert sich in der einen Richtung dahin, daß die Regierung, die in der Regel aus dem Parlament personell hervorgeht, dem Parlament verantwortlich ist, diesem also Kontrollrechte zustehen, auf der anderen Seite aber der Regierung das Recht zusteht, das Parlament aufzulösen und Neuwahlen zu veranlassen[25]. Dieses parlamentarische Grundmodell hat in der modernen Parteiendemokratie, insbesondere auch der des Grundgesetzes, einen Strukturwandel durchgemacht. Der Gegensatz von Kabinett und Parlament hat sich zu einem Gegenüber von Regierungspartei und Oppositionspartei verschoben[26].

b) Volksbegriff und Repräsentation

Mit dem Parlamentarismus hat die Idee der Repräsentation[27], die sich von diesem nicht trennen läßt, gemeinsam, daß sie zwar historisch eine enge Beziehung zur Entstehung des modernen Staates aufweist, jedoch nicht in einem wesensnotwendigen Zusammenhang mit einer auf die Souveränität des Volkes aufbauenden Staatsordnung steht[28]. Das englische Parlament repräsentierte die Korporationen der ständischen Gesellschaft, bevor sich, spätestens im Laufe des 16. Jahrhunderts, eine nationale bürgerliche Gesellschaft herausgebildet hatte[29].

Noch später, nämlich erst mit der Revolution am Ende des 18. Jahrhunderts, vollzog sich in Frankreich der Wechsel von der ständischen zur Nationalrepräsentation[30]. Diese gründete entsprechend dem richtungweisenden Konzept des Abbé Sieyès in der Nationalversammlung von 1789[31] auf dem freien Mandat des Abgeordneten und stand so in schrof-

---

[23] *C. Schmitt*, Verfassungslehre, S. 304 f.; *Max Weber*, S. 27; *Loewenstein*, S. 65; *Kluxen*, S. 25.

[24] *C. Schmitt*, Verfassungslehre, S. 304; *Loewenstein*, S. 66.

[25] *Loewenstein*, S. 66; *Kluxen*, S. 25; vgl. *Badura*, BK, Art. 38 (Zweitbearb.), Anm. 17.

[26] Vgl. *Scheuner*, Regierungssystem, S. 437.

[27] Zur Wort- und Begriffsgeschichte der Repräsentation vgl. die umfassende Darstellung von *H. Hofmann*; dort auch kritische Stellungnahme zur aktuellen Diskussion, S. 15 ff., 29 ff.

[28] *Leibholz*, Repräsentation, S. 78 f.

[29] *Badura*, BK, Art. 38 (Zweitbearb.), Anm. 2 - 3.

[30] *Badura*, BK, Art. 38 (Zweitbearb.), Anm. 4; vgl. für die Parallele in Deutschland *Gerber*, S. 28 ff. mit zahlreichen Belegen aus der zeitgenössischen Literatur (S. 28/29, Fußn. 3); vgl. *Drath*, S. 271.

fem Gegensatz nicht nur zu dem überwundenen ständischen System, sondern auch zu der eine Repräsentation verwerfenden[32] Demokratievorstellung Rousseaus[33].

In der Nationalrepräsentation im Sinne der politischen Philosophie des Liberalismus tritt denn auch neben oder gar gegen die Souveränität des Volkes die Souveränität des Parlaments, die durch die völlige Unabhängigkeit der Abgeordneten von ihren Wählern konstituiert wird. Die Souveränität des Parlamentes wird hier jedoch durch die relative gesellschaftlich-soziale Homogenität von Abgeordneten und Wählerschaft kompensiert. Die gemeinsame Herkunft der Abgeordneten aus dem durch Bildung und Besitz privilegierten Bürgertum, dem ein plutokratischer Wahlzensus den entscheidenden Einfluß vorbehält, ist die Gewähr dafür, daß das von den Abgeordneten unabhängig artikulierte nationale Interesse mit dem der dominierenden Schicht übereinstimmt[34]. Der Wahlzensus wird ideologisch damit gerechtfertigt, daß er eine Auslese der politisch Vernünftigen ermögliche[35]. Das souveräne Parlament der Nationalrepräsentation ist Honoratiorenparlament.

An das freie Mandat des Abgeordneten als der Voraussetzung dieser liberal-repräsentativen Demokratie knüpfen die Theorien an, die in Repräsentation nicht einen Vorgang legitimierender Zurechnung, sondern einen „Wesensbegriff"[36] sehen.

So heißt Repräsentation für *Carl Schmitt*[37], „ein unsichtbares Sein durch ein öffentlich anwesendes Sein sichtbar machen und vergegenwärtigen". Sie setzt, da eine beliebige oder wertlose Art des Seins nicht repräsentiert werden kann, eine „gesteigerte Art Sein, die einer Heraushebung in das öffentliche Sein, einer Existenz, fähig ist"[38], voraus. Eine solche höhere Art Sein kommt in der politischen Sphäre nicht dem natürlichen Dasein einer irgendwie zusammenlebenden Menschengruppe, sondern nur einem als politische Einheit existierenden Volk zu[39]. Diese politische Einheit als Ganzes[40], nicht die Summe Einzelner wird repräsentiert.

---

[31] Vgl. *Fraenkel*, S. 357.
[32] *Rousseau*, Contrat social III, 15; vgl. *Scheuner*, Repräsentatives Prinzip, S. 406.
[33] *Badura*, BK, Art. 38 (Zweitbearb.), Anm. 10.
[34] *Badura*, BK, Art. 38 (Zweitbearb.), Anm. 11, 12; „Volk" bezeichnet in dieser Zeit nur die herrschende Gesellschaftsschicht der Besitzenden, vgl. *Krüger*, Staatslehre, S. 158 und Integration, S. 265 sowie *Heller*, Staatslehre, S. 162; auch *Boberach*, S. 62 ff.; *Schilfert*, S. 209.
[35] *Thoma*, Begriff, S. 41; *Rittstieg*, S. 235 ff.; vgl. *Schilfert*, S. 202.
[36] *Badura*, BK, Art. 38 (Zweitbearb.), Anm. 26.
[37] Verfassungslehre, S. 209.
[38] Verfassungslehre, S. 210.
[39] Verfassungslehre, S. 210.
[40] Verfassungslehre, S. 212.

Hierin besteht Übereinstimmung mit *Gerhard Leibholz*, wenn dieser das Vorhandensein einer ideell bestimmten Wertsphäre des zu repräsentierenden Seins zur Voraussetzung von Repräsentation erhebt[41]. Repräsentiert wird demnach das Volk als politisch-ideelle Einheit[42], d. h. nicht die Summe der das Volk bildenden Individuen, sondern die Volksgemeinschaft als generationenumfassende Wertgemeinschaft[43].

Von dieser Warte aus ist es nur konsequent, daß der moderne Parteienstaat, wie er sich im Gefolge eines von gesellschaftlicher Stellung unabhängigen, „demokratischen" Wahlrechts herausgebildet hat, nicht als repräsentative, sondern als „rationalisierte Erscheinungsform der plebiszitären Demokratie"[44] eingestuft wird.

Mag man dagegen auch den Begriff der Repräsentation von seiner normativen Verengung auf die Begriffswelt einer bestimmten Epoche, wie sie in den geschilderten Theorien zum Ausdruck kommt, lösen und ihn auch für den modernen Parteienstaat im Sinne einer Interpretation als legitimierende Delegation durch das empirische Volk fruchtbar machen können[45], so zeigt sich auch dann, daß sich trotz der Reduzierung der repräsentierten Einheit von einer qualitativen zu einer empirischen, quantifizierbaren Größe das repräsentierte Volk in personeller Hinsicht nicht abgrenzen läßt.

Der Begriff der Repräsentation als solcher beschreibt, gleich wie man ihn faßt, einen Vorgang, der mit dem Repräsentierten verbunden ist, oder eine besondere Beziehung, in der das Repräsentierte steht, nicht aber das Repräsentierte selbst. Das Bestehen der zu repräsentierenden politischen Einheit wird von ihm stets vorausgesetzt[46]. Es ist daher keine Folge des Repräsentationsgedankens, sondern Folge einer gewandelten Vorstellung von Demokratie, wenn sich die heutige parlamentarische Repräsentation im Parteienstaat, so wie sie auch im Grundgesetz in den Art. 20, 21, 38 konzipiert ist, nicht mehr im Sinne der liberalen Nationalrepräsentation[47], sondern nur als egalitäre Volksvertretung verstehen läßt[48].

Die Aufgabe eines wertgebundenen „existenziellen" Repräsentationsbegriffs zugunsten einer Vorstellung von Repräsentation, die sich als

---

[41] Repräsentation, S. 32; ähnlich *Gerber*, S. 7.
[42] Repräsentation, S. 29.
[43] *Leibholz*, Repräsentation, S. 45 f., 57, 128.
[44] *Leibholz*, Repräsentation, S. 226; vgl. auch *Gerber*, S. 7, Fußn. 2, 60 f.
[45] In diesem Sinne: *Badura*, BK, Art. 38 (Zweitbearb.), Anm. 29; *Scheuner*, Repräsentatives Prinzip, S. 391, 398 f.
[46] *Badura*, Diskussionsbeitrag, VVDStRL 29 (1971), S. 97.
[47] Das Fehlen eines Wesenszusammenhangs zwischen Demokratie und Repräsentation wird auch daran deutlich, daß diese nach der liberalen Auffassung eine Wahl prinzipiell nicht voraussetzt; vgl. *Gerber*, S. 50 f.
[48] *Badura*, BK, Art. 38 (Zweitbearb.), Anm. 28 f.

Zurechnungs- und Legitimationsverhältnis zwischen empirischem Volk und Parlament begreift, zieht nur die Konsequenz aus der in der Mitte des vergangenen Jahrhunderts eingeleiteten politischen Wirklichkeit, deren Demokratisierungsprozeß durch die in das allgemeine und gleiche Wahlrecht mündende politische Emanzipation der sozialen Unterschichten gekennzeichnet ist und damit die Privilegienherrschaft der Besitzerschichten überwand[49].

c) Das Volk der demokratischen Volkssouveränität

Läßt sich demnach der Begriff des Volkes nicht aus dem Begriff der Repräsentation näher eingrenzen, so muß hierfür auf die vorausgesetzte politische Einheit zurückgegangen werden, die in der modernen Parteiendemokratie als repräsentiert gedacht ist.

Diese ist die Einheit des souveränen Volkes im Sinne der Idee der Volkssouveränität, die am Anfang der modernen Demokratie steht[50].

Durch seine besondere Ausgestaltung und als Repräsentativverfassung ist das Grundgesetz von einer radikal-kollektivistischen Volkssouveränitätsauffassung im Sinne Rousseaus mit volonté générale und unmittelbarer Volksherrschaft zwar weit entfernt[51], knüpft aber durch die Formulierung des Art. 20 II 1 GG an den Volksbegriff der Volkssouveränität als der Grundlage seines Repräsentativsystems an[52].

Die Repräsentation ersetzt dabei nicht das Volk durch einen anderen Souverän, wenngleich sie die faktische Herrschaft den Repräsentanten überträgt, sondern modifiziert den Inhalt der Souveränität, indem sie dem Volk nicht die Stellung des Subjekts unmittelbarer Entscheidung, sondern des Subjekts der Zurechnung und Legitimation der Entscheidung der Repräsentanten zuweist.

Da jede moderne Demokratie nur als eine repräsentative Demokratie vorstellbar ist, läßt sich im Hinblick auf das Herrschaftspotential, das in

---

[49] *Thoma*, Begriff, S. 40, 43; *Badura*, BK, Art. 38 (Zweitbearb.), Anm. 13; *Hesse*, Gleichheit, S. 119 f.; *Kriele*, S. 61 ff.

[50] Vgl. *Hesse*, Grundzüge, S. 54; *Steiner*, S. 96; *Curtius*, S. 75.

[51] Dies gilt z. B. im Hinblick auf die Beschränkung der verfassunggebenden Gewalt durch Art. 79 III (vgl. auch Art. 9 II, 21 II, 20 IV GG): *Kriele*, S. 59; *Fromme*, S. 524; *Curtius*, S. 37, 66; unrichtig *Hamm*, S. 100 f.; eine Übernahme rousseauistischer Volkssouveränitätsideen ist auch nicht in der Weise erfolgt, daß dem Volk eine Art subsidiärer Universalkompetenz zusteht, soweit das Grundgesetz sein Tätigwerden nicht ausdrücklich ausschließt; hierzu *Kriele*, S. 60; *Wittkämper*, S. 158; allgemein zu den Unterschieden zwischen der Theorie Rousseaus und dem modernen Demokratieverständnis vgl. *Scheuner*, Repräsentatives Prinzip, S. 406 f., 418; *Ehmke*, Grenzen, S. 110 f., Fußn. 19; zum Einfluß der Demokratievorstellung Rousseaus auf die Weimarer Lehre vgl. *W. Hofmann*, S. 273 ff.

[52] Art. 20 II 1 GG sehen als Ausdruck der Volkssouveränität z. B.: *Maunz*, in: MDH, Art. 20, Anm. 46; *Wittkämper*, S. 157; *W. O. Schmitt*, S. 439; *Lemke*, S. 66.

ihr den Repräsentanten eingeräumt ist, mit Recht feststellen, daß Demokratie gerade nicht Aufhebung von Herrschaft, sondern Anerkennung von Herrschaftsverhältnissen durch Bestätigung des Unterschiedes von Regierenden (Repräsentanten) und Regierten ist[53]. Die traditionellen Definitionen der Demokratie als Identität von Regierenden und Regierten, Herrschenden und Beherrschten, Befehlenden und Gehorchenden[54] lassen sich aber halten, indem man die Befehls-, Regierungs- und Herrschaftsfunktion der Beherrschten in ihrer Funktion als Zurechnungs- und Legitimationssubjekt erblickt, so daß sich Demokratie als Identität von Legitimierenden und Beherrschten darstellt[55]. In diesem Sinne wird im folgenden die vereinfachende Formel von der Identität der Regierenden und Regierten verwendet.

4. Souveränes Volk und der Begriff des Staatsvolkes

Die Kennzeichnung des legitimierenden Volkes als die „empirischen Angehörigen des Staatsvolkes"[56] ist jedoch insofern problematisch, als der Begriff des Staatsvolkes keinen einheitlichen Inhalt hat.

a) Das Volk als Element des Staates

Die traditionelle allgemeine Staatslehre sieht den Staat als durch die drei Elemente Gebiet, Volk und Staatsgewalt konstituiert an[57]. Sie gebraucht für das in diesem Sinne verstandene Volk auch die Bezeichnung „Staatsvolk"[58].

Die Umgrenzung dieses Staatsvolkes ergibt sich dabei aus dem Verhältnis von Staatsvolk zu Staatsgewalt, das — wie auch das Verhältnis der drei Staatselemente zueinander insgesamt[59] — im Sinne wechselseitiger Bedingung gedacht wird: Das Staatsvolk ist das notwendige Korrelat der Staatsgewalt. Diese ist nur dann echte Herrschaftsgewalt, wenn ihr Gehorsam entgegengebracht wird. Sie wird somit einerseits durch den Gehorsam der ihr Unterworfenen konstituiert, andererseits konstituiert sie selbst die ihr Unterworfenen zur Einheit des Volkes als Ele-

---

[53] *Maunz*, in: MDH, Art. 20, Anm. 30 m. w. N.; *Scheuner*, Repräsentatives Prinzip, S. 392; *Badura*, BK, Art. 38 (Zweitbearb.), Anm. 29; *Ehmke*, Festgabe für Smend, S. 49; *Hesse*, Grundzüge, S. 54 f.; *Wittkämper*, S. 127; *W. Thieme*, Staatsgewalt, S. 658; *Drath*, S. 293 f., 323; *H. H. Klein*, S. 166.

[54] *C. Schmitt*, Verfassungslehre, S. 234; *Kelsen*, Demokratie, S. 14; kritisch *Scheuner*, Repräsentatives Prinzip, S. 407.

[55] *Maunz* (in: MDH, Art. 20, Anm. 30) sieht hinter der Kontroverse um diese Frage zu Recht mehr terminologische Differenzen als einen sachlichen Unterschied.

[56] *Badura*, BK, Art. 38 (Zweitbearb.), Anm. 29.

[57] *Jellinek*, S. 394 - 434; *Kelsen*, Staatslehre, S. 95 - 162; *Zippelius*, S. 43; kritisch *Krüger*, Staatslehre, S. 145 f.

[58] *Jellinek*, S. 406; *Kelsen*, Staatslehre, S. 149.

[59] *Jellinek*, S. 426.

ment des Staates[60]. Differenzen weist die traditionelle Lehre in der Frage auf, ob diesem Staatsvolk als einer Gesamtheit von Subordinierten[61], von Objekten der Staatsgewalt[61], von Pflichtsubjekten[61] gleichzeitig auch die Qualität einer Gesamtheit von Rechtssubjekten zukommt. Hierzu bestehen im wesentlichen zwei Richtungen.

Nach der einen ist eine willensmäßige Beteiligung des gewaltunterworfenen Volkes an der Bildung der Staatsgewalt oder auch nur irgendeine andere schwächere Rechtsstellung gegenüber der Staatsgewalt zwar für bestimmte Staatsformen, nicht aber für den Staat als solchen konstitutiv. Der Staat muß danach Untertanen, aber er muß keine „Staatsbürger" haben[62]. Die personelle Umgrenzung dieses nur als Gesamtheit von Untertanen verstandenen Staatsvolkes ergibt sich aus seinem begrifflichen Korrelat, der Staatsgewalt. Untertanen sind alle, die der Staatsgewalt unterliegen.

Der Wirkungsbereich der Staatsgewalt folgt im modernen Staat grundsätzlich dem Territorialitätsprinzip, einem Wesenszug des modernen Staates überhaupt[63]. Staatsgewalt kann ohne ein bestimmtes Gebiet nicht gedacht werden. Die rechtliche Unterworfenheit unter die Staatsgewalt knüpft allein an den Umstand an, daß sich die Person auf dem Gebiet befindet, auf das sich die Herrschaft erstreckt. Zum Volk als Element des Staates gehören daher nicht nur die Staatsangehörigen oder Staatsbürger, sondern auch die Staatsfremden (Ausländer), sobald sie durch Aufenthalt im Staatsgebiet der Staatsgewalt unterworfen sind[64].

Nach der anderen Ansicht genügt die Kennzeichnung als Gesamtheit von Gewaltunterworfenen und Pflichtsubjekten dem Begriff des Staatsvolkes als Element des Staates nicht. Von einem Staat und damit einem Staatsvolk kann danach nur gesprochen werden, wenn eine Vielheit von Menschen nicht nur als Objekt von Herrschaft zusammengefaßt wird, sondern zugleich Subjekt von Rechten ist. Dem Staatsvolk muß also zugleich objektive und subjektive Qualität innewohnen[65].

Der Mensch kann nach dieser Auffassung gegenüber dem modernen Staat nicht mehr in eine Sphäre völliger Rechtlosigkeit verwiesen werden. Unterworfenheit unter die Staatsgewalt steht in unlösbarem Zusammenhang mit der Anerkennung des Menschen als Person, d. h. als eines mit der Sphäre öffentlicher Rechte ausgestatteten Individuums[66].

---
[60] *Jellinek*, S. 426.
[61] Jeweils *Jellinek*, S. 408.
[62] *Kelsen*, Staatslehre, S. 160.
[63] Zur Entwicklung vom Personenverbandsstaat zum Territorialstaat vgl. *Krüger*, Staatslehre, S. 3, 89, 162, 859 f.
[64] So ausdrücklich *Kelsen*, Staatslehre, S. 160.
[65] *Jellinek*, S. 406 f.
[66] *Jellinek*, S. 408; die Notwendigkeit einer subjektiven Qualität des Volkes wird bei *Jellinek*, wie die Begründung der Anerkennung des Menschen als

D. Der Volksbegriff des Art. 20 II 1 GG

Ein Staatsvolk konstituiert sich nur dort, wo die der Staatsgewalt unterworfenen Pflichtsubjekte durch die staatliche Anerkennung einer Sphäre öffentlicher Rechte der Staatsgewalt als koordinierte Rechtssubjekte[67] gegenüberstehen. In diesem Sinne bilden sie eine Genossenschaft[68], sind sie „Mitglieder des Staates"[69].

Die Staatsmitglieder teilen sich in zwei Gruppen mit jeweils verschiedenen subjektiven öffentlichen Rechten: die Gruppe der Vollmitglieder[70], das sind die dem Staat auf Dauer rechtlich zugehörigen Menschen[71], und die Gruppe derjenigen, die der Staatsgewalt nur vorübergehend unterworfen sind[72], d. h. alle auf staatliches Gebiet gelangenden Menschen[73].

In der personellen Abgrenzung des Staatsvolkes insgesamt besteht gegenüber der zuvor dargestellten Lehre demnach kein Unterschied: Die Zugehörigkeit zum Volk als Element des Staates knüpft in beiden Fällen an die durch den Aufenthalt auf dem Staatsgebiet vermittelte Subordination unter die Staatsgewalt an. Die zuletzt geschilderte Lehre fordert als Bedingung der Konstituierung eines Staatsvolkes zusätzlich zur Objektstellung gegenüber der Staatsgewalt, daß derselben Vielheit von Menschen die Qualität des Rechtssubjekts zukommt. Auch sie schließt damit aber den Staatsfremden in das Staatsvolk ein[74], auch wenn sie aus seiner nur vorübergehenden Beziehung zur Staatsgewalt einen geringeren Bestand an Rechten[75] folgert.

b) Gesellschaftsvolk und Gemeinschaftsvolk

Ein abweichender Begriffszusammenhang findet sich bei *Liermann:* Dies ist insofern von Interesse, als *Liermann* auf dieser Grundlage auch die Staatsgewaltformel des Art. 1 II WRV interpretiert.

Die Begriffe Volk als Element des Staates und Staatsvolk werden zwar auch gleichgesetzt[76]. Die so benannte Einheit stellt eine besondere

---

Person — aus der „gesamten Kulturentwicklung" (S. 408 ff.) zeigt, weniger aus dem Begriff des Staates als Körperschaft (so *Kelsen*, Staatslehre, S. 160), als aus der Auffassung vom menschlichen Individuum als vorstaatlichem Inhaber subjektiver Rechte abgeleitet (so *Kelsen*, Staatslehre, S. 162).

[67] *Jellinek*, S. 408.
[68] *Jellinek*, S. 408, 419.
[69] *Jellinek*, S. 408, 419.
[70] *Jellinek*, S. 408, auch „Staatsglieder" im Unterschied zu „Person" (S. 419).
[71] *Jellinek*, S. 408, 419.
[72] *Jellinek*, S. 408.
[73] *Jellinek*, S. 419.
[74] *Jellinek*, S. 408.
[75] Die subjektiven öffentlichen Rechte des Staatsfremden umfassen, wie die Darstellung bei *Jellinek* (S. 409 ff.) zeigt, der Anerkennung des Fremden als Person entsprechend, zumindest bestimmte Grundrechte als Menschenrechte. Die subjektive Qualität des Staatsvolkes ist also bei staatlicher Anerkennung solcher Rechte gegeben. *Jellinek* wird insoweit mißverstanden von *H. W. Thieme*, S. 61 f.; *Grabitz*, S. 26, 30.

Form von Volk im soziologischen Sinne dar; sie ist wie dieses „eine in psychischer Wechselwirkung stehende größere Gemeinschaft von Menschen, wobei der Geist dieser Gemeinschaft... unabhängig vom Leben des Einzelnen vergangene und zukünftige Generationen verbindet"[77]. Ihre Besonderheit gegenüber dem allgemeinen soziologischen Volksbegriff bezieht sie daraus, daß die Substanz dieser geistigen Gemeinschaft darin liegt, daß sie einen „bestimmten Staat als ihren Staat" betrachtet[78].

Mit diesem Gesinnungskriterium[79] wird das Staatsvolk (= Element des Staates) als „Gemeinschaftsvolk"[80] von dem Zusammenhang mit der Staatsgewalt (es ist nicht identisch mit den Normunterworfenen)[81] und von der Staatsangehörigkeit[82] gelöst. Es ist reale Gesamtpersönlichkeit, die nicht vom Recht konstituiert, sondern vorgefunden wird[83], es ist ein Volk außerhalb und vor der Verfassung, dessen Existenz von dieser anerkannt wird[84].

Dieser generationenumspannende, werthafte Volksbegriff geht zurück auf Burke[85] und liegt allen wertbezogenen, qualitativen Repräsentationstheorien zugrunde[86].

Dem „Gemeinschaftsvolk" setzt *Liermann* das sog. „Gesellschaftsvolk" (in Anlehnung an Tönnies' Unterscheidung von Gemeinschaft und Gesellschaft) gegenüber, das er als rechtlich geschaffene, quantifizierend auf dem Individuum aufbauende, atomisierte, gemeinschafts- und seelenlose[87] Summe koexistierender Menschen[88] kennzeichnet und mit dem Staatsbürgervolk der WRV[89], das sind die Staatsangehörigen[90], identifiziert. Dieses sei das Gesellschaftsvolk der Lehre Rousseaus[91].

Hierzu steht im Widerspruch, daß *Liermann* unter dem Volk i. S. v. Art. 1 II WRV, von dem alle Staatsgewalt ausgeht, das Gemeinschaftsvolk verstehen will[92].

---

[76] *Liermann*, S. 35 ff., 41.
[77] *Liermann*, S. 17, 31.
[78] *Liermann*, S. 48, 77.
[79] Vgl. *Liermann*, S. 53.
[80] *Liermann*, S. 83 ff.
[81] Vgl. *Liermann*, S. 53.
[82] *Liermann*, S. 48 f.
[83] *Liermann*, S. 79.
[84] *Liermann*, S. 80, 169.
[85] Vgl. *Badura*, BK, Art. 38, Anm. 10, 26; *Meinecke*, S. 123 f.
[86] *Badura*, BK, Art. 38, Anm. 26; vgl. oben IV. 3. b dieser Arbeit; ähnlich auch der Volksbegriff bei *Kaufmann*, Volkswillen, S. 8 f., 12.
[87] *Liermann*, S. 138.
[88] *Liermann*, S. 84, 87.
[89] *Liermann*, S. 101, 131, 138.
[90] *Liermann*, S. 166.
[91] *Liermann*, S. 119.
[92] *Liermann*, S. 176 ff., 182.

Der „verinnerlichte", qualitative Begriff des Gemeinschaftsvolkes[93] ist zur Abgrenzung der demokratischen Legitimationseinheit mangels Identifizierbarkeit nicht brauchbar.

Nicht überzeugend ist die Terminologie bei *Kind,* der im Anschluß an *Liermann* das — mit dem Volk als Element des Staates allerdings nicht identische — Staatsvolk als „die gerade im Staat lebende Generation der Menschen, denen ein Staat ihr Staat ist" bezeichnet[94], hierunter dann aber doch keine „geistige Gemeinschaft" verstehen will[95]. Dieser Staatsvolksbegriff wird dann noch sowohl mit der Summe der Staatsangehörigen[96] als auch der Gesamtheit der Normunterworfenen[97] gleichgesetzt.

Die Charakterisierung dieses Staatsvolkes mit *Hellers* Formulierung als „wirkend-gewirkte Wirklichkeit"[98] ist deshalb fragwürdig, weil *Heller* diese Eigenschaft ausdrücklich dem Volk als politisch amorpher „Kulturbildung" zuspricht, nicht aber auf seinen Begriff des Staatsvolkes bezieht[99].

c) Die Gesamtheit der Staatsangehörigen

Der Begriff „Staatsvolk" wird auch dann verwendet, wenn nicht das Volk als Element des Staates, sondern die Gesamtheit der Staatsangehörigen und damit jene besondere, durch das positive Recht eines Staates näher geregelte Form der rechtlichen Zugehörigkeit oder Mitgliedschaft in einem Staat bezeichnet werden soll[100].

Diese Mitgliedschaft ist nicht identisch mit dem Begriff von Staatsmitgliedschaft, die die Lehre von der subjektiven Qualität des Volkes als Element des Staates diesem Volk kraft seiner subjektiven Qualität zuerkennt[101].

Die Staatsangehörigkeit hebt eine Gruppe unter den Gewaltunterworfenen heraus, begründet so unter diesen die Unterscheidung zwischen Staatsangehörigen und Staatsfremden und verleiht dieser Unterschei-

---

[93] Vgl. die Kritik bei *Wolff,* S. 290 ff., 301 ff.
[94] *Kind,* S. 28; ähnlich *Kaufmann,* Volkswillen, S. 12.
[95] *Kind,* S. 28, Fußn. 123.
[96] *Kind,* S. 28.
[97] *Kind,* S. 29.
[98] *Heller,* Staatslehre, S. 160; vgl. *Kind,* S. 28, Fußn. 123.
[99] Vgl. *Heller,* Staatslehre, S. 158 ff., 160 - 164.
[100] So z. B. *Maunz,* in: MDH, Art. 20, Anm. 48; *von Mangoldt / Klein,* V 1 zu Art. 20, S. 593, 595; *Schiedermair,* S. 446; *Heuer,* S. 36; *Henkel,* Wahlrecht, S. 6; *Böckenförde,* Unterscheidung, S. 47; *ders.,* Teilung, S. 430; *G. Hoffmann,* S. 312; *Quaritsch,* S. 96; *Cellier,* S. 108; *Bäumlin,* S. 96; BVerfGE 8, 104, 114; im Völkerrecht *Berber,* S. 354; *Doehring,* VVDStRL 32 (1974), S. 8, 35.
[101] Die Terminologie wird jedoch auch bei *Jellinek* nicht immer durchgehalten. Während er einerseits das Volk als Element des Staates als die Gesamtheit der Staatsmitglieder bezeichnet (S. 408, 419), verwendet er an anderer Stelle (S. 425) den Begriff der Mitgliedschaft, aus der besondere, von der bloßen Unterworfenheit unter die Staatsgewalt verschiedene Pflichten erwachsen, wie sie für die Staatsangehörigkeit typisch sind.

dung dadurch Substanz, daß sie nach ihrem regelmäßigen Durchschnittsgehalt besondere Rechte und Pflichten den Staatsangehörigen vorbehält.

d) Das souveräne Volk als egalitäres Verbandsvolk

Nach den erwähnten Definitionen der Demokratie als Identität von Regierenden (Legitimierenden) und Regierten scheint es so, als verlange der demokratische Gedanke, daß alle, die der Staatsgewalt unterworfen sind, in den Legitimationszusammenhang einbezogen werden müßten. Das souveräne Volk wäre dann mit dem Volk als Element des Staates identisch.

Nach der demokratischen Theorie hat jedoch der Identitätsgedanke einen anderen Sinn.

Souveränität ist ein Bestimmungsrecht, nämlich das oberste politische Entscheidungsrecht, und setzt dementsprechend ein hierfür taugliches, nämlich entscheidungs- weil willensfähiges Subjekt voraus[102]. Indem die demokratische Idee die Souveränität dem Volk zuspricht, erkennt sie das Volk als ein mit den geforderten Eigenschaften begabtes Subjekt an[103]. Die Willensfähigkeit des Volkes beruht dabei auf der Willensfähigkeit der Einzelnen, die kraft ihres Kohäsionswillens das Volk zu einer Einheit formen[104]. Das souveräne Volk ist eine Gruppe willensautonomer Individuen, die fähig sind, einen „freien personalen Selbstentscheid" zu fällen[105]. In diesem Bild des Menschen liegt eine der wesentlichen Wurzeln der modernen demokratischen Idee. Sie erwächst aus der naturrechtlichen Gedankenwelt der Aufklärung[106], die natürliche Freiheit und Gleichheit aller Menschen postuliert.

Dieser individualistisch-menschenrechtliche Ansatz führt sie jedoch nicht zur Forderung nach Auflösung aller staatlichen Ordnung. Der Staat wird als notwendig zu Schutz und Erhaltung des Einzelnen anerkannt[107], er bedarf allerdings nunmehr besonderer Legitimation. Die Idee der Volkssouveränität ist die Umsetzung des naturrechtlichen Menschenbildes in eine Staatsidee[108], die den Anspruch erhebt, die einzige dem Wesen des Menschen angemessene[109] Staatsform gefunden zu haben.

---

[102] *Kurz*, S. 163, 180 f.
[103] *Kurz*, S. 181; *Redslob*, S. 52; *Heller*, Souveränität, S. 74 f.
[104] *Kurz*, S. 181, 188, 190.
[105] Zit. *Affolter*, S. 54; ähnlich *Kurz*, S. 192 f., 206; *Kind*, S. 30; *Schönherr*, S. 58; *Schindler*, Staatswillen, S. 26.
[106] Vgl. *Bäumlin*, S. 89; *Jellinek*, S. 723; *Zippelius*, BK, Art. 1 I (Zweitbearb.), Anm. 6.
[107] *Affolter*, S. 43 f.; *Zippelius*, S. 275, 277.
[108] *Affolter*, S. 43 f.; vgl. *Scheuner*, Repräsentatives Prinzip, S. 387.
[109] Über den Zusammenhang von Demokratie und Menschenwürde vgl. *Jellinek*, S. 722; *Bäumlin*, S. 40; *Kägi*, S. 841 a f.; *Maihofer*, S. 56, 78 f.; *Ruland*, S. 11; BVerfGE 5, 85, 204 f.

D. Der Volksbegriff des Art. 20 II 1 GG

Sie sucht zu verhindern, daß das den staatlichen Zusammenschluß erfordernde Ziel der Erhaltung aller auf Kosten ihrer aller Freiheit erreicht wird.

Dies ist der Sinn der Theorie des Gesellschaftsvertrages, wie sie — in der politischen Philosophie des 17. und 18. Jahrhunderts vorbereitet[110] — bei Rousseau ihre klassische demokratische Ausprägung erfährt. Die größtmögliche Freiheit der durch den Gesellschaftsvertrag zusammengeschlossenen und so den Naturzustand überwindenden Individuen[111] wird dadurch gewährleistet, daß diese selbst die staatliche Herrschaft übernehmen. Hierfür fordert die grundlegende Klausel des Gesellschaftsvertrages, daß jedes Gesellschaftsmitglied sich ganz der Gesamtheit hingibt, mit allen seinen Rechten völlig in ihr aufgeht[112].

Die gleiche Unterwerfung aller unter die Gesamtheit kompensiert die Aufgabe der natürlichen Freiheit und ist die Bedingung ihrer gesellschaftlichen, bürgerlichen Freiheit[113]. Diese läßt sich also nur realisieren, wenn zwischen allen Beteiligten des Gesellschaftsvertrages völlige Gleichheit besteht, d. h. Gleichheit aller als Untertanen, die den Staatsgesetzen zu Gehorsam verpflichtet sind, und Gleichheit aller als Staatsbürger, also Teilhaber an der Staatsgewalt[114].

In dieser durch den Gesellschaftsvertrag bedingten Gleichheit der Glieder des souveränen Volkes als Subjekt wie als Objekt der Staatsgewalt liegt die Berechtigung des Satzes von der Identität von Regierenden und Regierten. Die demokratische Egalität differenziert nicht zwischen den Qualitäten des Volkes als Staatsbürgerschaft und Untertanschaft. Da sie sich auf den Gesamtstatus des zum souveränen Volk gehörenden Individuums bezieht, wäre eine Gleichheit nur der Rechte, nicht aber auch hinsichtlich der Pflichten oder umgekehrt bereits Ungleichheit. Das Fundament des Gesellschaftsvertrages wäre zerstört.

In der demokratischen Theorie des Gesellschaftsvertrages steht die Gleichheit der politischen Berechtigung der Individuen demnach in unlösbarem Zusammenhang mit ihrer gleichen Unterworfenheit unter die

---

[110] Vgl. *Zippelius*, S. 276 ff.
[111] *Rousseau* meint das „Aktiv-Volk" (*Kurz*, S. 193, 210 ff.) der zum „freien personalen Selbstentscheid" Fähigen, wenn er als Mitglieder jenes durch den Gesellschaftsvertrag gebildeten politischen Gesamtkörpers sämtliche Stimmabgebenden bezeichnet und diesen Gesellschaftsgenossen als Gesamtheit den Namen Volk gibt (contrat I 6). Die nicht als politisch willensfähig Anerkannten, etwa die Heranwachsenden, gehören demnach nicht zum souveränen Volk des Gesellschaftsvertrages. Diese Unterscheidung darf hier aber vernachlässigt werden, da die vom „Aktiv-Volk" Ausgeschlossenen in der Regel jedenfalls potentiell zu diesem gehören (vgl. *Steiner*, S. 96: Volkssouveränität im eigentlichen und im weiteren Sinne).
[112] Contrat I 6.
[113] Contrat I, 6; I, 8.
[114] Contrat I, 6; II, 4; vgl. *Kelsen*, Demokratie, S. 93.

Gewalt des von allen gebildeten Gemeinwesens[115], das den Einzelnen zum Gehorsam zwingen und von ihm den höchsten Einsatz zu seiner Erhaltung verlangen kann[116].

Da diese Gleichheit der Einzelnen eine durch den Gesellschaftsvertrag vermittelte Gleichheit ist, setzt sie nicht den Menschen im Naturzustand, sondern den mit anderen zu einer politischen Einheit zusammengeschlossenen Menschen voraus. Die von der demokratischen Idee postulierte Gleichheit ist eine innerverbandliche[117] Gleichheit, die Demokratie des souveränen, als regierendes und regiertes identischen Volkes beruht auf dem egalitären Staatsverband[118]. Dieser ist die vorgegebene und vorausgesetzte Einheit, in der Mehrheitsentscheidungen getroffen werden können[119].

Die demokratische Gleichheit ist also nicht die allgemeine Menschengleichheit, sondern setzt diese voraus. Demokratie als politische Form verlangt eine politische Gleichheit, d. h. eine Gleichheit, welche die Unterscheidung zwischen Gleichen und Ungleichen, nämlich denjenigen, die innerhalb, und denjenigen, die außerhalb des politischen Verbandes stehen, ermöglicht[120].

Die allgemeine Menschengleichheit ist keine politische Gleichheit, weil sich mit ihr keine Unterscheidung zwischen Menschen vornehmen läßt. Sie ermöglicht es daher gerade nicht, menschliche Verbände gegeneinander abzugrenzen, also politische Formationen zu bilden, sondern tendiert im Gegenteil auf einen Abbau jeder politischen Unterscheidung[121].

Eine Tendenz zur Überwindung der Unterscheidung zwischen Staaten und den sie bildenden Menschen wohnt der Demokratie trotz ihres naturrechtlichen Ansatzes weder der Idee nach, die ja die Notwendigkeit des Staates anerkennt, noch ihrer historischen Entwicklung nach inne.

Schon in der französischen Revolution, die aus der Idee der Volkssouveränität entscheidende Impulse erfährt und Freiheit, Gleichheit und Brüderlichkeit auf ihr Programm schreibt, mündet das Menschheitspathos in die Einheit der Nation[122]. Die demokratische Idee verbindet

---

[115] Contrat social I, 6; I, 7; II, 4.
[116] Contrat social II, 5.
[117] Der Begriff des Verbandes wird hier nicht in dem engeren Sinn einer nach Privatrecht gebildeten Organisation, sondern im allgemeinen Sinne, als Oberbegriff für privat- und öffentlich-rechtliche Vereinigungen verwandt.
[118] *Jellinek*, S. 723; *C. Schmitt*, Verfassungslehre, S. 227; vgl. *Wolff*, S. 299; *Zorn*, S. 51; *Isensee*, VVDStRL 32 (1974), S. 92.
[119] Vgl. *Leisner*, Volk und Nation, S. 116; *Grabitz*, S. 35 f.
[120] *C. Schmitt*, Verfassungslehre, S. 227; *C. Schmitt*, Parlamentarismus, S. 16 ff.; *Hesse*, Gleichheit, S. 122.
[121] *C. Schmitt*, Verfassungslehre, S. 226; *ders.*, Parlamentarismus, S. 18.
[122] Déclaration des droits de l'homme et du citoyen v. 26. 8. 1789, art. 3:

sich mit der aufkommenden nationalstaatlichen Idee, die die Kongruenz von (Kultur-)Nation und Staat anstrebt. Der Gedanke der Gleichheit aller Menschen wirkt dagegen innerhalb des Staates und richtet sich gegen politische Privilegien, die sich auf soziale Privilegierung gründen[123]. Hierin liegt die Wurzel der Entwicklung des allgemeinen und gleichen Wahlrechts[124].

e) Demokratie und Nationalstaat

Das im Gefolge der französischen Revolution im 19. Jahrhundert aufkommende Nationalstaatsprinzip, nach welchem möglichst jede Nation (im ethnisch-kulturellen Sinn) einen Staat bilden und jeder Staat nur eine Nation umfassen soll, ist kein Wesenselement der demokratischen Idee, auch wenn seine Entstehung und Entwicklung mit deren Vordringen historisch zusammenfällt[125]. Der egalitäre demokratische Staatsverband fordert nicht, daß seine Mitglieder einer einheitlichen Abstammungs- und/oder Kulturgemeinschaft entstammen. Dies ist zwar in der Gegenwart aufgrund der historischen Entwicklung überwiegend der Fall, ist aber sowenig Bedingung der Demokratie wie irgendeiner anderen Staatsform.

Ein Begriff der Nation, der etwas anderes als das Staatsverbandsvolk zum Inhalt hat, beschreibt nicht den demokratischen Volksbegriff, wenngleich er faktisch denselben Personenkreis bezeichnen kann. Eine so verstandene nationale Homogenität[126] ist daher nur dann die Substanz der demokratischen Gleichheit, wenn alle Mitglieder des Staatsverbandes

---

"Le principe de toute souveraineté réside essentiellement dans la nation. Nul corps, nul individu ne peut exercer d'autorité qui n'en émane expressément." Constitution de 1791 (3. 9. 1791), titre III, art. 1: "La souveraineté est une, indivisible, inaliénable et imprescriptible; elle appartient à la Nation: aucune section du peuple ni aucun individu ne peut s'en attribuer l'exercice." Constitution de 1793 (24. 6. 1793, sog. Jakobinische Verfassung), Acte constitutionnel, art. 7: "Le peuple souverain est l'universalité des citoyens français." Dazu Déclaration des droits de l'homme et du citoyen, art. 25: "La souveraineté réside dans le peuple; elle est une et indivisible, imprescriptible et inaliénable."
Constitution de l'an III (22. 8. 1795, sog. Direktorialverfassung), art. 2: "Le souverain est l'universalité des citoyens français."
Vgl. *Redslob*, S. 46 ff.; *Hasbach*, S. 65 ff.; *Kurz*, S. 116 ff.; *Grabitz*, S. 35 ff.; zum Begriff der Nation in den Revolutionsverfassungen im Sinne der politisch zu Bewußtsein erwachten Einheit des Staatsvolkes vgl. *Bilfinger*, S. 6 und *C. Schmitt*, Verfassungslehre, S. 50, 231; zur Identifizierung der Begriffe Volk (peuple) und Nation im Laufe der Revolution vgl. *Leisner*, Volk und Nation, S. 109 ff.; *Wolff*, S. 298.

[123] *Meinecke*, S. 16; *Thoma*, Begriff, S. 44; *Kriele*, S. 61 ff.; *C. Schmitt*, Parlamentarismus, S. 17.

[124] Vgl. oben B. II.

[125] *Zuleeg*, DVBl. 1974, S. 347, dessen Argumentation aber die Verwechslung von Nationalstaatsprinzip und Staatsangehörigkeit als rechtlicher Mitgliedschaft im Staat zugrunde liegt.

[126] *C. Schmitt*, Verfassungslehre, S. 231; ders., Parlamentarismus, S. 14.

tatsächlich zur selben Nation gehören, sie ist aber nicht Bedingung der Demokratie[127].

Auch ein Vielvölkerstaat besitzt ein demokratisches Verbandsvolk, obwohl er nicht national homogen ist. Auch eine nationale Minderheit gehört zum Verbandsvolk des Staates, in dem sie lebt[128].

f) Verbandsvolk und Gebietszugehörigkeit

Die dem Volk in der Demokratie zugewiesene Stellung als Inhaber des obersten politischen Bestimmungsrechts, seine Herrschaftszuständigkeit, setzt die Abgrenzbarkeit des Volkes als entscheidende bzw. legitimierende Einheit voraus. In diesem Sinne setzt Demokratie notwendig eine Verbandsmitgliedschaft, die Zugehörigkeit zum souveränen Volk voraus, wobei noch offen bleibt, wodurch diese sowie der Verband konstituiert werden[129].

Hinge die Zugehörigkeit zum demokratischen Volk nur von der Gebietszugehörigkeit ab — weil der Aufenthalt im Staatsgebiet die Unterworfenheit unter die Staatsgewalt vermittelt, die Betroffenen also zu Regierten und Beherrschten macht —, so wäre der Träger der Staatsgewalt — abgesehen von der immer bestehenden natürlichen Fluktuation durch Geburt und Tod — permanenter Veränderung unterzogen. Die unbegrenzte Möglichkeit des Gebietswechsels würde dazu führen, daß eine konkrete menschliche Einheit als Zurechnungssubjekt und Legitimationsquelle der Staatsgewalt nicht erkennbar wäre. Da als Gebietszugehöriger potentiell jeder Mensch in Betracht kommt, wäre ein konkretes Volk als demokratischer Souverän nicht identifizierbar. Eine Identität von Regierenden und Regierten wäre damit nicht herstellbar.

Hierin zeigt sich ein Unterschied der Demokratie gegenüber nichtdemokratischen Staatsformen, bei denen sich die Staatsgewalt aus einem Einzelnen oder aus einer Oligarchie legitimiert. Da dort das „Volk" nur als Objekt der Herrschaft relevant ist, würde es genügen, auf die Gebietszugehörigkeit abzustellen. In der Demokratie ist das Volk aufgrund der ihm zugewiesenen Herrschaftsfunktion jedoch eine Größe, die anderer Abgrenzung bedarf.

Der Volksbegriff der Volkssouveränität und damit der Volksbegriff des Art. 20 II 1 GG, der seine Substanz aus der Zugehörigkeit zum egalitären Staatsverband empfängt, ist daher nicht identisch mit dem Staatsvolkbegriff der Dreielementenlehre, der an die mit der Gebietszugehörigkeit verbundene Unterworfenheit unter die Staatsgewalt anknüpft[130].

---
[127] *Hesse*, Gleichheit, S. 121.
[128] Dazu noch unten V. 3.
[129] Insofern legt der Begriff der Mitgliedschaft nicht auf die Staatsangehörigkeit fest. A. A. *Zuleeg*, DVBl. 1974, S. 348.
[130] A. A. insoweit, wenn auch nicht im Ergebnis, *Schulz-Schaeffer*, S. 5 und *Ruland*, S. 11, die einem doppelten Irrtum unterliegen: Sie identifizieren den

D. Der Volksbegriff des Art. 20 II 1 GG

In der politischen Funktion des souveränen Volkes als Träger der Staatsgewalt ist die Zugehörigkeit zu dem von diesem Volk gebildeten Staatsverband als eine Dauerbeziehung angelegt[131]. Nur eine Dauerbeziehung vermittelt die geforderte demokratische Gleichheit der Verbandszugehörigen.

Andererseits ist mit dem Merkmal der Dauerbeziehung allein der demokratische Souverän insofern noch nicht identifiziert, als auch eine Gebietszugehörigkeit von Dauer sein kann. Die von der demokratischen Idee postulierte Gleichheit der Verbandsmitglieder[132], die auf einer sich wechselseitig bedingenden Gleichheit von Rechts- und Pflichtenstatus beruht, bezieht ihren Inhalt jedoch aus dem spezifischen Verhältnis zur Staatsgewalt. Es liegt in der Konsequenz der Absolutheit des Egalitätspostulats, daß der gleiche Einfluß auf die Staatsgewalt nur denjenigen zustehen darf, die dieser Staatsgewalt in gleicher Weise ausgesetzt sind, und daß umgekehrt auch all denen der gleiche Einfluß zustehen muß, die der Staatsgewalt in gleicher Weise unterliegen[133].

Zum Wesen einer auf der freien Selbstentscheidung des Volkes beruhenden Demokratie gehört es, daß wirkliche Gleichheit aller Mitentscheidenden nur gegeben ist, wenn alle die Folgen ihrer Entscheidung in gleicher Weise zu tragen und zu verantworten haben. Von hierher wird die für die Zugehörigkeit zum souveränen Volk bereits genannte Voraussetzung einer Dauerbeziehung konkretisiert: sie besagt nicht, daß nach einer gewissen Dauer des Aufenthalts im Staatsgebiet die Zugehörigkeit zum souveränen Volk erworben werde, sondern verlangt für die Konstituierung dieses Volkes als Subjekt der Staatsgewalt, daß die Zugehörigkeit selbst auf Dauer angelegt sei.

Volksbegriff des Art. 20 II 1 GG zu Unrecht mit dem Begriff des Staatsvolks als Konstituante des Staatsbegriffs im Sinne der Dreielementenlehre und setzen obendrein den letztgenannten Begriff mit der Summe der Staatsangehörigen gleich (vgl. hierzu oben D IV. 4. a). Unrichtig auch *Rolvering*, S. 77 f., der im Anschluß an *H. W. Thieme*, S. 60 f., das den Ausländer umfassende (soziologische) Staatsvolk als Element des Staates in Art. 20 I 1 GG hineininterpretiert, dann aber über Art. 3 I GG es für zulässig hält (S. 78, 108), Ausländer vom Wahlrecht auszuschließen.

[131] Vgl. *Kurz*, S. 226; *Meyer*, S. 454; *Isensee*, VVDStRL 32 (1974), S. 92.
[132] Die Gleichheit als Grundlage der Demokratie betonen: *Hasbach*, S. 329; *Thoma*, Begriff, S. 43; *Jahrreiß*, S. 633; *C. Schmitt*, Verfassungslehre, S. 227 ff.; *Leibholz*, Repräsentation, S. 220 f.; *Maunz*, in: MDH, Art. 20, Anm. 34; *Kriele*, S. 61; *Schindler*, Staatswillen, S. 56, 60; *Peters*, Problematik, S. 34; *Kurz*, S. 193, 217, 223; *Asam*, S. 8; *Herzog*, Demokratie und Gleichheit, S. 713; *Hesse*, Gleichheit, S. 118, 135; *Curtius*, S. 112; *Bläsi*, S. 92; vgl. BVerfGE 1, 237, 243, 247 und die weiteren Nachweise aus der Rechtsprechung bei *Leibholz / Rinck*, Art. 38, Anm. 3.
[133] Vgl. *Henkel*, Wahlrecht, S. 9; *Ruland*, S. 12.

V. Die Staatsangehörigkeit als Voraussetzung demokratischer Gleichheit

Die Bedingungen demokratischer Egalität sind auf dem Boden der modernen Staatenwelt, die das Grundgesetz voraussetzt, nur in der Staatsangehörigkeit als der rechtlichen Dauerbeziehung zum Staat erfüllt. Der demokratische Staatsverband wird durch die Staatsangehörigkeit konstituiert.

1. Die Besonderheit des Ausländerstatus

Der Status des Staatsangehörigen bezieht seine Konturen aus der Gegenüberstellung zum komplementären Status des Staatsfremden, des Ausländers. Während jener sich in einer zweiseitigen Rechtsbeziehung zwischen dem Staatsangehörigen und seinem Staat erschöpft, wird der Status des Ausländers, der sich auf fremdem Staatsgebiet aufhält, durch eine zusätzliche Rechtsbeziehung gekennzeichnet: Der Ausländer ist der Gebietshoheit des Aufenthaltsstaates und gleichzeitig der Personalhoheit seines Heimatstaates, dessen Staatsangehörigkeit er besitzt, unterworfen. Diese Zuordnung zu zwei Staaten bezieht ihn zusätzlich in den Wirkungsbereich des die zwischenstaatlichen Verhältnisse regelnden Völkerrechts ein. Die Frage, ob die Ausländer zu dem egalitären Staatsverband des Aufenthaltsstaates gehören, hängt von den Konsequenzen dieser rechtlichen Zuordnung ab[1].

a) Der Aufenthaltsstatus

Der Status des Ausländers ist im Verhältnis zum Aufenthaltsstaat grundsätzlich nicht als Dauerbeziehung angelegt. Der Aufenthalt eines Ausländers im Inland kann zwar faktisch von langer Dauer sein. Kraft seiner durch das Völkerrecht zwischenstaatlich abgesicherten Zugehörigkeit zu einer fremden Herrschaftsordnung, nämlich der seines Heimatstaates, könnte er sich jedoch, wäre er an der demokratischen Wahlentscheidung beteiligt, deren von ihm mitbestimmten Folgen durch Rückkehr in seinen Heimatstaat jederzeit entziehen[2]. Die Freiheit des Staatsfremden, den Aufenthaltsstaat jederzeit zu verlassen, ist als allgemeine Regel des Völkerrechts anerkannt[3]. Der Versuch, den Ausländer an der

---

[1] *Isensee*, VVDStRL 32 (1974), S. 55 f., beschreibt den Ausländerstatus treffend als „Rechts-Dreieck". Die doppelte Zuordnung des Ausländers zu zwei Hoheitsgewalten betonen außerdem: *Harz*, S. 11; *Kimme*, S. 51; *Bordewin*, S. 83; *Tomuschat*, S. 60; *Doehring*, VVDStRL 32 (1974), S. 19 ff.; *Fehrlin*, S. 103; *Hauser*, S. 14.

[2] *Tomuschat*, S. 60; *Isensee*, VVDStRL 32 (1974), S. 93; *Doehring*, VVDStRL 32 (1974), S. 37; *Ruland*, S. 11; a. A. *Zuleeg*, Diskussionsbeitrag VVDStRL 32 (1974), S. 111. Die Gleichheit des Aufenthaltsstatus ist Bedingung demokratischer Egalität: *Isensee*, VVDStRL 32 (1974), S. 95.

[3] *Berber*, S. 384; *Wengler* II, S. 1003; *Doehring*, VVDStRL 32 (1974), S. 21; *Hartmann*, S. 463; *Isensee*, VVDStRL 32 (1974), S. 59, Fußn. 26; *Ruppel*, S. 100;

D. Der Volksbegriff des Art. 20 II 1 GG

Ausreise zu hindern, würde nicht nur gegen Völkerrecht, sondern über Art. 25 GG auch gegen Verfassungsrecht verstoßen.

Die Position des Staatsangehörigen weicht demgegenüber ab. Sein Verhältnis zum Staat ist als Dauerbeziehung angelegt[4].

Zu seiner von Art. 2 I GG geschützten allgemeinen Handlungsfreiheit gehört zwar auch die Ausreisefreiheit[5]. Diese ist jedoch gegenüber der des Ausländers in zweierlei Hinsicht relativiert[6]: Zum einen korrespondiert ihr kein Aufnahmeanspruch gegenüber einem anderen Staat[7], wie ihn der Ausländer aufgrund seiner Angehörigkeitsbeziehung zu seinem Heimatstaat hat[8]. Der Staatsangehörige bleibt, auch wenn er sich im Ausland befindet, aus der Sicht des Völkerrechts, solange er nicht eine neue Staatsangehörigkeit erworben hat, seinem Heimatstaat verhaftet[9]. Dies äußert sich darin, daß der im Ausland nicht aufgenommene oder ausgewiesene Staatsangehörige letztlich von seinem Heimatstaat wieder aufgenommen werden muß[10]. Insofern ist die Feststellung zutreffend, daß der Staatsangehörige auf seinen Staat „unentrinnbar angewiesen" ist[11].

Die Unentrinnbarkeit dokumentiert sich auch noch in anderer Hinsicht: Die verfassungsmäßig garantierte Ausreisefreiheit des Staatsangehörigen steht unter dem Vorbehalt der Einschränkung durch die verfassungsgemäße Rechtsordnung[12]. Sie kann also unter bestimmten Voraussetzungen durch Gesetz eingeschränkt werden[13]. Weder der Wesensgehalt der

---

Rolvering, S. 16. Als Ausnahmen sind nur Fälle polizeilicher Festhaltung aus Gründen der Sicherheit des Aufenthaltsstaates, Strafverbüßung, Internierung im Kriegsfall u. ä. anerkannt.

[4] Vgl. *Grawert*, S. 235 ff.

[5] BVerfGE 6, 32, 41 f.; zur Geschichte der Ausreisefreiheit vgl. *Scheuner*, Auswanderungsfreiheit, S. 204 ff.

[6] Dies übersehen *Dolde*, S. 69 f.; *Zuleeg*, Diskussionsbeitrag VVDStRL 32 (1974), S. 111.

[7] *Isensee*, VVDStRL 32 (1974), S. 60; vgl. *Ruland*, S. 11; a. A. *Sasse*, S. 27 für EG-Angehörige; dazu unten V. 2.; der Hinweis auf vertraglich begründetes Aufenthaltsrecht von Ausländern (*Rolvering*, S. 77) ändert am Grundsatz nichts.

[8] Vgl. *Leisner*, Diskussionsbeitrag, VVDStRL 32 (1974), S. 130 f.

[9] Vgl. *Berber*, S. 354.

[10] *Berber*, S. 365; *Zorn*, S. 82, Fußn. 126. Der Staatsangehörige seinerseits hat ein Recht auf Aufenthalt in seinem Heimatstaat: *Zorn*, S. 82; *Strupp*, S. 275; *H. W. Thieme*, S. 62; *Isensee*, VVDStRL 32 (1974), S. 62.

[11] *Isensee*, VVDStRL 32 (1974), S. 59, 93; hieran anschließend *Ruland*, S. 11; vgl. *Leisner*, Diskussionsbeitrag, VVDStRL 32 (1974), S. 130 f.

[12] BVerfGE 6, 32, 42.

[13] Dies ergibt sich a maiore ad minus auch aus der Einschränkbarkeit der Freizügigkeit (Art. 11 II GG); die Streitfrage, ob die Ausreisefreiheit Art. 11 oder Art. 2 I GG zuzuordnen ist, kann hier dahinstehen, vgl. *Isensee*, VVDStRL 32 (1974), S. 60, Fußn. 27 m. w. N.; zu den Voraussetzungen der Einschränkung der Ausreisefreiheit vgl. *Hartmann*, passim.

allgemeinen Handlungsfreiheit (Art. 19 II GG) noch die Menschenwürde wird tangiert, wenn sich die Persönlichkeit unter bestimmten Voraussetzungen nur innerhalb der Grenzen des Staates entfalten darf.

Ein entsprechendes Gesetz verstößt auch nicht gegen Normen des allgemeinen Völkerrechts. Von ihm wird nur die Ausreisefreiheit des Ausländers, nicht die des Inländers geschützt.

Als eine weltoffen konzipierte Verfassung[14] ist das Grundgesetz von nationaler Abkapselung zwar weit entfernt. Die Möglichkeit, durch Beschränkung der Ausreise das Schicksal des Staatsangehörigen an das seines Staates zu binden — eine Möglichkeit, die wegen der freiheitlichen Ausrichtung des Grundgesetzes nur aus besonders schwerwiegenden Gründen in Betracht kommen kann —, hebt den Status der Unentrinnbarkeit des Staatsangehörigen von dem des Ausländers aber besonders deutlich ab.

Hieran zeigt sich auch, daß es eine politische Schicksalsgemeinschaft[15], die von der Gemeinschaft des durch die Staatsangehörigen konstituierten Staatsverbandes verschieden ist, grundsätzlich nicht gibt[16].

b) Der Pflichtenstatus

Mit der ungleichen aufenthaltsrechtlichen Stellung des Ausländers steht seine ungleiche Pflichtenstellung[17] gegenüber dem Aufenthaltsstaat in engstem Zusammenhang. Da er grundsätzlich nicht an der Ausreise gehindert werden darf, können ihm auch grundsätzlich nicht jene Pflichten auferlegt werden, deren Erfüllung die Wahrnehmung der Freiheit, jederzeit auszureisen, vereiteln würde. Es handelt sich hierbei um die Pflichten, „deren Erfüllung nicht nur ein Leisten an den Staat, sondern auch ein Handeln für den Staat"[18] in sich schließt, insbesondere die Wehrpflicht.

aa) Die Wehrpflicht

Die Wehrpflicht darf nach den über Art. 25 GG auch staatsrechtlich wirksamen allgemeinen Regeln des Völkerrechts grundsätzlich Ausländern nicht auferlegt werden[19].

---
[14] Vgl. Art. 24 - 26 GG; dazu näher *Isensee*, VVDStRL 32 (1974), S. 57 f., Fußn. 18, 19; *Ipsen*, Gemeinschaftsrecht, S. 50.
[15] In diesem Sinne interpretiert *Zuleeg*, DVBl. 1974, S. 349 den Volksbegriff des Art. 20 II 1 GG, um Ausländer einbeziehen zu können. Zum Begriff der politischen Schicksalsgemeinschaft vgl. *Zippelius*, S. 46, wo auch der Staatsverband der Staatsangehörigen gemeint ist.
[16] A. A. *Zuleeg*, DVBl. 1974, S. 349.
[17] So schon für die WRV *Strupp*, S. 275, 280; vgl. *H. W. Thieme*, S. 63.
[18] *Jellinek*, S. 425.
[19] *Berber*, S. 382 f.; *Verdroß*, S. 369; *Jaenicke / Doehring*, S. 524, 557 ff.; *Doehring*, in: WbVR, S. 812; *Doehring*, Regeln, S. 181; *Isensee*, VVDStRL 32

D. Der Volksbegriff des Art. 20 II 1 GG

Wenn § 2 I WPflG[20] die Möglichkeit eröffnet, Ausländer, deren Heimatstaat Deutsche zum Wehrdienst verpflichtet, „unter den gleichen Voraussetzungen, unter denen Deutsche dort wehrpflichtig sind", der Wehrpflicht zu unterwerfen[21], so ist dies, wie schon der Wortlaut der Vorschrift erkennen läßt, als — völkerrechtlich zulässige[22] — Repressalie[23], nicht aber als Abweichung von dem völkerrechtlichen Grundsatz gedacht[24] oder gar als Indiz für dessen Nichtexistenz verwertbar[25].

Die Ungleichheit des Ausländerstatus würde nicht aufgehoben, wenn von der allgemeinen Wehrpflicht abgesehen und eine Berufsarmee eingerichtet würde[26]. Für die Statusfrage maßgebend ist nicht, in welcher Form der Staat seine Verteidigung organisiert; entscheidend ist vielmehr, daß er nicht gehindert wäre, jederzeit alle seine Bürger, aber eben nur diese, der allgemeinen Wehrpflicht zu unterwerfen.

Unerheblich ist in diesem Zusammenhang auch das Fehlen einer Wehrpflicht für Frauen[27]. Die Ausnahme der Frauen von der Wehrpflicht, die von Art. 3 GG her keinen Bedenken unterliegt, beruht auf Gründen, die sich ausschließlich aus dem Unterschied der Geschlechter herleiten, mit der Zugehörigkeit zum demokratischen Staatsverband also in keinerlei Beziehung stehen.

Der Gesetzgeber wäre nach entsprechender Änderung des Grundgesetzes nicht gehindert, eine besondere Dienstpflicht für Frauen einzuführen[28], wie es bereits jetzt nach Art. 12 a IV GG für den Verteidigungsfall möglich ist.

(1974), S. 94 mit Fußn. 113; *H. W. Thieme,* S. 76 f.; schon früher *Fuld,* S. 46; *Harz,* S. 67, 150; *Zorn,* S. 49. A. A.: *Wengler* II, S. 946 f., 1006; *Menzel,* S. 203; *Rolvering,* S. 18; zum völkerrechtlich anerkannten Recht des Staates, den Staatsangehörigen, insbesondere den Wehrpflichtigen, aus dem Ausland zurückzurufen (ius avocandi) vgl. *Berber,* S. 365.

[20] Wehrpflichtgesetz v. 21. 7. 1956 (BGBl. I, S. 651) idF d. Bekanntmachung v. 28. 9. 1969 (BGBl. I, S. 1773, ber. S. 2043).

[21] Vgl. in diesem Zusammenhang § 2 II WPflG, der allen Staatenlosen, die den Wehrdienst abgeleistet haben, bei dauerndem Aufenthalt im Inland einen Anspruch auf Einbürgerung verleiht und somit auf dem Gedanken beruht, daß Wehrpflicht und volles Staatsbürgerrecht sich wechselseitig bedingen; einen notwendigen Zusammenhang zwischen Wehrpflicht und Demokratie sieht *C. Schmitt,* Verfassungslehre, S. 254; vgl. auch *Jaenicke / Doehring,* S. 525.

[22] Bedenken hiergegen bei *Doehring,* Regeln, S. 181, Fußn. 587 und *Doehring,* VVDStRL 32 (1974), S. 19; *ders.,* in: WbVR, S. 816.

[23] *Ruland,* S. 11; zum Begriff der Repressalie als Mittel zur Abwehr völkerrechtswidrigen Verhaltens vgl. *Doehring,* VVDStRL 32 (1974), S. 18.

[24] *Doehring,* Regeln, S. 181; a. A. *Zuleeg,* DVBl. 1974, 348.

[25] So aber *Rolvering,* S. 18; sinngemäß *Zuleeg,* DVBl. 1974, 348.

[26] A. A. offenbar *Sasse,* S. 72.

[27] Art. 12 a I GG; dieses Argument wird von *Zuleeg,* DVBl. 1974, S. 348 gebracht.

[28] Zutreffend *Ruland,* S. 11.

Schließlich kommt es auch nicht darauf an, ob im Einzelfall tatsächlich Wehrdienst geleistet wird[29]. Die Befreiung vom Wehrdienst, die auf Gewissensgründen, Gesundheitsgründen oder auch darauf beruhen kann, daß der Staat organisatorisch und kapazitätsmäßig nicht in der Lage ist, alle Wehrpflichtigen unterzubringen, ändert am Grundsatz der Wehrpflicht des Staatsangehörigen nichts. Sie hindert insbesondere den Staat nicht, aus Gründen der „Wehrgerechtigkeit" freigestellten Staatsangehörigen Ersatzpflichten aufzuerlegen („Wehrsteuer") oder sie im Ernstfall zu anderen Dienstpflichten heranzuziehen. Das sich aus dem Gebot demokratischer Egalität zwingend ergebende[30] Kompensationsverhältnis von demokratischen Rechten und Pflichten besteht also auch dann, wenn es sich im Einzelfall nicht aktualisiert. Die Rechte kompensieren die auf der Personalhoheit beruhende besondere Belastbarkeit des Staatsangehörigen, die ihn vom Ausländer unterscheidet.

bb) Öffentliche Ehrenämter

Die Verhältnisse gestalten sich analog, wenn auch weniger augenfällig, bei der ebenfalls in der Staatsangehörigkeit wurzelnden Pflicht zur Übernahme öffentlicher Ehrenämter. Daß sich in der Praxis möglicherweise kaum ein Ausländer weigern würde, derartige Pflichten zu übernehmen[31], ist ebenso unerheblich wie bei der Wehrpflicht die möglicherweise vorhandene Bereitschaft von Ausländern, diesen in Deutschland abzuleisten, oder beim Wahlrecht der Wille von Ausländern, wählen zu wollen[32].

cc) Treu- und Gehorsamspflicht

In der traditionellen Staatslehre und im Völkerrecht wird neben den genannten Pflichten zusätzlich noch eine besondere Treu- und Gehorsamspflicht des Staatsangehörigen hervorgehoben, deren Inhalt als Pflicht zu Gesetzesgehorsam und zur Unterlassung aller Handlungen, „welche auf die Beschädigung des Staates abzielen"[33], umschrieben wird.

Soweit sich diese Pflichten jedoch nicht durch den besonderen Aufenthaltsstatus des Staatsangehörigen und die beschriebenen besonderen Pflichten, die ihn von dem qua Territorialhoheit grundsätzlich gleichermaßen zum Gesetzesgehorsam verpflichteten[34] Ausländer unterscheiden, rechtlich konkretisieren lassen, haben sie nur das Gewicht eines „ethisch-politischen Postulats"[35]. Gleichwohl liegen diese Pflichten der Staats-

---
[29] A. A. offenbar *Zuleeg*, DVBl. 1974, S. 348.
[30] A. A. *Zuleeg* (Fußn. 29).
[31] *Sasse*, S. 73.
[32] Vgl. die Suggestivinterviews bei *Kevenhörstere*, S. 88 ff.
[33] Zit. *Laband* I, S. 143; ähnlich *Fuld*, S. 16; *Harz*, S. 149; *Kimme*, S. 52; *Strupp*, S. 277; *Zorn*, S. 38 *Berber*, S. 365; *Jaenicke / Doehring*, S. 525.
[34] *Rolvering*, S. 102; *H. W. Thieme*, S. 63 f.
[35] Zit. *Kelsen*, Staatslehre, S. 159; *Isensee*, VVDStRL 32 (1974), S. 94, Fußn. 113.

angehörigkeit zugrunde, auch wenn sie — abgesehen von den genannten besonderen Pflichten des Staatsangehörigen — keinen positiv-rechtlichen Ausdruck finden[36]. Dies zeigt sich darin, daß die doppelte Staatsangehörigkeit weithin als eine mit dem Wesen der Staatsangehörigkeitsbeziehung im Grunde unvereinbare Anomalie angesehen wird. Die Staatsangehörigkeit wird damit als eine Beziehung anerkannt, in der das Individuum grundsätzlich nur zu einem einzigen Staat stehen kann[37].

Einer besonderen Treu- und Gehorsamspflicht kann der Ausländer nicht unterliegen, weil ihm damit faktisch eine doppelte Staatsangehörigkeit zugemutet würde und er infolge der Zugehörigkeit zu seinem Heimatstaat Pflichten- und Interessenkollisionen ausgesetzt wäre[38]. Hieran würde auch seine mit zunehmender Aufenthaltsdauer wachsende faktisch-gesellschaftliche Integration nichts ändern.

dd) Steuerpflicht

Gegenüber der besonderen Pflichtenstellung des Staatsangehörigen, die sich in den genannten Pflichten zu einem persönlichen Handeln für den Staat niederschlägt, läßt sich demokratische Gleichheit des Ausländers nicht mit dessen Pflichten zur Leistung an den Staat, insbesondere nicht mit seiner im wesentlichen der des Staatsangehörigen gleichen Steuerpflicht begründen[39].

Die Parole der Unabhängigkeitsbewegung in den englischen Kolonien Nordamerikas: „Taxation without representation is tyranny" entstammt dem Geist einer Epoche, in der das Parlament, abgesichert durch ein Zensuswahlrecht, die Interessen der Besitzenden vertrat[40].

Die Parole ist daher zeitgebundener Ausdruck systemimmanenter Kritik: wo Besitz und damit Steuerpflicht die Grundlage parlamentarischer Vertretung sind, muß jeder, der diese Voraussetzungen erfüllt (und nur dieser) Einfluß auf diese Vertretung haben[41]. Die Weigerung des englischen Mutterlandes, dieser Konsequenz des Systems Rechnung zu tragen, war einer der Faktoren, aus denen die Unabhängigkeitserklärung der Kolonien ihre Legitimation bezog.

---

[36] Vgl. aber Art. 20 RhPfVerf, der von der Treuepflicht des Staatsbürgers gegenüber dem Staat spricht.
[37] Vgl. die Lehre von der Einzigkeit der Untertanschaft bei *Krüger*, Staatslehre, S. 954 ff.; *Grawert*, S. 236 ff.
[38] Vgl. *Rolvering*, S. 102 ff.; *Isensee*, VVDStRL 32 (1974), S. 57; *Ruland*, S. 11; der Gesichtspunkt der Interessenkollision spricht auch gegen die Möglichkeit einer unvorbelasteten und verantwortlichen Ausübung des Wahlrechts durch Ausländer.
[39] So offensichtlich *Zuleeg*, DVBl. 1974, S. 348; *Henkel*, Wahlrecht, S. 9; ders., Integration, S. 101. Die Steuerpflicht des Ausländers ist völkerrechtlich anerkannt, z. B. *Berber*, S. 383; *Fuld*, S. 48.
[40] Vgl. *Hasbach*, S. 35 ff., 37, 39; *C. Schmitt*, Verfassungslehre, S. 311 f. und oben IV. 3. b).
[41] *C. Schmitt*, Verfassungslehre, S. 312.

Die Bedingungen dieses Parlamentarismus sind jedoch entfallen, seitdem die Besitzesprivilegien sich gegenüber der Forderung nach allgemeinem, d. h. alle sozialen Unterschiede negierendem Wahlrecht nicht mehr behaupten konnten[42]. Die moderne Demokratie ist, indem sie nur noch an die Person und nicht mehr an ihren sozialen Status anknüpft, radikal egalitär. Sie bezieht, da Besitz und Steuerpflicht in ihr diese Funktion verloren haben, die Bedingungen der Egalität nur noch aus der Zugehörigkeit zum Staatsverband der Staatsangehörigen.

Der in der Steuer liegenden Pflicht zur Leistung an den Staat entsprechen die Leistungen des Staates, an denen alle Steuerzahler, Inländer wie Ausländer, Anteil haben. Über einen Anspruch auf diese Leistungen hinaus folgen aus dem Tatbestand der Steuerpflicht keine Rechte[43]. Den Vorrechten des Staatsangehörigen entspricht demgegenüber sein besonderer Pflichtenstatus.

ee) Sonstige Pflichten

Auch aus der unterschiedslosen Beitragspflicht der Ausländer zur Sozialversicherung folgt kein anderes Ergebnis. Als Mitglieder der Solidargemeinschaft der Versicherten hat der Ausländer in vollem Umfang Anspruch auf die seinem Beitrag entsprechenden Leistungen, wenn auch dessen Realisierung vielfach praktische Schwierigkeiten entgegenstehen mögen. In diesem Anspruch erschöpfen sich jedoch die Konsequenzen seiner Beitragspflicht.

2. Der Sonderstatus des europäischen Marktbürgers[44]

Die Staatsangehörigen der Mitgliedstaaten der Europäischen Gemeinschaft haben kraft Gemeinschaftsrecht in den anderen Mitgliedstaaten einen besonderen, vom allgemeinen fremdenrechtlichen Ausländerstatus zum Teil abweichenden Rechtsstatus inne. Der Unterschied betrifft nicht den Pflichtenstatus, sondern den Aufenthaltsstatus.

Dem Gemeinschaftszweck, der wirtschaftlichen Integration der Mitgliedstaaten, dienen der freie Zugang der Arbeitnehmer zum Arbeitsmarkt eines jeden Mitgliedstaates („Freizügigkeit der Arbeitnehmer"), die Freiheit der Niederlassung für Gewerbetreibende und sonstige Selbständige, sowie die Freiheit des Dienstleistungsverkehrs in allen Mitgliedstaaten. Diese Freiheiten bedingen zu ihrer Verwirklichung die Freiheit der Einreise und des Aufenthalts.

---

[42] Diesen Zusammenhang übersieht *Henkel*, Wahlrecht, S. 9; ders., Integration, S. 101.
[43] Vgl. *Isensee*, VVDStRL 32 (1974), S. 94.
[44] Der Terminus „Marktbürger" wurde zuerst gebraucht von *Ipsen*, NJW 1964, S. 340, Anm. 2.

D. Der Volksbegriff des Art. 20 II 1 GG

Die einschlägigen Vorschriften des Gemeinschaftsrechts sehen daher Einreise- und Aufenthaltsfreiheit für den jeweils angesprochenen Personenkreis unter den Staatsangehörigen der Mitgliedstaaten ausdrücklich vor[45]. Den Arbeitnehmern steht darüber hinaus unter bestimmten Voraussetzungen nach Beendigung der Beschäftigung ein Recht auf Verbleib in dem betreffenden Mitgliedsstaat[46] zu.

Die aufenthaltsrechtliche Gleichstellung des ausländischen Marktbürgers mit dem Inländer ist jedoch in zweifacher Hinsicht verkürzt.

Zum einen sind freie Einreise und freier Aufenthalt nur um der freien beruflichen Betätigung willen gewährt, d. h. sie stehen in funktionellem Zusammenhang mit der Berufsausübung und finden von hierher auch ihre Grenze[47].

Die marktbürgerliche Gleichheit bleibt insofern eindimensional im Rahmen der ökonomischen Zielsetzung der Gemeinschaft[48]. Die nach dem jetzigen Stand des Gemeinschaftsrechts verwirklichte Integration ist nur eine funktionell-ökonomische Integration ohne „gesellschaftliche Dimension"[49], sie löst den Marktbürger also nicht aus seinem staatlichen Verband.

Zum anderen stehen freie Einreise und freier Aufenthalt unter dem mitgliedsstaatlichen Vorbehalt der öffentlichen Sicherheit, Ordnung und Gesundheit[50].

---

[45] Freizügigkeit der Arbeitnehmer: Art. 48 EWGV; heute maßgebend Verordnung Nr. 1612/68/EWG v. 15.10.1968 über die Freizügigkeit der Arbeitnehmer innerhalb der Gemeinschaft, ABl. L 257 v. 19.10.1968, S. 2; dazu Richtlinie Nr. 68/360/EWG zur Aufhebung der Reise- und Aufenthaltsbeschränkungen für Arbeitnehmer der Mitgliedstaaten und ihrer Familienangehörigen innerhalb der Gemeinschaft, ABl. L 257 v. 19.10.1968, S. 13; früher galten VO Nr. 15 v. 16.8.1961, ABl. 1961, S. 1073; VO Nr. 38/64/EWG v. 25.3.1964, ABl. 1964, S. 965 nebst Richtlinie v. 25.3.1964, ABl. 1964, S. 981; vgl. *Grabitz*, S. 69 ff. Niederlassungsfreiheit: Art. 52 - 58 EWGV; Richtlinie Nr. 64/220/EWG zur Aufhebung der Reise- und Aufenthaltsbeschränkungen für Staatsangehörige der Mitgliedstaaten innerhalb der Gemeinschaft auf dem Gebiet der Niederlassung und des Dienstleistungsverkehrs v. 25.2.1964, ABl. 1964, S. 845, neugefaßt durch Richtlinie Nr. 73/148/EWG v. 21.5.1973, ABl. L 142 v. 28.6.1973, S. 14; *Grabitz*, S. 74 ff. Dienstleistungsverkehr: Art. 59 - 66 EWGV; dazu vgl. unter Niederlassungsfreiheit und *Grabitz*, S. 81 ff. Vgl. auch Gesetz über Einreise und Aufenthalt von Staatsangehörigen der Mitgliedstaaten der Europäischen Wirtschaftsgemeinschaft v. 22.7.1969 (BGBl. I, S. 927), §§ 1 - 11.

[46] Verordnung Nr. 1251/70 der Kommission v. 29.6.1970 über das Recht der Arbeitnehmer, nach Beendigung einer Beschäftigung im Hoheitsgebiet eines Mitgliedstaats zu verbleiben, ABl. L 142, 24; vgl. Art. 48 III d EWGV.

[47] *Grabitz*, S. 68, 85; sie gelten allerdings auch für die Familienangehörigen des Inhabers des Rechts auf freie berufliche Betätigung vgl. *Grabitz*, S. 85 ff., 87; auch das Recht auf Verbleib steht den Familienangehörigen des Arbeitnehmers zu (Art. 3 VO Nr. 1251/70).

[48] *Ipsen*, Gemeinschaftsrecht, S. 252 (9/136); *Grabitz*, S. 68 f.

[49] Zit. *Ipsen*, Gemeinschaftsrecht, S. 998 (54/23), vgl. auch S. 252 (9/136) und 254 (9/140); *Grabitz*, S. 68; unklar *Pünder*, S. 105.

Zwar dürfen Grundlage von Maßnahmen der öffentlichen Sicherheit und Ordnung nur das persönliche Verhalten des einreise- und aufenthaltswilligen ausländischen Marktbürgers, nicht aber wirtschaftliche Gründe (Arbeitsmarktlage, Konkurrenzschutz u. ä.) sein[51]. Andernfalls würde der marktbürgerlichen Gleichstellung, die ja gerade auf dem wirtschaftlichen Gemeinschaftsziel gründet, durch die Hintertür des Polizeivorbehalts letztlich die Substanz entzogen[52]. Das funktionell-ökonomische Gemeinschaftsziel verlangt insoweit eine in allen Mitgliedstaaten einheitliche, restriktive Auslegung und Anwendung des Polizeivorbehalts[53].

Die gemeinschaftsrechtliche Anerkennung eines Polizeivorbehalts als solche macht jedoch deutlich, daß der Marktbürger vom Ausländerstatus nicht völlig befreit ist. Er ist nach Gemeinschaftsrecht dem Inländer nicht einmal hinsichtlich Einreise und Aufenthalt — ganz zu schweigen von politischen Rechten und staatsbürgerlichen Rechten[54] — völlig gleichgestellt. Funktionelle Begrenzung des Einreise- und Aufenthaltsrechts und Polizeivorbehalt verhindern, daß der auswanderungswillige Staatsangehörige schlechthin einen Aufnahmeanspruch gegenüber einem Mitgliedstaat der Gemeinschaft hat[55].

Daher und wegen des nicht aufgehobenen Unterschieds, der im Pflichtenstatus gegenüber dem Inländer nach wie vor besteht, sind im Sonderstatus des europäischen Marktbürgers die Bedingungen demokratischer Egalität nicht verwirklicht[56].

3. Staatsangehörigkeit und nationale Minderheit

Das Ergebnis eines auf die Staatsangehörigkeit abstellenden Statusvergleichs zwischen Inländer und Ausländer wird nicht dadurch berührt, daß man dem Ausländerproblem die Dimension eines Problems nationaler Minderheiten verleiht[57]. Als Minderheitsproblem läßt es sich allen-

---

[50] Art. 48 III, 56 I, 66 i. V. m. 56 I EWGV; Richtlinie Nr. 64/221/EWG zur Koordinierung der Sondervorschriften für die Einreise und den Aufenthalt von Ausländern, soweit sie aus Gründen der öffentlichen Ordnung, Sicherheit oder Gesundheit gerechtfertigt sind, v. 25. 2. 1964, ABl. 1964, S. 850 und die entsprechenden Vorbehalte in den in Fußn. 45 genannten Vorschriften; *Ipsen*, Gemeinschaftsrecht, S. 253 (9/138); *Grabitz*, S. 92 ff.

[51] Richtlinie Nr. 64/221/EWG (Fußn. 50), Art. 3 I; *Grabitz*, S. 94; *Ipsen*, Gemeinschaftsrecht, S. 253 (9/138).

[52] *Grabitz*, S. 94 f.; *Ipsen*, Gemeinschaftsrecht, S. 253 (9/138).

[53] *Grabitz* (Fußn. 52); *Ipsen* (Fußn. 52).

[54] Vgl. *Grabitz*, S. 88 ff.

[55] Dies übersieht *Sasse*, S. 27, 54 ff.

[56] A. A. *Grabitz*, S. 103, 110.

[57] So *Kewenig*, Diskussionsbeitrag VVDStRL 32 (1974), S. 107; *Zuleeg*, Diskussionsbeitrag VVDStRL 32 (1974), S. 110; auch *Sasse*, S. 66, sieht Querver-

falls von soziologischer, nicht aber von staatsrechtlicher Warte aus begreifen.

Die Angehörigen nationaler Minderheiten sind Staatsangehörige des Staates, in dem sie sich aufhalten[58].

Die Forderung nach Gleichstellung nationaler Minderheiten stellt sich also nur dort, wo die unterschiedliche Nationalität Grund der Diskriminierung innerhalb des Kreises der Staatsangehörigen ist. Der Schutz nationaler Minderheiten betrifft die staatsbürgerliche Gleichstellung ihrer Angehörigen und zielt daneben darauf, die Entfaltung nationaler, d. h. insbesondere kultureller Eigenart innerhalb des Staatsverbandes zu ermöglichen[59]. Insoweit folgt er den Regeln der Gruppenparität, die sich dem Maßstab demokratischer Egalität und der Majorisierung entziehen[60].

4. Historische Beispiele für ein Ausländerwahlrecht

Der Zusammenhang von demokratischer Egalität und Staatsangehörigkeit wird verschiedentlich[61] durch den Hinweis auf Beispiele anderer Staaten in Zweifel gezogen, in denen das Wahlrecht auf gesamtstaatlicher Ebene auch Staatsfremden zugestanden wurde. Die besonderen Voraussetzungen aber, unter denen diese Regelungen zustande kamen, werden dabei nicht immer gesehen.

a) USA

Daß in den Einzelstaaten der USA im 19. Jahrhundert auch Fremden das Wahlrecht und andere politische Rechte zugesprochen wurden[62], erklärt sich aus der besonderen Situation dieser Staaten, die zur damaligen Zeit Einwanderungsstaaten waren. Die USA befanden sich in der Phase ihrer Konsolidierung und waren auf die Einwanderer aus aller Herren Länder angewiesen, um sich ein breites Bevölkerungsfundament zu verschaffen[63]. Die Verleihung politischer Rechte diente diesem Ziel und stand praktisch der Aufnahme in den Staatsverband — mit entsprechender Pflichtenstellung — gleich.

---

bindungen zur Minderheitenproblematik; a. A.: *Doehring*, Diskussionsbeitrag VVDStRL 32 (1974), S. 112; *Isensee*, Diskussionsbeitrag VVDStRL 32 (1974), S. 114; *Mosler*, Diskussionsbeitrag VVDStRL 32 (1974), S. 113.

[58] *Berber*, S. 368 ff.; *Doehring*, Diskussionsbeitrag, VVDStRL 32 (1974), S. 112.

[59] Vgl. BVerfGE 1, 208, 240 f.; *Berber*, S. 369 ff.; *Guggenheim*, S. 262 ff.; *Isensee*, VVDStRL 32 (1974), S. 114.

[60] Vgl. *Isensee* (Fußn. 59).

[61] *von Frisch*, S. 355 f.; *Dolde*, Ausländer, S. 76.

[62] *von Frisch*, S. 355 f.; *Meyer*, S. 454.

[63] So schon *Rüttimann*, Das nordamerikanische Bundesstaatsrecht I, S. 88 f. (zit. nach *von Frisch*, S. 355 f.).

b) Die sowjetische Verfassung von 1918

Die Art. 20, 64 f. der sowjetischen Verfassung vom 10. 7. 1918 gewährten auch Ausländern politische Rechte, insbesondere auch das Wahlrecht; begünstigt waren jedoch nicht alle Ausländer, die sich in Rußland aufhielten, sondern nur die ausländischen Werktätigen, d. h. Angehörige der Arbeiterklasse und der Bauernschaft[64].

Gleichzeitig besaßen aber nicht alle russischen Staatsangehörigen das Wahlrecht, sondern ebenfalls nur die Arbeiterschaft und die Bauern, dazu die Armeeangehörigen (Art. 64). Der Bourgeoisie waren alle Rechte genommen (Art. 65 a - c).

Die staatsbürgerlichen Rechte setzten hier also nicht die Staatsangehörigkeit voraus. Stattdessen wurde aber nicht auf eine personelle Abgrenzung überhaupt verzichtet, d. h. die Rechte knüpften nicht an die bloße Gebietszugehörigkeit (von bestimmter Dauer) an. Die Staatsangehörigkeit als Grundlage der staatsbürgerlichen Rechte wurde vielmehr nur durch die Klassenzugehörigkeit ersetzt[65].

Dieses Verfassungskonzept ist nur aus dem ideologischen Kontext des Bolschewismus zu verstehen. In ihm spiegelt sich die Theorie des weltweiten Klassenkampfes, der die internationale Solidarität des Proletariats fordert. Die Verleihung des Wahlrechts an ausländische Werktätige

---

[64] Art. 10: „Die russische Republik ist eine freie sozialistische Gesellschaft aller Werktätigen in Rußland. Die ganze Macht im Bereiche der R.S.F.S.R. steht der gesamten in den städtischen und ländlichen Räten zusammengefaßten Arbeiterbevölkerung des Landes zu."
Art. 20: „Von der Solidarität der Werktätigen aller Völker ausgehend, gewährt die R.S.F.S.R. den Ausländern, die im Gebiete der russischen Republik sich zwecks werktätiger Beschäftigung aufhalten und der Arbeiterklasse oder der Bauernschaft angehören, die sich nicht fremder Arbeit bedienen, alle politischen Rechte der russischen Bürger und erkennt Ortsräten das Recht zu, solchen Ausländern das russische Bürgerrecht ohne alle erschwerenden Formalitäten zu verleihen."
Art. 64 c Anm. 2: „Von denjenigen, die die russische Bürgerschaft nicht erworben haben, genießen auch die in Art. 20 bezeichneten Personen das aktive und passive Wahlrecht."
Art. 65: „Nicht wählen oder gewählt werden können ... a) Personen, die sich der Lohnarbeit zwecks Gewinnerzielung bedienen; b) Personen, die von arbeitslosem Einkommen wie Kapitalzinsen, Einkünften von Unternehmen, Vermögen und dergleichen leben; c) private Handelsleute, Handels- und kaufmännische Vermittler; d) Mönche und geistliche Diener von Kirchen und Religionskulten; e) Angestellte und Agenten der früheren Polizei, des Gendarmeriekorps und der Überwachungspolizei sowie Mitglieder des früher in Rußland regierenden Hauses." (Zit. n. Abdruck in: *Neuberger*, Die Verfassung der Russischen Sozialistischen Föderativen Räterepublik, Diss. Düsseldorf 1925, S. 84 ff.)
Die geltende Verfassung von 1936 enthält keine vergleichbaren Bestimmungen, vgl. *Maurach*, S. 329.
[65] Vgl. *C. Schmitt*, Verfassungslehre, S. 233 f.; *Kotthaus*, S. 51 ff.; *Maklerow* u. a., S. 39 f.; *Isensee*, VVDStRL 32 (1974), S. 92, Fußn. 108.

ist Ausdruck dieser Solidarität. Sie beruht gerade nicht auf einem weltbürgerlichen Menschheitsgedanken[66], sondern auf dem Gedanken der Privilegierung der bisher unterprivilegierten Klassen. Klassenherrschaft und egalitäre Demokratie westlicher Prägung sind schon im Ansatz nicht vergleichbar[67].

Argumente für ein Ausländerwahlrecht lassen sich aus diesem in seinen Voraussetzungen völlig andersartigen Modell nicht herleiten.

c) Art. 26 des Österreichischen Bundesverfassungsgesetzes von 1920

Die Regelung des Art. 26 I 2 des Österreichischen Bundesverfassungsgesetzes von 1920, wonach der Gesetzgeber auch solchen Personen, die nicht die Bundesbürgerschaft besaßen, aufgrund staatsvertraglich gewährleisteter Gegenseitigkeit das Wahlrecht zuerkennen konnte[68], ist vor dem Hintergrund der politischen Situation nach dem ersten Weltkrieg zu sehen.

Sowohl im Deutschen Reich wie im damaligen Deutschösterreich ging man in den Jahren 1918/19 von einem unmittelbar bevorstehenden Anschluß der deutschsprachigen Provinzen der nach der Kriegsniederlage zusammengebrochenen Donaumonarchie an das Reich aus[69]. Besonders in Österreich fand der Anschlußgedanke starke Verbreitung, da die politischen, wirtschaftlichen und finanziellen Schwierigkeiten, die aus den Trümmern der untergegangenen Monarchie erwuchsen, Zweifel an der Lebensfähigkeit eines selbständigen Deutschösterreich weckten. Die Provisorische Nationalversammlung, die am 12. 11. 1918 die Republik Deutschösterreich proklamierte, erklärte diese denn auch zu einem „Bestandteil der deutschen Republik"[70]. Im Deutschen Reich ließ man daraufhin im Vorgriff auf den erwarteten Zusammenschluß die im Lande wohnenden Deutschösterreicher zur Wahl der verfassunggebenden deutschen Nationalversammlung zu[71]. Im grundsätzlichen wurde damit nicht

---

[66] So *Kelsen*, Demokratie, S. 18.

[67] *Kotthaus*, S. 53; *Isensee*, VVDStRL 32 (1974), S. 92, Fußn. 108; *Behrend*, S. 377.

[68] Die Bestimmung wurde durch Bundes-Verfassungsgesetz v. 13. 11. 1968 (BGBl. S. 1659) ersatzlos gestrichen; vgl. *Henkel*, Integration, S. 103.

[69] Vgl. *Gebhardt*, S. 189; *Ruland*, S. 11.

[70] Art. 2 Satz 1 des Gesetzes über die Staats- und Regierungsform von Deutschösterreich v. 12. 11. 1918, Staatsgesetzblatt für den Staat Deutschösterreich 1918, Nr. 5; bestätigt durch die am 16. 2. 1919 gewählte österreichische Konstituierende Nationalversammlung im Gesetz über die Staatsform v. 12. 3. 1919 idF: „Deutschösterreich ist ein Bestandteil des Deutschen Reiches." (StGBl. f. d. Staat Österreich 1919, Nr. 174); außer Kraft gesetzt durch Gesetz v. 21. 10. 1919 (StGBl. 1919, Nr. 484) im Anschluß an den Vertrag von St. Germain; vgl. auch *Liermann*, S. 234.

vom Staatsangehörigkeitsprinzip abgegangen. Das Wahlrecht wurde nicht allen Ausländern, sondern nur denjenigen, die man als künftige Inländer ansah, verliehen[71], und auch dies nur für eine bestimmte einzelne Wahl.

Mit den Friedensverträgen des Jahres 1919, die Österreichs Unabhängigkeit vorschrieben und einen eventuellen Zusammenschluß mit dem Deutschen Reich von der Zustimmung des Völkerbundes abhängig machten[73], war dieser Zusammenschluß aufgrund der politischen Lage praktisch unmöglich geworden.

Mit Art. 26 I 2 nahm die Österreichische Bundesverfassung von 1920 dennoch eine Bestimmung auf, die auf diesen Fall zugeschnitten war.

Von der in ihr enthaltenen Ermächtigung wurde im übrigen nicht Gebrauch gemacht[74]. Zudem wurde durch den Vorbehalt der Gegenseitigkeit, unter dem die Verleihung des Wahlrechts stand, eine Art „gemeinsames Indigenat" der vertragschließenden Staaten zur Bedingung gemacht, so daß es sich nicht mehr um ein echtes Ausländerwahlrecht gehandelt hätte[75].

d) Sonstige Beispiele

Dem Wahlrecht dänischer Staatsbürger in Island sowie dem isländischer Staatsbürger in Dänemark[76] schließlich liegt zugrunde, daß Island und Dänemark bis 1944 eine Union bildeten[77].

Die übrigen Beispiele für ein Wahlrecht Staatsfremder in der Schweiz[78] beziehen sich auf die kommunale Ebene und bedürfen daher an dieser Stelle keiner Erörterung.

---

[71] So in Ergänzung der Verordnung über die Wahlen zur verfassunggebenden deutschen Nationalversammlung (Reichswahlgesetz) v. 30. 11. 1918 (RGBl. S. 1345) § 1 der Verordnung des Rates der Volksbeauftragten v. 7. 1. 1919 (RGBl. S. 15) über die Teilnahme der Angehörigen der deutschösterreichischen Republik an den Wahlen zur verfassunggebenden deutschen Nationalversammlung. Vgl. auch § 25 d. VO v. 30. 11. 1918 und Art. 61 II WRV; vgl. *Kimme*, S. 26; nach *Liermann*, S. 115 f., 234 wirkt in der Verleihung des Wahlrechts an Deutschösterreicher der Gedanke des „Gemeinschaftsvolkes", d. h. all derer, die das Deutsche Reich (bereits) als „ihren Staat" betrachteten, und hebt die Abgrenzung des „Gesellschaftsvolkes" der Staatsangehörigen auf; zu *Liermanns* Terminologie vgl. oben IV. 4. b); vgl. *Ruland*, S. 12 (unrichtig aber Fußn. 61).

[72] Ebenso *Liermann*, S. 116.

[73] Art. 80 des Friedensvertrages von Versailles v. 28. 6. 1919; Art. 88 des Friedensvertrages von St.-Germain-en-Laye v. 10. 9. 1919.

[74] *Dolde*, Ausländer, S. 76; *Ruland*, S. 12, Fußn. 60.

[75] Vgl. dazu unten 2. Abschnitt B. II.

[76] *Ruland*, S. 12, Fußn. 62.

[77] *Von Schroeder* (hrsg.), S. 239, 253.

[78] Vgl. *Fehrlin*, S. 103; *Moser*, S. 350; *Dolde*, Ausländer, S. 76 sowie oben Einleitung, Fußn. 8.

D. Der Volksbegriff des Art. 20 II 1 GG

Alle genannten Regelungen sind also wegen der besonderen politischen Situation, von der sie ausgehen, nicht geeignet, die Staatsangehörigkeit als Kriterium demokratischer Egalität im Grundsatz in Frage zu stellen.

5. Das Volk des Art. 20 II 1 GG als Bundesvolk

Durch die Feststellung, daß der Begriff des Volkes in Art. 20 II 1 GG das Volk des Staatsverbandes im Sinne der Gesamtheit der Staatsangehörigen bezeichnet, sind Ausländer vom Wahlrecht verfassungskräftig ausgeschlossen.

Damit ist aber das Staatsvolk der Bundesrepublik Deutschland noch nicht positiv umschrieben. Hier entsteht eine besondere Problematik infolge der durch die deutsche Spaltung bedingten Rechtslage.

Das Grundgesetz hält in Art. 116 I GG an einer einheitlichen deutschen Staatsangehörigkeit fest, deren Inhaber zum Beispiel auch die Bürger der DDR sind[79]. Diese können nicht auch zum Staatsvolk der Bundesrepublik gehören, weil das Volk, das Staatsgewalt legitimiert, das mit sich selbst als regierendes und regiertes identisch ist, nur ein Volk sein kann, das dieser Staatsgewalt auch unterworfen ist, also in ihrem Einwirkungsbereich lebt. Da der Einwirkungsbereich der Staatsgewalt im Regelfall durch das Staatsgebiet umgrenzt wird, gehören zum Staatsvolk der Bundesrepublik grundsätzlich nur diejenigen deutschen Staatsangehörigen bzw. Deutschen[80] im Sinne von Art. 116 I GG, die im Bundesgebiet ihren Wohnsitz haben[81]. Nur sie werden durch den Bundestag repräsentiert.

Ein demokratisch organisiertes Staatsvolk außerhalb des Staates ist nicht denkbar. Personen, die der Staatsgewalt nicht unterliegen, können nicht die für die demokratische Egalität charakteristische Rechts- und Pflichtenposition innehaben.

Das Staatsvolk im Sinne von Art. 20 II 1 GG bilden daher nur diejenigen Deutschen, die kraft ihres Wohnsitzes im Bundesgebiet materiell die Staatsangehörigkeit der Bundesrepublik Deutschland, die „Bundesangehörigkeit"[82] besitzen. Volk in Art. 20 II 1 GG bezeichnet, soweit

---

[79] Vgl. BVerfGE 36, 1, 30; *Rumpf*, S. 201 ff.
[80] Einer Unterscheidung zwischen Deutschen und deutschen Staatsangehörigen bedarf es im Hinblick auf das oben, D. III. 2. b), Gesagte nicht.
[81] Zum Wohnsitzprinzip vgl. *Böckenförde*, Teilung, S. 461; zum Sonderproblem der Deutschen im Ausland, die sich nie oder längere Zeit nicht im Inland aufhalten, vgl. BVerfGE 36, 139 ff.; *Henkel*, Wahlrecht, S. 1 ff.; *Schreiber*, S. 829 ff.
[82] Von einer formell nicht geschaffenen, aber materiell bestehenden Bundesangehörigkeit sprechen bereits *Asam*, S. 3 ff. und *H. W. Thieme*, S. 59; in dieser Richtung auch *Rumpf*, S. 201 ff.; *Böckenförde*, Teilung, S. 457 ff.; unrichtig *Grabitz*, S. 26, der die Gesamtheit der Deutschen iSv Art. 116 I GG für das Staatsvolk der Bundesrepublik Deutschland hält.

es sich auf den Bund als Gesamtstaat bezieht, in diesem Sinne das „Bundesvolk"[83].

E. Wahlrecht und Grundrechte

I. Grundrechte und demokratische Staatsordnung

In der gegenwärtigen Diskussion wird gelegentlich die von Art. 20 II 1 GG vorgenommene demokratisch-egalitäre Abgrenzung des Staatsvolkes der Staatsangehörigen im Hinblick auf die Grundrechtsstellung des Ausländers mit Fragezeichen versehen[1].

Diesem Ansatz begegnen jedoch grundsätzliche Bedenken aus der Stellung der Grundrechte im Verfassungsgefüge. Ein Verständnis der Grundrechte, das diese als in sich geschlossenen Verfassungsbestandteil dualistisch dem von Art. 20 GG eingeleiteten organisatorischen Teil der Verfassung gegenüberstellt, kann zwar heute als überwunden gelten[2]. Die Funktion der Grundrechte kann nicht mehr ausschließlich in der Errichtung eines Schutzwalls gegen das Vordringen der staatlichen Macht und der Abgrenzung einer staatsfreien Privatsphäre gesehen werde. Ihre Bedeutung erschöpft sich in einer freiheitlichen, demokratisch organisierten Staatsordnung nicht in der Begründung subjektiver Abwehrrechte gegen den Staat, sondern erstreckt sich auch auf die objektive Ordnung dieses Staates. Der von ihnen um der freien und selbstverantwortlichen Lebensgestaltung willen eingeräumte Freiraum, der die Bildung einer öffentlichen Meinung als Gegengewicht und Korrektiv zu der von den Staatsorganen gebildeten „Staatsmeinung" sowie die „Vorformung der politischen Willensbildung des Volkes" in Verbänden und Parteien ermöglicht, ist als für die freiheitliche Demokratie des Grundgesetzes „schlechthin konstituierend"[3] anerkannt.

Weisen die Grundrechte, insbesondere die Art. 5, 8 und 9 GG somit eine „demokratische Komponente"[4] auf, so kann doch damit ihr Unterschied gegenüber den Organisationsnormen der Verfassung nicht negiert werden. Diese werden von den Grundrechten weder ersetzt noch über-

---

[83] Vgl. die Nachweise oben, Fußn. 30 zu D. III. dieser Arbeit; dazu *Klein*, Diskussionsbeitrag VVDStRL 29 (1971), S. 121; *Maunz*, Staatsrecht, S. 222.
[1] Vgl. *Sasse*, S. 18 f.; *Kewenig*, Diskussionsbeitrag VVDStRL 32 (1974), S. 109.
[2] Zum folgenden *Hesse*, Grundzüge, S. 125.
[3] BVerfGE 5, 85, 204 f.; 7, 198, 208; 8, 104, 112; 25, 256, 265 m. w. N.; vgl. *Hesse*, Grundzüge, S. 61 f., 158; *Badura*, BK, Art. 38 (Zweitbearb.), Anm. 35; *Ehmke*, Grenzen, S. 103 f.; *Krüger*, Repräsentation, S. 96, 98 ff.; *Krüger*, Integration, S. 249 ff., 267 ff.
Ähnlich für WRV *Thoma*, Reich als Demokratie, S. 190.
[4] Vgl. *Isensee*, VVDStRL 32 (1974), S. 99 ff. m. w. N.

E. Wahlrecht und Grundrechte

lagert, sondern stehen zu ihnen in einem Verhältnis der Wechselbeziehung[5].

Mit der demokratischen Grundformel des Art. 20 II 1 GG trifft das Grundgesetz seine Entscheidung über die Staatsform, beschreibt es das Aufbauprinzip des von ihm verfaßten Staates[6]. Die Grundrechte setzen mit ihrer demokratischen Komponente dieses Aufbauprinzip voraus, knüpfen hieran an und füllen es aus, indem sie die Freiheit des politischen Prozesses, der der formalisierten Staatswillensbildung durch das Volk im Sinne von Art. 20 II GG vorausgeht, gewährleisten.

Sie konstituieren den Staat damit nur in einem weiteren Sinne, während dieser seine politische Form eigentlich durch Art. 20 II GG erhält.

Der Unterschied zwischen Grundrechten und den Verfassungselementen der politischen Formgebung im engeren Sinn ist im Grundgesetz nicht völlig aufgehoben.

Der schwierig zu konkretisierende normative Gehalt, der dem demokratischen Aspekt der Grundrechte innewohnt[7], hat in der Wechselbeziehung zwischen Grundrechten und Staatsorganisation keinen Einfluß auf den Kreis der Grundrechtsinhaber oder die Abgrenzung des demokratischen Volkes, sondern läßt den Kreis der verfassungsmäßig jeweils vorausgesetzten Rechtssubjekte unberührt.

Mit der Feststellung ihrer demokratischen Komponente lassen sich also weder die Jedermann-Rechte des Art. 5 GG unter Korrektur des eindeutigen Verfassungswortlauts zu Staatsbürgerrechten verkürzen[8], noch läßt sich umgekehrt aus der Einbeziehung der Ausländer unter die Grundrechtsträger des Art. 5 GG die Basis des von Art. 20 II GG vorausgesetzten Volkes erweitern[9].

Die Formel, wonach der demokratischen Komponente der Grundrechte eine grundrechtliche Komponente der demokratischen Rechte entspreche[10], ist somit nichts als ein schönes Wortspiel, das nur dann zutrifft, wenn man es auf den Kreis der Staatsbürger begrenzt.

Das in der demokratischen Egalität des Staatsvolkes wurzelnde Wahlrecht ist nicht deshalb Grundrecht, weil der Meinungs- und Willensbildungsprozeß, der in die Wahl mündet und sich außerhalb der Wahlen

---

[5] *Hesse*, Grundzüge, S. 125.
[6] Vgl. *C. Schmitt*, Verfassungslehre, S. 200.
[7] Vgl. *Isensee*, Diskussionsbeitrag VVDStRL 32 (1974), S. 145.
[8] BVerfGE 21, 271 f.; *Thomsen*, S. 54; *Bender*, S. 81, 108 ff.; *Isensee*, VVDStRL 32 (1974), S. 99 ff. m. w. N.; a. A. *Ridder*, Meinungsfreiheit, S. 651; *Ridder*, GR II, S. 288 f.; *Heuer*, S. 36; *Tomuschat*, S. 50 m. Fußn. 120, S. 57 ff.
[9] So der Ansatz von *Sasse*, S. 18; *Kewenig*, Diskussionsbeitrag VVDStRL 32 (1974), S. 109.
[10] *Kewenig* (Fußn. 9), S. 109.

fortsetzt, grundrechtlich ermöglicht ist und die Grundrechte daher unabdingbare Voraussetzung einer demokratischen Wahlentscheidung sind. Der über Art. 5 GG ermöglichte, also grundrechtlich gesicherte Einfluß der Ausländer auf die öffentliche Meinungsbildung und damit letztlich die Wahlentscheidung des Staatsvolkes ist angesichts ihres Ausschlusses von der Wahlentscheidung selbst nicht inkonsequent. Diesen mittelbaren fremden Einfluß auf die Staatswillensbildung will das Grundgesetz nicht ausschalten. Dies zeigt sich u. a. in der Gewährleistung des Grundrechts der Informationsfreiheit, also des Rechts, sich aus allen, auch ausländischen Quellen zu informieren. Die freie Meinungsäußerung der Ausländer ist ein Element des Informationsstromes, den das Staatsvolk in die politische Entscheidung umsetzt[11].

Das Wahlrecht ist ein politisches Staatsbürgerrecht[12], dessen verantwortungsbewußte Ausübung von der grundrechtlich garantierten und ermöglichten Vorformung der Willensbildung lebt. Es leitet sich zugunsten des Einzelnen, der Angehöriger des Volkes ist, aus der als apriorische Eigenschaft vorausgesetzten Souveränität des Volkes ab.

Seine verfassungsrechtliche Verankerung findet es, auch in subjektivrechtlicher Hinsicht, ausschließlich in Art. 20 II 1 GG, nicht aber, hinsichtlich seiner subjektiv-individualrechtlichen Seite, in Art. 2 I GG[13].

Auf die Normen des Grundrechtsteils läßt sich daher weder das Wahlrecht des Staatsangehörigen noch das des Staatsfremden gründen. Insbesondere ist auch Art. 3 GG nicht anwendbar[14]. Sedes materiae sind allein die Art. 20 ff. GG, die für ihren Bereich die erforderlichen speziellen Gleichheitssätze (Art. 33 I, 38 I GG) aufstellen.

II. Exkurs: Art. 3 GG und Staatsangehörigkeit

Das Gleichheitsgrundrecht des Art. 3 GG ist im Gegensatz zur deutschen Verfassungstradition[15] vom Grundgesetz bewußt[16] nicht als Deutschenrecht, sondern als Menschenrecht gewährleistet. Hieraus folgt jedoch kein Verbot jeglicher Differenzierung nach der Staatsangehörigkeit, zumal das Grundgesetz selbst an Ausländer- und Inländerstatus unterschiedliche Rechtsfolgen anknüpft (z. B. Art. 8 I, 9 I, 33 I GG).

---

[11] Vgl. *BVerfGE* 8, 104, 113, wo zwischen öffentlicher Meinungs- und politischer Willensbildung einerseits und (formeller) staatlicher Willensbildung andererseits deutlich unterschieden wird; vgl. *Badura*, BK, Art. 38, Anm. 35; *Bender*, S. 113, 119.
[12] Vgl. *Maunz*, in: MDH, Art. 38, Anm. 31 („grundrechtsähnliches Recht" des Staatsangehörigen).
[13] So aber *Kurz*, S. 233 ff.
[14] A. A. *H. W. Thieme*, S. 89; *Rolvering*, S. 77 f., 104 ff., 108.
[15] VI, Art. 2 §§ 134, 137 RVerf 1848; Art. 109 WRV.
[16] Vgl. hierzu die Entstehungsgeschichte des Art. 3, JÖR NF 1 (1951), S. 71.

E. Wahlrecht und Grundrechte

1. Art. 3 III GG

Art. 3 III GG, der als lex specialis[17] zu Art. 3 I GG eine Reihe absoluter Differenzierungsverbote aufführt, nennt die Staatsangehörigkeit hierunter nicht.

Die dort genannten, von einer gewissen Affinität zur Staatsangehörigkeit nicht freien Merkmale der „Heimat und Herkunft" sowie der „Abstammung" umfassen die Staatsangehörigkeit als solche nicht. Dies ist praktisch unbestritten[18]. So ist unter „Heimat" nur räumliche Herkunft nach Geburt oder Ansässigkeit, die Ortsverbundenheit zu verstehen[19]. „Herkunft" meint die ständisch-soziale Abstammung, also die Zugehörigkeit zu einer bestimmten Gesellschaftsschicht[20]. Auch die Merkmale „Abstammung" (als natürliche, biologische Beziehung zu den Vorfahren im Sinne familiärer Abstammung[21]), „Sprache" und „Rasse" meinen nicht die Staatsangehörigkeit.

Die Identifizierung von Merkmalen des Art. 3 III GG mit der Staatsangehörigkeit als absolutem Differenzierungsverbot vermag den dadurch hervorgerufenen Widerspruch zu der vom Grundgesetz selbst vorgenommenen Differenzierung nach der Staatsangehörigkeit (Art. 8 I, 9 I, 33 I GG) nicht zu erklären[22]. Ein absolutes Differenzierungsverbot bedeutet, daß es unter dem betreffenden Gesichtspunkt überhaupt keine Unterscheidung geben kann, auch nicht durch die Verfassung selbst.

Erfaßt Art. 3 III GG somit die Staatsangehörigkeit nicht, so ist doch die Feststellung zutreffend, daß seine Merkmale häufig mit fremder Staatsangehörigkeit zusammenfallen[23]. Hieraus folgt aber nicht die Unzulässigkeit einer Differenzierung nach der Staatsangehörigkeit, sondern nur, daß eine (zulässige) Differenzierung nach der Staatsangehörigkeit nicht Vorwand für eine in Wahrheit beabsichtigte Benachteiligung oder Bevorzugung wegen Abstammung, Heimat oder Herkunft werden darf[24].

---

[17] *Ipsen*, Gleichheit, S. 178; *Doehring*, Regeln, S. 196 f.
[18] BVerfGE 5, 17, 22; 9, 124, 128; 23, 258, 262; BVerwGE 3, 235, 236; 22, 66, 69 f.; *Ipsen*, Gleichheit, S. 134, 145 f. *von Mangoldt / Klein*, V 2 a zu Art. 3; *Wernicke*, BK, II 3 zu Art. 3; *Hamann / Lenz*, B 10 zu Art. 3; *Doehring*, Regeln, S. 195; *Rolvering*, S. 52; *Ruppel*, S. 40; *Dolde*, Ausländer, S. 55 f.; *Bender*, S. 85; *Isensee*, VVDStRL 32 (1974), S. 75; a. A. *Zuleeg*, DÖV 1973, S. 363 f.; ähnlich *Brinkmann*, Art. 8 I a S. 3 und Art. 9, 1 a S. 1 f.
[19] Es war insbesondere an die Vertriebenen gedacht, vgl. JÖR NF 1 (1951), S. 69; BVerfGE 5, 17, 22; 17, 199, 203; 23, 258, 262 und die Literatur in Fußn. 18.
[20] Vgl. JÖR NF 1 (1951), S. 69; BVerfGE 9, 124, 128 und die bereits angegebenen Entscheidungen sowie die Literatur in Fußn. 18.
[21] *Ipsen*, Gleichheit, S. 145; *Dolde*, Ausländer, S. 56; *Isensee*, VVDStRL 32 (1974), S. 75; BVerfGE 23, 258, 262.
[22] *Ipsen*, Gleichheit, S. 134; *Tomuschat*, S. 51, Anm. 123; *Rolvering*, S. 52; *Ruppel*, S. 42; *Bender*, S. 86; *Dolde*, Ausländer, S. 57.
[23] *Dolde*, Ausländer, S. 56.
[24] *Rolvering*, S. 53; die Umgehungsmöglichkeiten dürften gering sein; skeptisch *Dolde*, Ausländer, S. 56.

Das Differenzierungsverbot muß eingreifen, wenn die Differenzierung gerade kausal an die Merkmale des Art. 3 III GG anknüpft[25].

2. Art. 3 I GG

Verbietet Art. 3 III GG die Differenzierung nach einem bestimmten Kriterium nicht, so folgt daraus nicht, daß die Verfassung diese Differenzierung schlechthin erlaube[26]. Wenn jedoch Art. 3 III GG die Differenzierung nach der Staatsangehörigkeit nicht verbietet, so kann sie auch nach Art. 3 I GG nicht schlechthin unzulässig sein. Die gegenteilige Auffassung käme einer Korrektur des die Staatsangehörigkeit bewußt ausklammernden Art. 3 III GG gleich[27].

Eine nach der Staatsangehörigkeit unterscheidende Regelung muß sich also an den allgemeinen Maßstäben des Art. 3 I GG messen lassen: eine Ungleichbehandlung von Ausländern muß, soll sie rechtlichen Bestand haben, durch einen vernünftigen, sachlich einleuchtenden Grund gerechtfertigt sein, der Ausländer darf für den bestimmten geregelten Zusammenhang nicht als dem Inländer „wesentlich gleich" angesehen werden können[28].

Da die Verfassung die Entscheidung hierüber für das Wahlrecht in den Art. 20, 38 GG selbst getroffen hat, ist für die Anwendung des Art. 3 GG in diesem Bereich kein Raum.

F. Wahlrecht und Sozialstaatsprinzip

Die Forderung nach dem Wahlrecht für Ausländer wird auch auf das Sozialstaatsprinzip gestützt und als Ausdruck eines aktuellen Verfassungsgebotes angesehen[1].

Die ausländische Bevölkerung stelle, so lautet die Argumentation, eine sozial besonders benachteiligte Gruppe dar, deren Situation sich nur ändern lasse, wenn ihr durch Verleihung des Wahlrechts das einzig effektive Mittel „zur Befriedigung gruppenspezifischer Interessen" in die Hand gegeben werde[2].

---

[25] *BVerfGE* 2, 266, 286 und die weiteren Nachweise bei *Leibholz / Rinck*, Art. 3, Anm. 36; *Doehring*, Regeln, S. 196 f.
[26] *Ipsen*, Gleichheit, S. 145; *Bender*, S. 86.
[27] *Bender*, S. 86.
[28] *Ruppel*, S. 47; *Doehring*, VVDStRL 32 (1974), S. 41.
[1] *Zuleeg*, DÖV 1973, S. 370; ders., DVBl. 1974, S. 349 und Diskussionsbeitrag VVDStRL 32 (1974), S. 112.
[2] Zit. *Sasse*, S. 14, der sich aber nicht auf das Sozialstaatsprinzip stützt; *Zuleeg*, DVBl. 1974, S. 347; vgl. auch *Kewenig*, Diskussionsbeitrag VVDStRL 32 (1974), S. 109 im Hinblick auf effektiven Grundrechtsschutz insb. im Bereich der Leistungsverwaltung.

F. Wahlrecht und Sozialstaatsprinzip

Diese Argumentation verfehlt Inhalt und verfassungsrechtlichen Standort des Sozialstaatsprinzips.

Zwar ist nicht zweifelhaft, daß auch Ausländer an den sozialstaatlichen Leistungen teilhaben, das Sozialstaatsprinzip also auch für sie Wirkung entfaltet[3].

Die Sozialstaatsklausel normiert jedoch — von engsten Ausnahmen abgesehen[4] — kein Rechtsverhältnis, aus dem sich subjektive öffentliche Rechte ergeben[5].

Sie formuliert ein Staatsziel[6], das sich im wesentlichen auf die Formel der Herstellung sozialer Gerechtigkeit und des Ausgleichs der sozialen Gegensätze und Benachteiligungen[7] bringen läßt. Zur Verwirklichung dieses Zieles bedarf das Prinzip der Konkretisierung[8] durch die Staatsorgane; es verpflichtet in erster Linie den Gesetzgeber[9], dem für die inhaltliche Präzisierung aber politischer Spielraum zur Verfügung steht[10]. Den beiden anderen Gewalten dient das Sozialstaatsprinzip als Auslegungsregel[11].

Dieser Inhalt determiniert auch den verfassungsrechtlichen Standort der Sozialstaatsklausel. Als Staatszielbestimmung setzt sie den Staat, dessen Organen sie den Gestaltungsauftrag erteilt, voraus, konstituiert aber nicht dessen politische Form.

Sie enthält daher keinerlei Aussage darüber, auf welche Weise und durch wen die Staatsorgane, die sie verpflichtet, zu bilden sind.

Berührt sie also den Bereich des Staatsaufbaus nicht, so kann sie auch keine Rechte, die für einen bestimmten Staatsaufbau kennzeichnend sind, gewähren.

---

[3] Zu Begründung und Umfang dieser Geltung *Isensee*, VVDStRL 32 (1974), S. 86 ff.

[4] Aus dem Sozialstaatsprinzip wird ein Anspruch auf Zuteilung des Existenzminimums (Art. 1 I i. V. m. 20 I GG) anerkannt, vgl. die Nachweise bei *Isensee*, Subsidiaritätsprinzip, S. 192, Fußn. 40 sub k.

[5] *Schnapp*, in: GG-Komm., Art. 20, Anm. 19; *Hesse*, Grundzüge, S. 86.

[6] BVerfGE 22, 180, 204; *Hesse*, Grundzüge, S. 85 f.; *Maunz*, Staatsrecht, S. 78; *Isensee*, VVDStRL 32 (1974), S. 87 f., 90; *ders.*, Subsidiaritätsprinzip, S. 192 mit umfassenden Nachweisen S. 191 f., Fußn. 40.

[7] Vgl. die Definitionen in BVerfGE 5, 85, 206; 22, 180, 204; *Maunz*, Staatsrecht, S. 78; *Schmidt-Bleibtreu / Klein*, Art. 20, Anm. 20; *Schnapp*, in: GG-Komm, Art. 20, Anm. 17; *Isensee*, VVDStRL 32 (1974), S. 88.

[8] BVerfGE 5, 85, 198; *Isensee*, VVDStRL 32 (1974), S. 88.

[9] BVerfGE 1, 97, 105; 22, 180, 204; *Wernicke*, BK, II 1 d zu Art. 20; *Hesse*, Grundzüge, S. 86; *Schnapp*, in: GG-Komm., Art. 20, Anm. 19; *Ossenbühl*, Mitbestimmung, S. 21.

[10] *Hesse*, Grundzüge, S. 87.

[11] *Schnapp*, in: GG-Komm., Art. 20, Anm. 20.

G. Ergebnis

Die Frage der Zulässigkeit der Verleihung des aktiven Bundestagswahlrechts an Ausländer findet ihre Antwort in Art. 20 II 1 GG. Der Begriff des Volkes im Sinne der Idee der Volkssouveränität, den Art. 20 II 1 GG zur Kennzeichnung der Legitimationsquelle aller Staatsgewalt gebraucht, umfaßt das egalitäre Volk des Staatsverbandes, das Staatsvolk im Sinne der Gesamtheit der Staatsangehörigen. Dies sind für die Bundesrepublik Deutschland die im Bundesgebiet lebenden Deutschen, das Bundesvolk.

Ausländer gehören damit nicht zum Volk des Art. 20 II 1 GG. Das Grundgesetz verbietet also ihre Teilnahme an der Ausübung von Staatsgewalt in Form von Wahlen.

Die durch den Volksbegriff des Art. 20 II 1 GG ausgedrückte demokratische Egalität, deren Voraussetzungen nur im Status des Staatsangehörigen erfüllt sind, ist die Grundlage aller speziellen demokratischen Gleichheiten, die das Grundgesetz dem Deutschen einräumt: die Grundsätze der Allgemeinheit und Gleichheit der Wahl (Art. 38 I GG) konkretisieren[12] Art. 20 II 1 GG.

2. KAPITEL: PASSIVES WAHLRECHT

A. Gesetzeslage und verfassungsrechtliche Problemstellung

I. Die Gesetzeslage

Wie das aktive wird auch das passive Wahlrecht zum Bundestag nicht in der Verfassung selbst, sondern erst im Bundeswahlgesetz ausdrücklich den Deutschen vorbehalten. § 16 I BWahlG erklärt alle volljährigen Personen, die seit mindestens einem Jahr Deutsche im Sinne von Art. 116 I GG sind, für wählbar[1].

---

[12] *Kriele*, S. 46 f.; *Ruland*, S. 10, dreht dieses Verhältnis um, wenn er den Ausschluß der Ausländer aus dem Grundsatz der allgemeinen Wahl herleitet. Vgl. dagegen *C. Schmitt*, Verfassungslehre, S. 227.

[1] Die Einschränkung der Wählbarkeit auf Deutsche enthielten auch die früheren deutschen Wahlgesetze (Fundstellen in den Gesetzblättern vgl. oben 1. Kap., A. I., Fußn. 4): § 5 Reichswahlgesetz vom 12. 4. 1849; § 1 Wahlgesetz für den Reichstag des Norddeutschen Bundes vom 31. 5. 1869 in Verbindung mit § 2 Gesetz, betreffend die Verfassung des Deutschen Reiches, vom 16. 4. 1871; § 5 VO über die Wahlen zur verfassunggebenden deutschen Nationalversammlung (ReichswahlG) vom 30. 11. 1918; § 4 Reichswahlgesetz vom 27. 4. 1920 i. d. F. d. Bek. vom 6. 3. 1924; § 5 I b Wahlgesetz vom 15. 6. 1949; § 5 I Nr. 2 Wahlgesetz vom 8. 7. 1953.

A. Gesetzeslage und verfassungsrechtliche Problemstellung

II. Umkehrschluß aus Art. 54 I 2 GG?

Bei systematischer Verfassungsinterpretation scheint es auf den ersten Blick zweifelhaft, ob das Grundgesetz den einfach-gesetzlichen Ausschluß der Ausländer vom passiven Bundestagswahlrecht gebietet. Art. 54 I 2 GG hebt nämlich für den Bundespräsidenten ausdrücklich hervor, daß nur ein Deutscher in dieses Amt gewählt werden kann. Diese Vorschrift bietet sich damit als Basis eines Umkehrschlusses an: Wenn die Verfassung dem Ausländer das Wahlrecht zum Amt des Bundespräsidenten ausdrücklich verwehrt, so könnte hieraus folgen, daß sie ihm in allen anderen Fällen, für die eine ebenso eindeutige Bestimmung fehlt, die Stellung als Organwalter (Bundeskanzler, Bundesminister) und insbesondere das passive Wahlrecht zum Bundestag nicht schlechthin vorenthalten will[2].

Dieser Umkehrschluß erweist sich jedoch bereits bei näherer Betrachtung des Art. 54 I 2 GG und seiner Entstehungsgeschichte als fragwürdig. Gegenstand der Erörterungen im *Parlamentarischen Rat* war seinerzeit nur die Frage, ob die Wählbarkeit zum Amt des Bundespräsidenten nicht von noch strengeren Voraussetzungen als der Deutscheneigenschaft und einem bestimmten Mindestalter abhängig gemacht werden sollte. Gedacht war an die Geburt im Bundesgebiet, eine bestimmte Mindestdauer des Aufenthalts im Bundesgebiet oder im Gebiet des Deutschen Reiches, deutsche Staatsangehörigkeit oder „Bundesangehörigkeit"[3].

Der heutige Wortlaut des Art. 54 I 2 GG, wonach „jeder Deutsche" zum Bundespräsidenten gewählt werden kann, ist Ausdruck der Absage des Parlamentarischen Rates an derartige zusätzliche Einschränkungen der Wählbarkeit, ist also gerade nicht mit der Intention der Abgrenzung zum Ausländer gewählt worden.

Darüber hinaus muß Art. 54 I 2 GG — ungeachtet der erheblichen Unterschiede zwischen der verfassungsrechtlichen Stellung des Bundespräsidenten und der des Weimarer Reichspräsidenten — in der Tradition des Art. 41 II WRV gesehen werden. Bereits dort hatte es geheißen, daß zum Reichspräsidenten „jeder Deutsche" wählbar sei.

In dieser Formulierung spiegelte sich der fundamentale Wandel, der sich mit der Revolution des Jahres 1918 vollzogen hatte: der Wegfall der deutschen Kaiserkrone und der Übergang zur Republik, wie er auch in Art. 1 I WRV an herausragender Stelle Ausdruck fand.

---

[2] So in der Tat *H. W. Thieme*, S. 88; *Dolde*, Ausländer, S. 80; *Isensee*, VVDStRL 32 (1974), S. 95, Fußn. 116, hält dies für eine „formalistische Verfassungsauslegung".

[3] Vgl. JÖR NF 1 (1951), S. 400 ff.; in Art. 75 III des Entwurfs des *Herrenchiemseer Konvents* hieß es: „Wählbar ist jeder Bundesangehörige ..."; ebenso noch in Art. 75 IV der Fassung des Antrags der FDP-Fraktion, der in der 1. Lesung des Hauptausschusses behandelt wurde.

Sinn des Art. 41 II WRV war von daher nicht nur, mit dem Hinweis auf die Deutscheneigenschaft Wählbarkeitskriterien aufzustellen, sondern auch zu manifestieren, daß in der neuen Staats- und Verfassungsordnung nunmehr jeder Deutsche Zugang auch zum höchsten Amt im Staate hatte.

Dieser Gedanke wirkt in Art. 54 I 2 GG fort. Auch er ist insoweit Ausfluß des republikanischen Prinzips.

Dem erwähnten Umkehrschluß gibt Art. 54 I 2 GG somit keine Grundlage.

III. Die Argumentation für das passive Wahlrecht der Ausländer

Die Frage, ob die jetzige Fassung des § 16 BWahlG verfassungsrechtlich zulässig, geboten oder verboten ist, beurteilt sich — wie beim aktiven Wahlrecht — über Art. 38 I GG wiederum an Art. 20 II GG.

Der Bundestag ist in Art. 20 II 2 GG als eines der besonderen Organe der Gesetzgebung angesprochen, das aus einer Wahl durch das Volk (die Aktivbürgerschaft) hervorgeht und zur Ausübung von Staatsgewalt berufen ist. Geht alle Staatsgewalt nach Art. 20 II 1 GG vom Volk, d. h. der Gesamtheit der im Bundesgebiet lebenden Staatsangehörigen bzw. Deutschen aus, so präzisiert sich das Problem des passiven Wahlrechts für Ausländer zu der Frage, ob es nicht in der Konsequenz des Art. 20 II 1 GG liegt, daß auch die volksgewählten besonderen Organe nur mit Angehörigen dieses „Volkes" besetzt sein dürfen.

In der zu dieser Frage spärlichen Literatur wird bestritten, daß sich der Ausschluß der Ausländer vom passiven Wahlrecht zum Bundestag unmittelbar aus Art. 20 II GG herleiten lasse[4].

Art. 20 II GG enthalte in dieser Richtung keinen Anhaltspunkt. Es bestehe kein zwingender Grund, Wahlämter nur mit Verbandsangehörigen zu besetzen, selbst wenn die Stimmberechtigung auf Verbandsmitglieder beschränkt sei. Die Wahl Verbandsfremder könne dann sinnvoll sein, wenn das Amt „besondere sachliche Anforderungen" stelle, die im konkreten Fall nur ein Verbandsfremder erfüllen könne[5].

Auch das Prinzip der Volkssouveränität gebiete die Wahl Verbandsangehöriger nicht, es fordere lediglich die Legitimation der Amtswalter durch das Volk, die auch einem Verbandsfremden erteilt werden könne[6]. Daraus folge, daß das passive Wahlrecht das aktive nicht voraussetze. Dies lasse auch § 16 BWahlG erkennen, indem er nicht auf das aktive Wahlrecht Bezug nehme.

---

[4] *Dolde*, Ausländer, S. 73 f.; ders., DÖV 1973, S. 372.
[5] *Dolde*, Ausländer, S. 73.
[6] *Dolde*, DÖV 1973, S. 372; ebenso *Henkel*, Integration, S. 101.

Wenn somit der Ausschluß der Ausländer vom passiven Wahlrecht zwar nicht von Art. 20 II GG geboten sei, so sei er doch nach dem Rechtsgedanken des Art. 33 II GG zulässig: aus Art. 33 II GG ergebe sich der allgemeine Grundsatz, daß das Grundgesetz dem Ausländer den Zugang zur Stellung als Organwalter nicht gewährleisten wolle[7].

B. Die demokratische Repräsentation nach Art. 20 II GG

Die Auslegung des Art. 20 II GG muß hinsichtlich des passiven Wahlrechts von der Bedeutung der Verfassungsentscheidung für eine repräsentative Demokratie, wie sie Satz 2 des Art. 20 II GG ausspricht, ausgehen und deren Verhältnis zu der in Art. 20 II 1 GG formulierten Grundlage einer jeden Demokratie, daß das Volk Träger der Staatsgewalt sei, berücksichtigen.

Die Übertragung der Herrschaftsfunktionen auf besondere Organe resultiert aus der Einsicht, daß unter den Bedingungen heutiger Staatlichkeit eine unmittelbare Herrschaft des Volkes, die diesem selbst alle (Sach-)Entscheidungen vorbehielte, nicht realisierbar ist. Die Herrschaft volksgewählter Repräsentanten, die in der repräsentativen Demokratie an die Stelle unmittelbarer Volksherrschaft tritt, nimmt dieser gegenüber den Charakter eines Surrogats an[8]. Eine repräsentative Demokratie, die sich zur Souveränität des Volkes bekennt, hebt diese nicht auf, indem sie Herrschaftsfunktionen vom Volk auf besondere Organe verlagert, sondern modifiziert sie, indem sie den von den Repräsentanten gebildeten Staatswillen kraft der vom Volk vorgenommenen Bestellung und Kontrolle der Repräsentanten dem Volk als eigenen zurechnet. Die Souveränität des Volkes verwirklicht sich in diesen Bestellungs- und Kontrollbefugnissen, in der Legitimation aller Herrschaftsausübung[9], wie sie in der Wahl institutionalisiert ist.

Demokratie ist in ihrer repräsentativen Erscheinungsform daher zwar nicht im strengen Sinne Identität von Herrschenden und Beherrschten, weil die unmittelbare Herrschaft nicht in der Hand aller Angehörigen des Staatsverbandes liegt. Die durch das Repräsentativsystem bedingte Reduktion der Souveränität des Volkes auf einen Zusammenhang von Legitimation und Kontrolle ermöglicht jedoch nicht die Aufgabe der Identität des Staatsverbands auf der Ebene der legitimierten Staatsorgane[10].

---

[7] *Dolde*, Ausländer, S. 73 f.; ders., DÖV 1973, S. 372.
[8] Vgl. *Drath*, S. 278, 293.
[9] Vgl. *Drath*, S. 293; *Badura*, BK, Art. 38 (Zweitbearb.), Anm. 39.
[10] *Isensee*, VVDStRL 32 (1974), S. 95 f. mit Fußn. 116; *Ruland*, S. 13.

Der Surrogatscharakter demokratischer Repräsentation ersetzt die Herrschaft des egalitären Staatsvolkes durch die legitimierte Herrschaft einzelner Verbandszugehöriger[11], eröffnet den Zugang zur staatlichen Herrschaft aber nicht Verbandsfremden.

In der Zugehörigkeit der Repräsentanten zum Staatsverband liegt die formelle Gewähr dafür, daß die Herrschaft im Interesse des Volkes ausgeübt wird[12] und das Volk sie sich zurechnen kann.

Die in der Idee der Volkssouveränität verankerte demokratische Selbstbestimmung des Staatsvolkes ist von der konkreten Ausgestaltung der Staatsverfassung unabhängig. Sie würde durch ein Repräsentativsystem aber gerade aufgehoben, wenn in diesem die Herrschaft staatsfremder „Repräsentanten" und damit eine zwar selbstbestimmte, aber im Grunde fremde Herrschaft möglich wäre.

Eine auf der Souveränität des Volkes beruhende repräsentative Demokratie schließt selbstbestimmte Fremdbestimmung auf der Ebene der Staatsorgane aus[13].

Das passive Wahlrecht als aktives Statusrecht folgt ebenso wie das aktive Wahlrecht dem Grundprinzip demokratischer Egalität. Diesem Prinzip würde es widersprechen, wenn Ausländer trotz ihres ungleichen Status[14] als Mitglieder des staatlichen Repräsentationsorgans Staatsgewalt ausüben könnten. In der egalitären Struktur des Staatsvolkes, wie sie das Prinzip der Volkssouveränität fordert, ist es daher angelegt, daß wählbar nur ist, wer selbst als Mitinhaber des egalitären Status zu den Wählern gehört[15].

---

[11] Vgl. *Badura*, BK, Art. 38 (Zweitbearb.), Anm. 28.
[12] In diesem Sinne ist der Hinweis von *Doehring*, VVDStRL 32 (1974), S. 36, zu verstehen, dem freien Mandat des Abgeordneten müsse seine Zugehörigkeit zum Staatsvolk entsprechen; ähnlich *Henkel*, Integration, S. 101.
[13] *Isensee*, VVDStRL 32 (1974), S. 96, spricht in diesem Sinne von dem „demokratischen Gebot der Homogenität von Volk und Volksrepräsentanten".
— Dies wird mißverstanden von *Zuleeg*, DVBl. 1974, S. 348.
[14] Vgl. oben 1. Kap. D. V.
[15] A. A. *Dolde*, Ausländer, S. 73 und DÖV 1973, S. 372; auch § 16 BWahlG spricht nicht dagegen, daß das passive Wahlrecht das aktive voraussetzt. Daß er nicht ausdrücklich auf das aktive Wahlrecht Bezug nimmt, ist eine unerhebliche Formalie. Es kommt demgegenüber auf die materiellen Wahlrechtsvoraussetzungen an. § 16 BWahlG stellt strengere Anforderungen, als sie § 12 BWahlG für das aktive Wahlrecht fordert, auf und setzt damit das aktive Wahlrecht voraus: der Bewerber muß seit mindestens einem Jahr Deutscher sein. Daß auf das Erfordernis dreimonatigen Wohnsitzes im Inland verzichtet wird, ist demgegenüber sekundär und liegt in der Besonderheit des passiven Wahlrechts begründet: Ein Abgeordneter kann schon aus praktischen Gründen nicht ohne Wohnsitz oder dauernden Aufenthalt im Inland sein. Ist es zudem der Zweck der Wohnsitzklausel beim aktiven Wahlrecht sicherzustellen, daß der Wähler im Augenblick der Wahl eine gewisse Kenntnis der politischen Verhältnisse im Wahlgebiet besitzt (*Dolde*, Ausländer, S. 77), so bedarf dieses Erfordernis beim passiven Wahlrecht keiner gesetzlichen Statuierung, weil sich der auf vier Jahre gewählte Abgeordnete diese Kenntnis im Laufe und

Art. 20 II GG verbietet daher auch das passive Bundestagswahlrecht für Ausländer[16].

C. Öffentliches Amt und demokratisches Mandat

Wenn gegenüber der hier vertretenen Auffassung ein Teil der Literatur zu dem Ergebnis kommt, der Ausschluß der Ausländer vom passiven Wahlrecht sei nach dem Grundgesetz zwar zulässig, nicht aber geboten, so bestehen hiergegen grundsätzliche Bedenken schon deswegen, weil nicht Art. 20 II GG, sondern Art. 33 II GG bzw. ein ihm entnommener Rechtsgedanke dieses Ergebnis stützen soll[17].

Es ist zwar richtig, daß nach herrschender Auffassung Art. 33 II GG die Übertragung eines öffentlichen Amtes an Ausländer nicht schlechthin verbieten, sondern jedenfalls nicht gewährleisten will[18]. Art. 33 II GG sieht demnach den deutschen Amtsinhaber als den Regelfall und den Ausschluß der Ausländer für zulässig an, wenn er ihn auch nicht mit letzter Konsequenz vorschreibt.

Das Problem besteht jedoch darin, ob Art. 33 II GG überhaupt — sei es unmittelbar, sei es im Wege der Übertragung eines Rechtsgedankens — für die Frage des passiven Wahlrechts herangezogen werden kann. Die Vorschrift regelt den Zugang zu „öffentlichen Ämtern".

Der Begriff des öffentlichen Amtes hat in Art. 33 II GG nach der Verfassungsdogmatik eine eigenständige, umfassende Bedeutung und fällt insbesondere nicht mit dem engeren Begriff des „öffentlichen Dienstes" nach Art. 33 IV, V GG zusammen. Er ist weit zu fassen und beinhaltet über das Amt im engeren Sinne hinaus jedes Dienstverhältnis, das beim Staat, Trägern mittelbarer Staatsverwaltung oder Selbstverwaltungsträgern eingegangen werden kann[19].

Indem Art. 33 II GG den gleichen Zugang zu all diesen Ämtern jedem Deutschen nach den Kriterien der Eignung, Befähigung und fachlichen Leistung gewährleistet, begründet er eine grundrechtsähnliche Position des Staatsbürgers, die der rechtsstaatlichen Verfassungssphäre ange-

---

aufgrund seiner Tätigkeit ohnehin in kürzester Zeit erwerben kann, wird und muß.

[16] In Ergebnis und Begründung ebenso *Isensee*, VVDStRL 32 (1974), S. 95 f. mit Fußn. 116; *Doehring*, VVDStRL 32 (1974), S. 36; *Behrend*, S. 377; *Tomuschat*, S. 57; *Ruppel*, S. 187; *Ruland*, S. 13.

[17] *Dolde*, Ausländer, S. 73 f.; ders., DÖV 1973, S. 372.

[18] Vgl. *Maunz*, in: MDH, Art. 33, Anm. 16; *von Mangoldt / Klein*, Art. 33, IV 4; *Dolde*, Ausländer, S. 79; *Isensee*, VVDStRL 32 (1974), S. 95; vgl. § 4 II BRRG; § 7 II BBG.

[19] Vgl. statt aller *Maunz*, in: MDH, Art. 33, Anm. 12; *Hamann / Lenz*, Art. 33, B 2; der Begriff erstreckt sich bis zum Beliehenen.

hört[20]. Adressat des sich an den Eignungskriterien ausrichtenden Gleichbehandlungsgebots ist der Hoheitsträger, der das Amt zu vergeben hat[21].

Den Verfassungsbereich, der den Staatsaufbau betrifft, die demokratische Repräsentation, berührt Art. 33 II GG demnach nicht. Dies erkennt auch die herkömmliche Verfassungsdogmatik an, wenn sie den Kreis der durch Art. 33 II GG betroffenen Ämter durch das demokratische Prinzip eingeschränkt sieht[22]. Wenn auch Art. 48 II 1 GG von dem „Amt" des Abgeordneten spricht, so ist dieses also kein Amt im Sinne des Art. 33 II GG. Das Mandat des Abgeordneten, des Volksrepräsentanten bis hinab zu den Gemeinderäten, setzt eine besondere Qualifikation des Bewerbers nicht voraus. Der radikal-egalitäre Ansatz der modernen Demokratie, wie er im Grundgesetz in Art. 20 II in Verbindung mit den Wahlrechtsgrundsätzen der allgemeinen und gleichen Wahl (Art. 38 I, 28 I 2 GG) zum Ausdruck kommt, resultiert geradezu aus der Vorstellung, daß Wahlrecht und Wählbarkeit jedem Staatsbürger als solchem, unabhängig von erworbener Qualifikation zukommen müssen, weil die Fähigkeit zur politischen Entscheidung nicht von dieser abhängig sei[23]. Die Wahl ist außerdem als der Akt zu sehen, in dem sich die demokratische Volkssouveränität realisiert: das souveräne Volk ist frei darin, wen von den Angehörigen des Staatsverbandes es zu seinen Repräsentanten bestimmen will[24]. Seine Wahl ist durch keinerlei Eignungserfordernisse der Kandidaten eingeschränkt und insoweit unnachprüfbar[25].

So kann theoretisch der Ungelernte Abgeordneter und Minister werden, während für niedrigere Positionen eine bestimmte Qualifikation erforderlich ist.

Was auf der Ebene rangniederer Ämter gilt, gilt auf der Ebene der Staatsorgane nicht. Das Abgeordnetenmandat ist demnach keinem wertenden Gleichheitsmaßstab zugänglich, sondern folgt allein der staatsbürgerlichen Egalität.

Da Art. 33 II GG die rechtsstaatliche, nicht aber die demokratische Verfassungssphäre betrifft, läßt sich aus ihm kein Rechtsgedanke auf den Bereich der demokratischen Repräsentation übertragen. Dies wird

---

[20] *Isensee*, VVDStRL 32 (1974), S. 95, Fußn. 116; daß die Heranziehung der geeignetsten Bewerber zugleich im Interesse des Staates liegt (sog. staatsorganisatorische Komponente des Art. 33 II GG, vgl. *Maunz*, in: MDH, Art. 33, Anm. 12), steht nicht entgegen.
[21] Vgl. *Maunz*, in: MDH, Art. 33, Anm. 16.
[22] *Maunz*, in: MDH, Art. 33, Anm. 14.
[23] Vgl. *Kriele*, S. 62; *Krüger*, Repräsentation, S. 109.
[24] Die Einschränkungen, die sich in der Parteiendemokratie aus der Aufstellung von Parteilisten ergeben, interessieren hier nicht.
[25] Vgl. *Maunz*, in: MDH, Art. 33, Anm. 14; *Isensee*, VVDStRL 32 (1974), S. 95, Fußn. 116.

auch nicht durch den Kunstgriff möglich, daß man einfach von seinen Eignungskriterien abstrahiert[26].

Art. 33 II GG könnte nur die Basis für ein argumentum a minore ad maius sein, mit dessen Hilfe aber die Frage, ob das Grundgesetz das Ausländerwahlrecht nicht nur nicht gebietet, sondern auch verbietet, nicht beantwortet werden kann.

Soweit mit dem Hinweis auf besondere sachliche Anforderungen, die mit einem Amt verbunden sein können, die Überlegung gestützt wird, Wahlämter brauchten nicht zwingend mit Verbandsangehörigen besetzt zu werden[27], sind die gleichen Einwände zu erheben, wie sie gegen die Übertragung eines Rechtsgedankens aus Art. 33 II GG bestehen. Dieses Argument paßt lediglich auf die Wahl von Hauptverwaltungsbeamten in den Gemeinden, die nach den Gemeindeordnungen voraussetzt, daß der gewählte Bewerber eine bestimmte Qualifikation mitbringt. Das Argument versagt jedoch auf der Ebene der Staatsorgane, wo die Erfüllung von Eignungskriterien keine Wahlvoraussetzung ist. Zudem wirkt die Vorstellung, das Mandat des Bundestagsabgeordneten könne Anforderungen stellen, die nur ein Ausländer erfüllen könne[28], geradezu absurd.

Schließlich erscheint es, wenn man schon bei der Frage des passiven Wahlrechts nicht auf Art. 20 II GG abstellen will, doch als umständlich, hier überhaupt Art. 33 II GG zu bemühen. Sehr viel näher läge es demgegenüber, eine Analogie zu Art. 33 I GG zu ziehen, da dieser mit den staatsbürgerlichen Rechten auch das (passive) Wahlrecht, wenn auch nur im Bereich der Länder, ausdrücklich zum Gegenstand hat. Damit ließe sich jedenfalls das Ergebnis begründen, daß das Grundgesetz dem Ausländer das passive Wahlrecht nicht gewährleisten will.

D. Ergebnis

Art. 20 II GG verbietet dem Gesetzgeber, Ausländern das passive Wahlrecht zum Bundestag zu verleihen[29].

---

[26] So *Dolde*, Ausländer, S. 74, wenn er erklärt, das demokratische Prinzip überspiele nur die drei Eignungsmerkmale.

[27] *Dolde*, Ausländer, S. 73.

[28] Vgl. die Gedankenführung bei *Dolde*, Ausländer, S. 73.

[29] Nicht zum eigentlichen Thema der Arbeit gehört die Frage, inwieweit es möglich wäre, daß Ausländer von der ausländischen Bevölkerung des Bundesgebietes zu Mitgliedern des Bundestages *ohne Stimmrecht* — mit ähnlichem Status wie die Berliner Bundestagsabgeordneten (vgl. hierzu § 54 BWahlG) — gewählt würden. Hiergegen bestünden einmal Bedenken deswegen, weil die Zusammensetzung eines höchsten Verfassungsorgans aus Mitgliedern unterschiedlicher Kompetenz und mit verschiedenem Status — von wenigen, wie im Fall der Berliner Abgeordneten auf besonderen Gründen beruhenden Aus-

2. Abschnitt

Zulässigkeit der Einräumung des Wahlrechts zum Bundestag an Ausländer de Constitutione ferenda

A. Art. 79 III GG und das demokratische Prinzip

Die Frage, ob es zulässig ist, Ausländern das Wahlrecht zum Bundestag durch eine entsprechende Änderung des Grundgesetzes einzuräumen, hängt von der Tragweite des Art. 79 III GG ab. Der Verfassungsänderung könnte nur der in Art. 20 I, II GG ausgesprochene Grundsatz der Demokratie entgegenstehen, der zu den von Art. 79 III GG mit absolutem Bestandsschutz[1] versehenen Grundsätzen des Art. 20 GG gehört.

Aktives und passives Wahlrecht können insoweit gemeinsam betrachtet werden, da beide, wie die bisherige Untersuchung gezeigt hat, auf der demokratischen Egalität des Staatsvolkes beruhen.

Wenn Art. 79 III GG seinen Schutz nur auf die „Grundsätze" des Art. 20 GG erstreckt, so ist dies auch im Sinne einer Eingrenzung zu verstehen: Absolut geschützt werden sollen nicht alle Ausprägungen und Ausgestaltungen, welche die verfassungsrechtlichen Grundentscheidungen im einzelnen in der Verfassung gefunden haben, sondern nur die Prinzipien selbst[2]. Für den Grundsatz der Demokratie, der in Art. 20 II GG umschrieben ist, bedeutet dies, daß es der Verfassung überlassen

---

nahmen abgesehen — mit Stellung und Aufgabe des Verfassungsorgans grundsätzlich kaum vereinbar ist (vgl. *Stern*, DÖV 1975, S. 519). Im übrigen stünden dem genannten Modell dieselben Gründe entgegen wie beim vollen aktiven und passiven Wahlrecht. Auch dann wäre der Bundestag keine Volksvertretung mehr, sobald Personen, die nicht zum Volk gehören, Einfluß auf die Zusammensetzung des Verfassungsorgans (wenn auch nur hinsichtlich der beratenden Mitglieder) erhielten. Der Bundestag repräsentiert nicht die Gesamtbevölkerung des Staatsgebiets, sondern das Staatsvolk der Staatsangehörigen. Da er nicht die Ausländer repräsentiert, können Ausländer auch nicht als Repräsentanten des ausländischen Bevölkerungsteils Bundestagsmitglieder — sei es auch nur mit beratender Funktion — werden. Als Repräsentanten des deutschen Staatsvolks im Sinne demokratischer Repräsentation scheiden Ausländer ohnehin, wie oben dargelegt, aus. Die — auch ohne das Stimmrecht bestehenden — weitgehenden Statusrechte eines Bundestagsabgeordneten im Rahmen der parlamentarischen Tätigkeit, die letztlich ebenfalls auf das Mandat des Wahlvolks zurückzuführen sind, lassen sich mit der informellen, externen Einflußnahme auf Parlamentsentscheidungen, wie sie Ausländern auf Grund ihrer Grundrechtsstellung offensteht, nicht vergleichen. Der Ausschluß des Stimmrechts ist daher nicht geeignet, die Zulässigkeit einer Bundestagsmitgliedschaft von Ausländern zu begründen. Dies gilt entsprechend für die Vertretungsorgane der Länder und der kommunalen Gebietskörperschaften, worauf insoweit bereits vorgegriffen werden darf.

[1] Vgl. *Dürig*, Festgabe Maunz, S. 43.
[2] *Kriele*, S. 47; *W. O. Schmitt*, S. 437; *Behrend*, S. 377; *Dürig*, Festgabe Maunz, S. 43 („Verfassungskern, änderungsfestes Minimum").

bleibt, wie sie Elemente unmittelbarer und Elemente repräsentativer Demokratie gegeneinander ausbalancieren will, wieweit das Volk, von dem alle Staatsgewalt ausgeht, Entscheidungen selbst soll treffen können oder wieweit diese den volksgewählten Organen übertragen sind. Unabänderlich hingegen ist das demokratische Prinzip als solches, daß es eben das Volk sei, von dem sich alle Staatsgewalt ableite, aus dem sich alle Herrschaft legitimiere[3].

Mit diesem Prinzip der Volkssouveränität ist zugleich das in ihm enthaltene Prinzip demokratischer Egalität aller Angehörigen des Volkes durch Art. 79 III GG für unabänderlich erklärt[4]. Eine Volksherrschaft, die nicht auf dem Prinzip der Gleichheit aufbaut, ist ein Widerspruch in sich selbst[5]. Die Offenheit des Demokratiebegriffs[6] öffnet diesen nicht schrankenloser Relativierbarkeit, sondern schließt nur die Verabsolutierung bestimmter konkreter Ausformungen des demokratischen Prinzips aus.

Ist also der egalitäre Status aller Angehörigen des sich selbst bestimmenden souveränen (Staats-)Volkes untrennbar mit dem demokratischen Prinzip verknüpft, so ist eine Änderung des Grundgesetzes, die Ausländern das Wahlrecht zum Bundestag eröffnet, nach Art. 79 III GG unzulässig: Sie würde die Egalität der Entscheidenden aufheben und somit gegen das demokratische Prinzip verstoßen[7].

Aufgrund der aufgezeigten Unterschiede des Ausländerstatus[8] sind Ausländer, selbst nach langjährigem Aufenthalt im Inland, nicht in gleicher oder vergleichbarer Weise wie Staatsangehörige von der Staatsgewalt betroffen. Mit diesem Gesichtspunkt kann die Zulässigkeit einer Grundgesetzänderung nicht begründet werden[9].

In einer Verfassungsänderung diesen Inhalts könnte daher keine Weiterentwicklung des demokratischen Prinzips gesehen werden. Eine solche Änderung würde das demokratische Prinzip gerade aufheben, nicht aber

---

[3] Vgl. *Herrfahrdt*, BK, Art. 79 (Erstbearb.), II 3, S. 4; *W. O. Schmitt*, S. 438 f.; vgl. BVerfGE 2, 1, 12 f.; 5, 85, 140.

[4] *Kriele*, S. 61; *Ruland*, S. 11.

[5] Zur Gleichheit als Fundament der Demokratie vgl. die oben, 1. Abschnitt, 1. Kap., D. IV., Fußn. 132, angegebene Literatur.

[6] Vgl. *Fromme*, S. 525 f.; *Leisner*, Imperium, S. 301.

[7] Im Ergebnis ebenso *Isensee*, VVDStRL 32 (1974), S. 93; grundsätzlich auch *Ruland*, S. 11, der jedoch eine Verfassungsänderung für zulässig hält im Hinblick auf den Fall des Zusammenschlusses mit einem oder mehreren anderen Staaten, sobald eine volle Gleichstellung (auch im Aufenthalts- und Pflichtenstatus) der eigenen Staatsangehörigen mit denen (der) anderen Staates(n) erreicht ist. Dagegen halten eine Grundgesetzänderung, die die Verleihung des Bundestagswahlrechts an Ausländer ermöglicht, generell für zulässig: *Behrend*, S. 377; *Henkel*, Integration, S. 107; *Sasse*, S. 72; *Kriele*, Staatslehre, S. 99.

[8] Hierzu oben 1. Abschnitt D. V.

[9] So aber *Behrend*, S. 377; *Henkel*, Integration, S. 107.

nur eine „Anpassung an eine vom Verfassunggeber bei Erlaß des Grundgesetzes nicht vorhergesehene Änderung der Lebensverhältnisse und der Anschauungen" bedeuten[10].

Von einer Änderung der Anschauungen kann nicht die Rede sein. Eine allgemeine Rechtsüberzeugung, daß Ausländer nach längerwährendem Aufenthalt an der Staatswillensbildung beteiligt werden müßten oder könnten, läßt sich nicht nachweisen.

Im übrigen rechnet das Grundgesetz, wie die nach Deutschen und Ausländern differenzierenden Verfassungsnormen zeigen, mit dem (auch langjährigen) Aufenthalt von Ausländern im Inland. Schon vor dem ersten und vor dem zweiten Weltkrieg gab es in Deutschland eine nicht unerhebliche Zahl von Ausländern, die hier lebten und arbeiteten[11]. Dem Verfassunggeber waren diese Verhältnisse bekannt. Das Vorhandensein eines ausländischen Bevölkerungsteils ist kein grundsätzlich neues Problem. Selbst rapide Vergrößerung dieses Bevölkerungsanteils vor allem im letzten Jahrzehnt kann nicht als unvorhergesehene qualitative Veränderung der Verfassungswirklichkeit, die von der Verfassung nicht mehr erfaßt würde, gewertet werden.

B. Die Konsequenzen der Unzulässigkeit einer Verfassungsänderung

I. Wechsel der Erwerbsgründe der Staatsangehörigkeit

Gegen das Ergebnis, daß selbst eine Verfassungsänderung unzulässig ist, die Ausländern die Rechte des status activus verschafft, könnte es sprechen, daß der einfache Gesetzgeber in der Lage ist, die Erwerbsgründe der Staatsangehörigkeit zu ändern. Die Möglichkeit, durch einfaches Gesetz das jetzige ius sanguinis zugunsten des ius soli aufzugeben, könnte darauf hindeuten, daß der Volksbegriff des Art. 20 II 1 GG nicht die Staatsangehörigen bezeichne[1], oder daß jedenfalls eine Verfassungsänderung zugunsten des Ausländerwahlrechts möglich sein müsse.

Durch eine Änderung der Erwerbsgründe der Staatsangehörigkeit würde sich an der Auslegung des Volksbegriffs des Art. 20 II 1 GG jedoch nichts ändern. Nur wäre der Kreis der Staatsangehörigen durch einfaches Gesetz anders umschrieben. Die Staatsangehörigen, die kraft

---

[10] So aber *Behrend*, S. 377.
[11] Am 1. 12. 1900 lebten im Deutschen Reich 778 737 Angehörige anderer Staaten. Am 1. 12. 1905 waren es 1 028 560 (Angaben nach: Statistisches Jahrbuch für das Deutsche Reich 1908, S. 10), am 16. 6. 1933 756 760 Ausländer = 1,2 % der Gesamtbevölkerung (Statistisches Jahrbuch für das Deutsche Reich 1936, S. 16).

[1] Dieses Argument verwendet offenbar *Zuleeg*, DVBl. 1974, S. 349.

B. Die Konsequenzen der Unzulässigkeit einer Verfassungsänderung

eines ius soli zum Staatsverband gehörten, hätten nicht nur die gleichen Rechte, sondern auch die gleichen Pflichten[2]. Das Prinzip demokratischer Egalität wäre gewahrt.

Die Möglichkeit, die Erwerbsgründe der Staatsangehörigkeit zu wechseln, ohne daß sich an der Auslegung des Art. 20 II 1 GG etwas ändert, beweist aber im Gegenteil, daß der demokratische Volksbegriff des Art. 20 II 1 GG die demokratischen Rechte nicht an die „Blutsbande" knüpft[3]. Die gegenteilige Auffassung verwechselt die Erwerbsgründe der Staatsangehörigkeit mit deren Rechtsnatur als besonderes Rechtsverhältnis zum Staat oder besondere Eigenschaft (Status) gegenüber dem Staat. Die demokratischen Rechte setzen die Staatsangehörigkeit als rechtliche Zugehörigkeit zum Staatsverband, nämlich zu einer Rechts- und Pflichtengemeinschaft voraus, lassen aber dahinstehen, in welcher Weise die Staatsangehörigkeit erworben wird.

II. Grundgesetz und europäische Einigung

1. Die Bedeutung des Art. 24 GG

Das Ergebnis, das in Art. 20 II, 79 III GG verankerte demokratische Prinzip verbiete eine Verfassungsänderung zugunsten des Ausländerwahlrechts, steht nur scheinbar in Widerspruch zu der Offenheit des Grundgesetzes für Formen zwischenstaatlicher Integration.

Zwar ist es über Art. 24 I GG, der die Übertragung von Hoheitsrechten auf zwischenstaatliche Einrichtungen sogar durch einfaches Gesetz[4] vorsieht, möglich, daß zwischenstaatliche Gewalten wie die der Europäischen Gemeinschaft ohne unmittelbare Legitimation durch die Angehörigen sämtlicher beteiligter Staaten („Gemeinschaftsvolk") partielle Hoheitsbefugnisse wahrnehmen.

Jedoch ist der nach Art. 24 I GG zur Übertragung der Hoheitsrechte befugte Gesetzgeber seinerseits unmittelbar demokratisch legitimiert[5]. Könnten auf der mitgliedstaatlichen Ebene Staatsfremde mitbestimmen, so wäre die autonome Selbstentscheidung des Mitgliedstaates, die die Errichtung von Gemeinschaftsgewalten ermöglicht, gerade aufgehoben. Art. 24 GG setzt die demokratisch-egalitäre Struktur des Staatsvolkes und

---

[2] *Vogel*, Diskussionsbeitrag, VVDStRL 32 (1974), S. 111.
[3] So *Zuleeg*, Diskussionsbeitrag, VVDStRL 32 (1974), S. 111; ders., DVBl. 1974, S. 349; *Grabitz*, S. 37; *Sasse*, S. 71 f.; *Henkel*, Integration, S. 106; ähnlich *Rolvering*, S. 100.
[4] Vgl. *Ipsen*, Gemeinschaftsrecht, S. 57 f.
[5] Die Geltung der Gemeinschafts-Rechtsordnung ist jedoch nicht vom Mitgliedstaat abgeleitet oder delegiert: *Ipsen*, Gemeinschaftsrecht, S. 63; *Krüger*, Staatslehre, S. 848; allgemein zu den Problemen der „Konsentierung" der Gemeinschaftsgewalt vgl. *Ipsen*, Gemeinschaftsrecht, S. 1040 ff.

Wahl des Gesetzgebungsorgans voraus, schafft aber kein Einfallstor für die Durchbrechung innerstaatlicher demokratischer Egalität[6].

Die Zielrichtung des Art. 24 GG liegt nicht in der Aufhebung innerstaatlicher Gleichheit, sondern in ihrer Erweiterung auf der Basis zwischenstaatlicher Kooperation. In den Gegebenheiten der vorhandenen Staatenwelt, wie sie sich auch im Völkerrecht widerspiegeln, liegt es begründet, daß die Ausdehnung des gleichheitlichen Staatsbürgerstatus über die Staatsangehörigen hinaus nicht einseitig durch einen einzelnen Staat, sondern nur auf der Basis zwischenstaatlicher Vereinbarung erfolgen kann. Solange die zwischenstaatliche Integration über die gemeinsame Bewältigung einzelner — wenn auch für den Staat wesentlicher — Staatszwecke nicht hinausgeht und sich die Gleichstellung der Staatsangehörigen funktionell hieran orientiert, sind die Bedingungen umfassender demokratischer Egalität nicht verwirklicht[7].

Diese Bedingungen zu schaffen, ist nach Art. 24 GG allerdings möglich. Das Grundgesetz ist für die politische Integration der Bundesrepublik in eine größere politische Einheit, die nach den aktuellen politischen Verhältnissen und Perspektiven nur eine (west-)europäische Einheit sein könnte, offen.

Sollte die europäische Integration also über ihren bestehenden funktionell-ökonomischen Rahmen hinaus einmal weitere Bereiche erfassen, wobei die durch den Integrationsprozeß bewirkte Supranationalisierung nicht zwingend auf den Staatscharakter der Gemeinschaft und einen streng bundesstaatlichen Aufbau hinauszulaufen brauchte[8], so wäre es denkbar, daß damit eine Stufe materiell umfassender, Pflichten- und Aufenthaltsstatus einbeziehender Gleichstellung der Staatsangehörigen der Mitgliedstaaten erreicht wäre, die es erlauben würde, ein europäisches Indigenat einzuführen[9]. Unter diesen Voraussetzungen wäre es möglich, den Angehörigen der Mitgliedstaaten den status activus in der politischen Einheit ihres jeweiligen Wohnsitzes einzuräumen, so wie es heute für alle Bürger der Bundesrepublik als Folge der Bedingungen des Bundesstaates der Fall ist.

---

[6] A. A. offenbar *Sasse*, S. 57: er betrachtet es als Widerspruch, wenn einerseits über Art. 24 GG durch Abtretung von Hoheitsrechten „Fremdbestimmung" ermöglicht, andererseits aber Ausländern die politische Mitbestimmung im Inland verwehrt werde. Dieser Widerspruch besteht jedoch nicht, da es sich um verschiedene Rechtsebenen handelt.

[7] *Isensee*, VVDStRL 32 (1974), S. 94, Fußn. 111 und Diskussionsbeitrag ebd., S. 114 f.; auch *Ruland*, S. 12, geht hiervon aus.

[8] Zur Offenheit der Gestaltungsformen einer künftigen europäischen Gemeinschaft vgl. *Ipsen*, Gemeinschaftsrecht, S. 1054 ff.

[9] Im Ergebnis ebenso *Grabitz*, S. 113 f.; *Isensee*, VVDStRL 32 (1974), S. 94, Fußn. 111 und 114 f.; *Henkel*, Integration, S. 107; *Ruland*, S. 12.

B. Die Konsequenzen der Unzulässigkeit einer Verfassungsänderung   95

2. Notwendigkeit der Verfassungsänderung?

Die Schaffung eines europäischen Indigenats kann sich nur auf der Normebene des Gemeinschaftsrechts, nicht auf der des mitgliedstaatlichen Verfassungsrechts vollziehen[10]. Der Standort einer dem Art. 33 I GG vergleichbaren Vorschrift wäre eine künftige „Gemeinschaftsverfassung"[11]. Fraglich ist allein, welche Auswirkungen das europäische Indigenat auf die Normen des status activus im Grundgesetz hätte[12]. Überwiegend wird angenommen, daß eine Änderung des Grundgesetzes erforderlich wäre[13].

Soll damit etwas anderes gesagt werden, als daß der Beitritt zu einem Bund — auch eine Ausweitung funktioneller Integration, die dem Einzelstaat immer weniger Hoheitsfunktionen beläßt, zu einem mehrdimensionalen Netz funktioneller Integration läßt sich substantiell von einem Bund kaum mehr unterscheiden — immer eine Änderung der Verfassung bedeutet[14], so bedarf dies differenzierender Betrachtung.

Der Satz des Art. 20 II 1 GG, daß alle Staatsgewalt vom Volk ausgehe, bedürfte weder einer Änderung noch einer Ergänzung. Setzt er das egalitäre Volk des Staatsverbandes zum Träger der Staatsgewalt ein, so würde hierzu ein europäisches Indigenat nicht in Gegensatz stehen. Dessen Wirkung bestünde im Gegenteil nur darin, daß es den Kreis derjenigen, die kraft gleicher Rechts- und Pflichtenstellung Mitinhaber des egalitären Status sind, neu umschreiben würde, nicht anders, als es eine Änderung der Erwerbsgründe der Staatsangehörigkeit bewirken würde. Der egalitäre Staatsverband der Bundesrepublik als Mitgliedstaat wäre kraft der vollen Gleichstellung sämtlicher Angehörigen aller Mitgliedstaaten neu abgesteckt und würde nach dem Wohnsitzprinzip sämtliche Angehörigen der Gemeinschaft, die im Bundesgebiet ihren Wohnsitz oder dauernden Aufenthalt haben, umfassen. Das Volk des Mitgliedstaates im Sinne von Art. 20 II 1 GG wäre der durch sein Territorium abgegrenzte Teil des neugeschaffenen egalitären „Gemeinschaftsvolks" aller Gemeinschaftsangehörigen.

Das bisherige Staatsangehörigkeitsverhältnis gegenüber dem Mitgliedstaat würde durch den Status der Gemeinschaftsangehörigkeit[15], der

---

[10] Auch die Möglichkeit, daß alle Mitgliedstaaten in parallel laufendem Verfahren ihre Verfassungen ändern könnten (*Henkel*, Integration, S. 107), setzt eine vorherige Einigung auf Gemeinschaftsebene voraus.

[11] *Grabitz*, S. 111.

[12] Änderungen im Bereich der Grundrechte und sonstige notwendig werdende Verfassungsänderungen können hier außer Betracht bleiben.

[13] *Grabitz*, S. 114; *Ruland*, S. 11 f.

[14] Nach *C. Schmitt*, Verfassungslehre, S. 366, 368 ändert sich die „Verfassung im positiven Sinn". Dies ist die „Gesamt-Entscheidung über Art und Form der politischen Einheit (Verfassungslehre, S. 20 ff.); den verfassungsändernden Charakter des Verfahrens nach Art. 24 GG bejaht auch *Ipsen*, Gemeinschaftsrecht, S. 58.

durch das europäische Indigenat begründet würde, angesichts der Herauslösung der staatsbürgerlichen Rechte und Pflichten und ihrer Zuordnung zur Gemeinschaftsangehörigkeit an rechtlicher Substanz verlieren. Die Parallele zu den bundesstaatlichen Verhältnissen in der Bundesrepublik zeigt, daß die Staatsangehörigkeit zum Mitgliedstaat materiell mit der Niederlassung im Mitgliedstaat erworben würde, weil nämlich die für die Verbandszugehörigkeit charakteristischen Mitwirkungsrechte und Mitwirkungspflichten unter der Voraussetzung der Gemeinschaftszugehörigkeit durch den Wohnsitz in einem Mitgliedstaat vermittelt würden[16].

Der Ausländerstatus der Gemeinschaftsangehörigen wäre im Verhältnis zu den einzelnen Mitgliedstaaten aufgehoben. Es würde sich also im Grunde nicht mehr um ein Problem des Ausländerwahlrechts handeln. Der Bedeutungsschwund der Staatsangehörigkeit wäre nur die Folge einer gewandelten Verfassungslage des Staates selbst[17].

Aus denselben Gründen wie bei Art. 20 II GG bedürfte Art. 38 I GG keiner Änderung.

Auch Art. 33 I GG („jeder Deutsche") müßte nicht geändert werden. Da die deutsche Staatsangehörigkeit von „Gemeinschaftsangehörigen" bereits mit der Niederlassung in der Bundesrepublik Deutschland erworben würde, wären diese Personen dann auch Deutsche im Sinne des Grundgesetzes. Sie wären folglich von Art. 33 I GG unmittelbar erfaßt.

III. Die Einbürgerung

Solange das geschilderte Stadium europäischer Integration nicht erreicht ist, bleibt sowohl dem EG-Ausländer wie auch jedem anderen Ausländer nur die Einbürgerung als Weg zum Aktivbürgerstatus[18]. Derjenige Ausländer, der nicht mehr an Rückkehr in seinen Heimatstaat denkt und auf Dauer im Inland zu verbleiben wünscht, kann dies durch einen Einbürgerungsantrag dokumentieren.

---

[15] Vgl. *Ipsen*, Gemeinschaftsrecht, S. 251 (9/132).

[16] Vgl. *G. Hoffmann*, S. 307 (dort bezogen auf die Deutschen ohne formelle deutsche Staatsangehörigkeit bei Niederlassung im Bundesgebiet) und S. 334.

[17] Daß eine Änderung des Art. 20 II GG nicht erforderlich wäre, zeigt die parallele Problematik in den Verfassungen der Bundesländer. Diese enthalten zum großen Teil den Satz „Alle Staatsgewalt geht vom Volke aus" (vgl. z. B. Art. 25 I 1 BaWüVerf, Art. 2 I 1 NdsVerf, Art. 3 II HambVerf, Art. 66 I BremVerf, Art. 62 I SaarlVerf), erkennen das Landtagswahlrecht aber gleichzeitig allen im Land wohnenden Deutschen zu (vgl. die Nachweise hierzu im 2. Teil, 1. Abschnitt, A., Fußn. 1): Das egalitäre Staatsverbandsvolk der Länder ist durch das gemeinsame deutsche Indigenat umschrieben. Es wird lediglich an den Wohnsitz angeknüpft.

[18] *Isensee*, VVDStRL 32 (1974), S. 96; *Vogel* und *Dürig*, Diskussionsbeiträge, VVDStRL 32 (1974), S. 115, 116; *Ruland*, S. 11; *Henkel*, Integration, S. 114 spricht sich im Ergebnis auch hierfür aus; ebenso *Rose*, S. 226.

B. Die Konsequenzen der Unzulässigkeit einer Verfassungsänderung 97

Allerdings müßte die Einbürgerung zur Vermeidung menschlicher Härten großzügiger als bisher gehandhabt und vom Odium des Gnadenaktes befreit werden[19]. Ein Rechtsanspruch auf Einbürgerung kann allerdings aus der Verfassung nicht abgeleitet werden. Weder die Menschenwürde (Art. 1 I GG) noch die Art. 2 und 3 GG[20] bieten hierfür irgendeinen Ansatzpunkt[21]. Der Gesetzgeber sollte aber den faktischen Schwierigkeiten, die der Rückkehr eines Ausländers in seinen Heimatstaat nach langjährigem Aufenthalt im Bundesgebiet und entsprechender gesellschaftlicher Integration entgegenstehen, durch das Angebot eines Einbürgerungsanspruchs zumindest für EG-Angehörige abhelfen.

Die für das Entstehen dieses Anspruchs vorauszusetzende Aufenthaltsdauer ist eine Frage der Rechtspolitik. Sie könnte, entsprechend der Niederlassungsdauer, die nach den geltenden Richtlinien bei einer Einbürgerung nach § 8 RuStG gegeben sein soll[22], bei zehn Jahren liegen[23]. Der Einbürgerungsanspruch könnte unter den Vorbehalt der Staatssicherheit gestellt werden, wie dies in § 6 des Gesetzes zur Regelung von Fragen der Staatsangehörigkeit vom 22. 2. 1955[24] für die Einbürgerung Deutscher ohne deutsche Staatsangehörigkeit der Fall ist, oder einem Polizeivorbehalt analog den Verhältnissen bei Einreise und Aufenthalt von EG-Angehörigen unterworfen werden.

---

[19] Für Erleichterung der Einbürgerung: *Henkel*, Integration, S. 114 m. w. N. in Fußn. 134; *Ruland*, S. 11.
[20] So *Hans Mayer*, Diskussionsbeitrag, VVDStRL 32 (1974), S. 136, 137.
[21] *Isensee*, VVDStRL 32 (1974), S. 62 ff., Nachw. S. 63, Fußn. 37; *Zuleeg*, DVBl. 1974, S. 349; *Maunz*, Staatsrecht, S. 35.
[22] Vgl. *Makarov*, S. 63.
[23] Für Einbürgerung nach fünf Jahren: *Henkel*, Integration, S. 115.
[24] BGBl. I, S. 65 i. d. F. d. G. vom 28. 12. 1959 (BGBl. I, S. 829).

ZWEITER TEIL

Das Wahlrecht zu den Landtagen

1. Abschnitt

Zulässigkeit der Verleihung des Landtagswahlrechts an Ausländer de Constitutione lata

A. Die Regelung der Landesverfassungen

Die Verfassungen der Länder Baden-Württemberg, Bayern, Bremen, Hessen, Niedersachsen, Rheinland-Pfalz und Saarland behalten das aktive und passive Wahlrecht zu den Landtagen ausdrücklich Deutschen vor[1]. Die Verfassung von Hamburg enthält die gleichen Wahlrechtsgrundsätze wie Art. 38 I GG und verweist im übrigen auf einfaches Gesetz[2]. Letzteres gilt auch für die Verfassung von Schleswig-Holstein[3]. Die nordrhein-westfälische Verfassung sieht in der Wahl einen Akt, in dem das Volk seinen Willen bekundet[4], wiederholt die Wahlrechtsgrundsätze des Art. 38 I und den Inhalt von Art. 38 II GG und verweist zur Regelung des Näheren auf Gesetz[5].

Die Wahlgesetze aller Bundesländer beschränken übereinstimmend aktives und passives Wahlrecht auf Deutsche[6].

---

[1] Art. 26 I, 28 II BaWüVerf; Art. 4, 7, 14 II BayVerf; Art. 69 I, 76, 78 BremVerf; Art. 73 I, 75 II HessVerf; Art. 4 II NdsVerf; Art. 75 II, 76 II, 80 II RhPfVerf; Art. 66, 68 II 2 SaarlVerf; ebenso die Verfassung von Berlin in Art. 26 III, IV.

[2] Art. 6 II, IV HambVerf.

[3] Art. 3 IV SchlHVerf.

[4] Art. 2, 30 I NRWVerf.

[5] Art. 31 I, II, IV NRWVerf.

[6] Art. 8 I, 11 I BaWüLandtagswahlG; Art. 1 I, 39 II BayLandtagswahlG; §§ 1, 5 BremLandtagswahlG; §§ 6 Nr. 2, 10 HambWahlG; §§ 2, 5 HessLandtagswahlG; §§ 2, 6 NdsLandeswahlG; §§ 1 Nr. 1, 4 I NRWLandeswahlG; §§ 2, 29 I RhPfLandeswahlG; §§ 13, 17 SaarlLandtagswahlG; §§ 1 I, 9 I Nr. 1 SchlHLandeswahlG; ebenso §§ 1, 5 BerlLandeswahlG.

B. Die Verfassungslage nach dem Grundgesetz

I. Die Forderungen des Grundgesetzes an die Landesverfassungen

Besondere Anforderungen an die Landesverfassungen zur Sicherung der bundesstaatlichen Homogenität stellt das Grundgesetz in Art. 28 auf. Für die Wahl der Vertretungsorgane der Länder werden dieselben Wahlrechtsgrundsätze wie in Art. 38 I GG für die Wahl des Bundestages festgelegt. Aus dem Grundsatz der allgemeinen Wahl, der in Art. 28 I 2 GG die gleiche formale Bedeutung wie in Art. 38 I GG hat[1], kann dabei ebensowenig wie bei der Bundestagswahl der Wählerkreis abgegrenzt werden[2].

Art. 28 I 2 GG fordert jedoch eine Vertretung des „Volkes" in den Ländern. Der Begriff des Volkes erhält hierbei für die Länder seine Substanz aus deren Staatsqualität[3]. Er ist insoweit mit dem Volksbegriff des Art. 20 II 1 GG identisch. Der Satz, daß alle Staatsgewalt vom Volk ausgehe, gilt auch für die Bundesländer als Staaten[4]. Gemeint ist hier analog den Verhältnissen im Bund das egalitäre Volk des Staatsverbandes des jeweiligen Landes, das originär die Staatsgewalt des Landes legitimiert[5]. Das Staatsvolk des Bundeslandes steht in Beziehung zum Wirkungsbereich der Landesstaatsgewalt, wird also durch das Staatsgebiet des Bundeslandes begrenzt. Landesstaatsgewalt legitimiert sich nicht aus einem beliebigen, außerhalb ihres Einwirkungsbereiches lebenden Volk[6].

II. Bundesstaat und demokratische Egalität

Die Zugehörigkeit zum egalitären Staatsverband des Landes bestimmt zunächst Art. 33 I GG. Sein Gebot der Gleichstellung aller Deutschen hinsichtlich der staatsbürgerlichen Rechte (d. h. auch aktives und passives Wahlrecht) und Pflichten in den Ländern schafft die Bedingungen der umfassenden demokratischen Egalität aller Deutschen, die in einem Bundesland wohnen. In Verbindung mit Art. 33 I GG bezeichnet „Volk" in Art. 28 I 2 GG daher jedenfalls den durch das Landesgebiet begrenzten Teil des Bundesvolkes[7].

Fraglich ist darüber hinaus nur, ob nicht alle Bewohner eines Landes, nicht nur die Deutschen, zum egalitären Staatsvolk des Landes gehören.

---

[1] *Maunz*, in: MDH, Art. 28, Anm. 5, 22; *Stern*, BK, Art. 28, Anm. 54.

[2] Vgl. oben 1. Teil, 1. Abschnitt, 1. Kap., B. II dieser Arbeit; a. A. *Ruland*, S. 12.

[3] Vgl. oben 1. Teil, 1. Abschnitt, 1. Kap., D. III. 2. c.

[4] *Maunz*, in: MDH, Art. 20, Anm. 48; *von Mangoldt*, S. 136; *von Mangoldt / Klein*, V 4 e zu Art. 20, S. 596.

[5] Vgl. oben 1. Teil, 1. Abschnitt, 1. Kap., D. III. 2. c.

[6] *Maunz*, in: MDH, Art. 20, Anm. 48.

[7] Vgl. *G. Hoffmann*, S. 323 ff.

Der zur Abgrenzung erforderliche Statusvergleich darf nicht auf die Landesebene abstellen. Eine Argumentation, die sich mit der Feststellung, daß der Ausreisefreiheit hier die Freizügigkeit des Deutschen (Art. 11 GG) entspreche und daß auf Landesebene über besondere Pflichten wie z. B. die Wehrpflicht nicht entschieden werde, begnügen und damit das Statuskriterium der „Unentrinnbarkeit" verneinen wollte[8], würde von vornherein die bundesstaatliche Dimension des Problems verfehlen.

Die Gewährleistung der Freizügigkeit im ganzen Bundesgebiet für alle Deutschen beruht gerade auf dem bundesstaatlichen Zusammenschluß der Länder[9]. Daß die Landesvolksvertretung über Fragen der Außenpolitik und Landesverteidigung nicht zu befinden hat, ist die Folge der bundesstaatlichen Kompetenzverlagerung auf den Bund, dessen Zweck es gerade ist, seine Mitglieder von diesen sie alle gemeinsam betreffenden Aufgaben freizustellen bzw. sie für alle Mitgliedstaaten gemeinsam zu erledigen[10].

Das Korrelat der bundesstaatlich begründeten Kompetenzverlagerung auf den Bund ist die verfassungsrechtlich gesicherte Mitwirkung der Länder an der Bundesgesetzgebung (Art. 50, 77 f., 79 III GG), durch die das Landesvolk einen, wenn auch mehrfach mediatisierten Einfluß auf die Bundespolitik erhält.

Das Statuskriterium der „Unentrinnbarkeit" muß diese bundesstaatliche Dimension berücksichtigen. Der Bundesstaat hebt die aus der Zugehörigkeit zu einem Mitgliedstaat diesem gegenüber ursprünglich gegebene ausschließliche Zuordnung auf, ersetzt sie aber durch ein entsprechendes Verhältnis zum Verband des Gesamtstaats. Der Status demokratischer Egalität in einem Bundesland erweist sich von hierher als eine Funktion bundesstaatlicher Egalität. Die Zugehörigkeit zum Staatsvolk des Bundeslandes setzt die Zugehörigkeit zum Staatsvolk des rechtlich homogenen Gesamtstaatverbandes voraus und umgekehrt. Dem Ausländer fehlt daher auch auf Landesebene der Status demokratischer Egalität. Da er aus diesem Grunde von der Staatswillensbildung auf Bundesebene ausgeschlossen ist, darf er Einfluß hierauf auch nicht über die Beteiligung an der mitgliedstaatlichen Willensbildung erlangen, wie es infolge der Mitwirkung der Länder bei der Bundesgesetzgebung durch den Bundesrat der Fall wäre[11].

Das Grundgesetz geht also in der Konsequenz der Entscheidung für den Bundesstaat von einem in Bund und Ländern homogenen Staatsvolk aus. Dies ist der Sinn der Homogenitätsvorschrift des Art. 28 I GG.

---
[8] So *Kewenig*, Diskussionsbeitrag, VVDStRL 32 (1974), S. 109; *Zuleeg*, Diskussionsbeitrag, VVDStRL 32 (1974), S. 111; *ders.*, DVBl. 1974, S. 348.
[9] Den Zusammenhang von Bundesstaatlichkeit und Freizügigkeit unterstreicht *Maunz*, in: MDH, Art. 33, Anm. 5.
[10] Vgl. *Zippelius*, S. 242; *C. Schmitt*, Verfassungslehre, S. 368 f.
[11] So auch *Sasse*, S. 46; *Ruland*, S. 12.

B. Die Verfassungslage nach dem Grundgesetz

Das Volk der Länder im Sinne von Art. 28 I 2 GG i. V. m. 20 II GG ist ausschließlich der durch das jeweilige Landesgebiet abgegrenzte Teil des Bundesvolkes. Volk in Art. 28 I 2 GG bezeichnet dagegen nicht nur den durch das Landesgebiet abgegrenzten Teil der Bundes-*Aktivbürgerschaft*[12]. Art. 28 I 2 GG spricht nicht von der Aktivbürgerschaft, sondern von dem vertretenen Volk, der durch das Vertretungsorgan repräsentierten politischen Einheit. Er liegt insofern parallel zu Art. 20 II 1 GG, nicht zu Art. 20 II 2 GG.

Das Grundgesetz verbietet also auch für die Landesebene die Mitwirkung von Ausländern bei der staatlichen Willensbildung. Dies gilt in gleicher Weise für das aktive wie für das passive Wahlrecht[13]. Für das letztere gelten die Ausführungen zum passiven Wahlrecht zum Bundestag entsprechend[14].

III. Die Abgrenzungsfunktion des Art. 33 I GG

Von Art. 28 I 2 i. V. m. 20 II 1 GG erhellt sich auch die Funktion des Art. 33 I GG. Sein Gleichstellungsgebot enthält, soweit er die staatsbürgerlichen Rechte und Pflichten im engeren Sinn bezeichnet[15], keine „Mindestverbürgung" für Deutsche[16], sondern legt zugleich auch die Grenze personeller Erstreckung der Gleichstellung fest. Eine „Mindestverbürgung" kann es prinzipiell nur im rechtsstaatlichen Verfassungsbereich, also im Verhältnis Staat - Individuum, oder im bundesstaatlichen Verhältnis zwischen Bund und Ländern, nicht aber hinsichtlich der demokratischen Herrschaftszuständigkeit geben. Die Einräumung von Herrschaftsbefugnissen an einen zusätzlichen Personenkreis bedeutet Schmälerung und damit Aufhebung der Herrschaft derjenigen Gruppe, die von der Verfassung hierfür vorgesehen ist. Art. 33 I GG schließt also, da sonst ein Widerspruch zu Art. 28 I 2, 20 II 1 GG bestünde[17], Ausländer vom Wahlrecht in den Ländern aus. In seiner Betonung der Gleichheit staatsbürgerlicher Rechte und Pflichten liegt zugleich die verfassungskräftige Anerkennung der Notwendigkeit wechselseitiger Bedingung von Rechts- und Pflichtenstatus, also umfassender Egalität als Voraussetzung demokratischer Mitwirkungsrechte.

---

[12] So auch mit zutreffender Begründung *Sasse*, S. 45.
[13] *Henkel*, Integration, S. 102.
[14] Vgl. oben 1. Teil, 1. Abschnitt, 2. Kapitel.
[15] Nach h. M. meint der Begriff der „staatsbürgerlichen Rechte" in Art. 33 I GG nicht nur die Rechte des status activus, sondern das gesamte Rechtsverhältnis des Staatsbürgers, enthält also nicht nur die demokratische, sondern auch eine rechtsstaatliche Komponente. Vgl. *Maunz*, in: MDH, Art. 33, Anm. 6; *Hamann / Lenz*, Art. 33, B 1.
[16] So *Sasse*, S. 45; sinngemäß auch *Dolde*, DÖV 1973, S. 372.
[17] Vgl. oben 1. Teil, 1. Abschnitt, 1. Kap., C. I.

2. Abschnitt

Zulässigkeit der Verleihung des Landtagswahlrechts an Ausländer de Constitutione ferenda

Die Darstellung kann sich hier kurz fassen und im wesentlichen auf die Verhältnisse im Bund verweisen.

Für die Länder gilt im Hinblick auf ihre Staatsqualität Art. 20 II 1 GG unmittelbar[1]. Die Staatsqualität der Länder wird von Art. 79 III GG dadurch gewährleistet, daß diese Vorschrift die Gliederung des Bundes in Länder für unabänderlich erklärt[2].

Über die Garantie ihrer Staatsqualität partizipieren die Länder somit nach Art. 79 III GG gleichzeitig am Schutz des in Art. 20 II 1 GG festgelegten demokratischen Prinzips.

Es kommt mit anderen Worten nicht darauf an, daß Art. 79 III GG insoweit nicht ausdrücklich auf Art. 28 GG Bezug nimmt. Denn das demokratische Prinzip des Art. 20 II 1 GG hat in Art. 79 III GG auch für die Länder durch die Garantie ihrer Staatsqualität absoluten Bestandsschutz erhalten.

Da das Landtagswahlrecht der Ausländer das Prinzip demokratischer Egalität verletzen würde, scheitert eine Verfassungsänderung an Art. 79 III in Verbindung mit Art. 20 II 1 GG[3].

Unter der Voraussetzung einer europäischen Einigung gelten hingegen die Ausführungen zum Bundestagswahlrecht entsprechend[4]. Der Verfassungswortlaut bedürfte einer Änderung weder in Art. 28 I 2 GG noch in Art. 33 I GG.

---

[1] Vgl. oben 1. Teil, 1. Abschnitt, 1. Kap., D. III. 2. c; *Maunz*, in: MDH, Art. 20, Anm. 48.

[2] *Maunz*, in: MDH, Art. 79, Anm. 33; *Herrfahrdt*, BK, Art. 79 (Erstbearb.), II 3, S. 4; *G. Hoffmann*, S. 310 f.

[3] So auch *Ruland*, S. 12.

[4] Vgl. oben 1. Teil, 2. Abschnitt, B. II.

DRITTER TEIL

Das Wahlrecht zu den Kommunalvertretungen

1. Abschnitt

Zulässigkeit der Verleihung des Kommunalwahlrechts an Ausländer de Constitutione lata

A. Das Problem

Nach geltendem Gesetzesrecht sind Ausländer vom aktiven und passiven Wahlrecht zu kommunalen Vertretungskörperschaften ausgeschlossen. Die Gemeindeordnungen und Kommunalwahlgesetze[1] der Bundesländer statuieren das Wahlrecht als Vorrecht des Gemeinde-„Bürgers", der im Unterschied zum Gemeinde-„Einwohner"[2] Deutscher im Sinne von Art. 116 I GG sein muß.

Dies gilt entsprechend auf der Ebene der Landkreise, wo entweder die Landkreisordnungen selbst diese Einschränkung vornehmen oder auf die parallelen Vorschriften der Gemeindeordnung oder das Kommunalwahlgesetz verweisen[3]. Wegen der im Verhältnis zu den Gemeinden analogen Rechtslage wird im folgenden auf die Landkreise nicht speziell eingegangen.

Die genannten Regelungen sind zum einen an den Bestimmungen der Länderverfassungen, soweit sie die Stellung der Gemeinden im Staat und ihre innere Verfassung betreffen, letztlich aber an Art. 28 GG zu messen, der aufgrund des generellen Vorrangs von Bundesverfassungs-

---

[1] §§ 12 I, 14 I BaWüGemO; Art. 15 II, 17 BayGemO; Art. 1 I, 5 I BayGemWahlG; §§ 29, 30 I a, 32 I HessGemO; §§ 21 II, 34 I, 35 I Nr. 3 NdsGemO; §§ 6 II, 29 NRWGemO; §§ 16, 18 RhPfGemO; §§ 1, 5 RhPfKommWahlG; §§ 18 II, 24 I, 32 I SaarlKSVG (Teil A = SaarlGemO); §§ 12 I, 16 I SaarlKommWahlG; § 6 II SchlHGemO; §§ 3, 7 SchlHKommWahlG.

[2] Zur Entwicklung der Unterscheidung Einwohner — Bürger vgl. unten B. III. 3.

[3] §§ 10 I, 19 I BaWüLKO; Art. 11 II, 12 BayLKO; Art. 3 Nr. 2 BayLandkreiswahlG i. V. m. Art. 1, 5 BayGemWahlG; §§ 22 I, 23 I HessLKO; §§ 29 I, 30 I NdsLKO; §§ 19, 21 NRWKrO; §§ 7, 12 NRWKommWahlG; §§ 149, 152 I, 203 i. V. m. 18 II SaarlKSVG; §§ 3, 7 SchlHKommWahlG.

recht gegenüber Landesverfassungsrecht gemäß Art. 31 GG den einschlägigen Bestimmungen der Länderverfassungen im Falle einer Diskrepanz vorgeht[4]. Die Untersuchung kann sich daher sofort Art. 28 GG zuwenden.

An den rahmensetzenden Homogenitätsvorschriften, die Art. 28 I 2 GG für die Verfassungsstruktur der Länder aufstellt, partizipieren die Gemeinden insofern, als auch für sie ausdrücklich eine Vertretung des „Volkes" verlangt wird, die aus allgemeinen, unmittelbaren, freien, gleichen und geheimen Wahlen hervorgegangen ist. Einer gewählten Vertretung bedarf es nur dann nicht, wenn das Volk in einer Gemeindeversammlung gemäß Art. 28 I 3 GG selbst handeln kann.

Zusammen mit der Garantie der kommunalen Selbstverwaltung in Art. 28 II GG umreißt Art. 28 I 2 GG den verfassungsrechtlichen Standort der Gemeinde, der auch die personelle Abgrenzung der Gemeindewählerschaft bestimmt.

Da die von Art. 28 I 2 GG wiederholten Grundsätze der allgemeinen und gleichen Wahl infolge ihrer formellen Natur ebensowenig wie für Bundestags- und Landtagswahl die Abgrenzungsfunktion übernehmen können, kommt auch beim Kommunalwahlrecht dem Begriff des Volkes in Art. 28 I 2 GG die entscheidende Bedeutung zu. Wurde für die staatliche Ebene des Bundes und der Länder die Wählerschaft aus dem Begriff des Volkes im Sinne von Art. 20 II GG, nämlich dem egalitären demokratischen Staatsverbandsvolk der Staatsangehörigen erschlossen, so liegt nun die Annahme nahe, daß mit dem von Art. 28 I 2 GG angesprochenen „Volk in den Gemeinden" nur eine territoriale Untergliederung des egalitären Staatsverbandsvolkes gemeint ist.

Erstaunlicherweise geht ein Teil der Stimmen, die in der Verfassung keinen Hinderungsgrund für die gesetzliche Einführung des Kommunalwahlrechts für Ausländer sehen[5], auf die mit dem Volksbegriff des Art. 28 I 2 GG verbundene Problematik überhaupt nicht ein[6]. Sie stellen demgegenüber im wesentlichen auf die faktische Integration des Ausländers,

---

[4] Vgl. *Stern*, BK, Art. 28 (Zweitbearb.), Anm. 18.

[5] Die Verleihung des Kommunalwahlrechts an Ausländer halten für
a) zulässig ohne Verfassungsänderung durch einfaches Gesetz: *Rolvering*, S. 111; *Dolde*, S. 78 (zumindest aktives Wahlrecht); *Zuleeg*, DÖV 1973, S. 370 mit Fußn. 159; ders., DÖV 1974, S. 349; *Sasse*, S. 45 ff., 59 ff. (jedenfalls für EG-Angehörige); *Schleberger*, S. 599 (nur aktives Wahlrecht);
b) zulässig nach vorheriger Verfassungsänderung (des Art. 28 GG): *Behrend*, S. 377; *Henkel*, Integration, S. 107, 113; *Ruland*, S. 12;
c) zulässig, wobei nicht erkennbar ist, ob a oder b: *Kewenig*, *Tomuschat*, Diskussionsbeiträge, VVDStRL 32 (1974), S. 109 bzw. 121;
d) jedenfalls unzulässig nach geltender Verfassung: *Isensee*, VVDStRL 32 (1974), S. 96 und 115; *Leisner*, Diskussionsbeitrag, VVDStRL 32 (1974), S. 132 f.; wohl auch *Vogel*, Diskussionsbeitrag, VVDStRL 32 (1974), S. 115.

[6] Ausnahmen: *Behrend*, *Ruland*, *Leisner*, *Sasse* (Fußn. 5).

A. Das Problem

auf seine angeblich gleiche Betroffenheit als Gemeindeeinwohner und die auf den örtlichen Rahmen begrenzten Auswirkungen gemeindlicher Politik ab.

Soweit der Volksbegriff des Art. 28 I 2 GG in die Betrachtung einbezogen wird, wird die Ansicht vertreten, er schließe die Ausländer nicht vom Kommunalwahlrecht aus. Der gegenteiligen Auffassung wird entgegengehalten, sie beziehe den Grundsatz des Art. 20 II 1 GG, daß alle Staatsgewalt vom Volk ausgehe, unzulässigerweise auf die Gemeinde[7]. Das Grundgesetz aber begreife die Gemeinde, wie die Selbstverwaltungsgarantie des Art. 28 II GG zeige[8], nicht als quasi-staatlichen Teil der staatlichen Verwaltung, sondern als „institutionalisierte Form gesellschaftlicher Selbstorganisation"[9] mit eigenständiger, vom Staatsvolk unabhängiger Legitimationsquelle. In Anknüpfung an historische Entwicklungsstufen der kommunalen Selbstverwaltung wird die Gemeinde in dem Umfang, wie ihr von der Verfassung ein Kernbereich eigenverantwortlicher Erfüllung von öffentlichen Angelegenheiten der örtlichen Gemeinschaft garantiert werde, als institutionelle Ausformung eines gesellschaftlich-politischen Prinzips[10] und Stätte der Entfaltung gesellschaftlicher Freiheit gegenüber dem Staat gesehen.

Die Wahrnehmung der Selbstverwaltungsangelegenheiten als charakteristischer „Wesensgehalt" gemeindlicher Tätigkeit finde ihre Legitimation in der örtlichen Gemeinschaft aller Gemeindeangehörigen[11]. Der Volksbegriff in Art. 28 I 2 GG stimme dementsprechend nicht mit dem des Art. 20 II GG überein[12]. Er bezeichne vielmehr die Gebietsbevölkerung des jeweiligen Landes-, Kreis- oder Gemeindegebiets, und zwar die deutsche Gebietsbevölkerung. Damit seien Ausländer jedoch nicht prinzipiell vom Kommunalwahlrecht ausgeschlossen[13]. Denn Art. 28 I 2 GG bestimme in Verbindung mit Art. 33 I GG allein, daß *jedenfalls* der deutsche Bevölkerungsteil in Ländern, Kreisen und Gemeinden demokratisch vertreten sein müsse, verbiete aber nicht eine Ausdehnung der demokratischen Vertretung auf ausländische Gemeindeangehörige. Art. 28 I 2 GG stelle also nur eine unverzichtbare Mindestforderung zugunsten der deutschen Gebietsbevölkerung auf. Diese Auslegung ergebe sich zwingend aus dem lediglich rahmensetzenden Charakter derartiger Homogenitätsklauseln.

---

[7] *Sasse*, S. 37.
[8] *Sasse*, S. 37.
[9] *Sasse*, S. 37.
[10] *Sasse*, S. 41 ff., 60.
[11] *Sasse*, S. 41, 43, 59 f.
[12] Zum folgenden *Sasse*, S. 45.
[13] Im Anschluß an *Sasse* ebenso *Schleberger*, S. 599.

B. Gemeinde und Staat

I. Staat und Gesellschaft

Die Problematik eines Ansatzes, dessen Prämisse in der Gemeinde ein eigenständiges gesellschaftlich-politisches Prinzip verwirklicht sieht und der von hierher dem Ausländer als Gesellschaftsbürger den Zugang zum institutionellen gemeindlichen Willensbildungsprozeß eröffnen will, liegt darin, ob und inwieweit sich die Kategorie des „Gesellschaftlichen" überhaupt als eine Kategorie aktuellen Verfassungsrechts ermitteln und, wenn ja, ob und in welchem Umfang sich die Gemeinde dieser Kategorie zuordnen läßt.

Angesichts des engen Zusammenhanges zu vergangenen Verfassungsepochen, in dem die Ausgrenzung eines gesellschaftlichen Bereiches gegenüber dem Staat steht, ist es nicht selbstverständlich, daß auch die geltende Verfassung Staat und Gesellschaft als unterscheidbare Sphären mit unterschiedlichen Ordnungsprinzipien anerkennt. Zwar kann die Verfassungsposition der Gemeinde als eines geschichtlich gewachsenen Gebildes nur mittels einer die historische Dimension umgreifenden Interpretation zutreffend bestimmt werden[1], und insofern ist es berechtigt, an historische Entwicklungsstufen kommunaler Selbstverwaltung anzuknüpfen. Die Gefahr hierbei liegt jedoch darin, daß in einer für die Verfassungsinterpretation generell methodisch bedenklichen Weise ein bestimmtes historisches Modell gemeindlicher Rechtsposition in die geltende Verfassung hineinprojiziert wird[2] und dabei, soweit die Gemeinde einer vom Staat unterschiedenen „Gesellschaft" zugeordnet wird, ein überholter Gegensatz wiederbelebt werden soll.

Der begrifflichen Unterscheidung von Staat und Gesellschaft, wie sie der staatsrechtliche Positivismus des 19. Jahrhunderts entwickelt hat[3], liegt das Staatsbild des Spätabsolutismus und frühen Konstitutionalismus zugrunde[4]. Dieses Staatsbild ist das Ergebnis eines Wandlungsprozesses, der die zersplitterte Herrschaftsordnung des Mittelalters und noch der frühen Neuzeit, die von der Verteilung jeweils begrenzter Herrschaftsbefugnisse auf die verschiedensten Träger gekennzeichnet war[5], nach und nach durch eine Ordnung, in der sämtliche Herrschaftsbefugnisse monistisch in einer Instanz konzentriert sind, abgelöst hat[6]. Der

---
[1] Vgl. *BVerfGE* 11, 266, 274; 17, 172, 181; *Maunz*, in: MDH, Art, 20, Anm. 30; *Scholz*, S. 34 m. w. N. in Fußn. 1.
[2] Vgl. *Peters*, S. 54.
[3] Zu seinen idealistischen Wurzeln vgl. *Ehmke*, Festgabe Smend, S. 38 ff., 41.
[4] *Böckenförde*, Unterscheidung, S. 10 ff.; *ders.*, Rechtsfragen, S. 12 ff., 15.
[5] Vgl. *Böckenförde*, Unterscheidung, S. 10 f.; *Heller*, Staatslehre, S. 125 ff.
[6] *Heller*, Staatslehre, S. 129; zum folgenden *Böckenförde*, Unterscheidung, S. 11 ff.

Einzelne sieht sich in dieser neuen Ordnung nur noch als Untertan in der unmittelbaren, umfassenden und ausschließlichen Herrschaftsbeziehung zum Landesherrn, die sich später zur Herrschaftsbeziehung zwischen Untertan und Staat modifiziert, nachdem sich die „Staatsperson" gegenüber der Person des Herrschers verselbständigt hat und dieser nun nicht mehr selbst absoluter Souverän ist, sondern als Träger der souveränen Staatsgewalt den zur einheitlichen Herrschaftsorganisation verselbständigten Staat nunmehr als Staatsorgan repräsentiert[7].

In dieser Verselbständigung des Staates liegt die Wurzel der Antinomie von Staat und Gesellschaft. Sie konnte sich herausbilden, da die Einbindung des Individuums in die Herrschaftsbeziehung zum Staat nicht total, sondern durch die Staatszwecke begrenzt war: Von der Staatstheorie der Aufklärung vorbereitet und begleitet, räumt die Staatspraxis gegen Ende des 18. Jahrhunderts dem Individuum und damit der Gesellschaft als den „Individuen in ihrem sozialen Zusammenhang"[8] einen Freiraum jenseits des durch die Staatszwecke begrenzten Herrschaftsbereiches ein und sichert ihn grundrechtlich ab. Indem der Staat bürgerliche Rechtsgleichheit und Erwerbsfreiheit gewährt und das erworbene Eigentum garantiert, ermöglicht er die Herausformung jener „bürgerlichen Gesellschaft", wie sie sich in der ersten Hälfte des 19. Jahrhunderts vorwiegend als Besitz- und Erwerbsgesellschaft darstellt[9]. Von der Teilnahme an der Ausübung der Staatsgewalt hingegen bleibt die so freigesetzte bürgerliche Gesellschaft ausgeschlossen[10]. Der Staat der konstitutionellen Monarchie[11], der diese Entwicklungsphase kennzeichnenden Verfassungsform, ruht auf dem Königtum, der Beamtenschaft, Heer und Adel und befindet sich als solcher zu der Gesellschaft des liberalen Bürgertums in einem Verhältnis strikter Trennung[12].

Diesen für den größten Teil des 19. Jahrhunderts charakteristischen „Dualismus"[13] von Staat und Gesellschaft vor Augen, hält die ganz überwiegende Meinung im heutigen Schrifttum die Trennung von Staat und

---

[7] Zu diesem Vorgang *Böckenförde*, Unterscheidung, S. 12 ff. mit umfassenden Nachweisen; ders., Rechtsfragen, S. 12 f.; *Ehmke*, Festgabe Smend, S. 29 ff., 34, 36 f.

[8] *Böckenförde*, Rechtsfragen, S. 14; vgl. *Isensee*, Subsidiaritätsprinzip, S. 149 (Gesellschaft als Inbegriff aller sozialen Erscheinungen außerhalb des Staates).

[9] *Ehmke*, Festgabe Smend, S. 39, weist darauf hin, die bürgerliche Gesellschaft sei in Deutschland im Unterschied zu Frankreich zunächst mehr Bildungs- als Besitzgesellschaft gewesen.

[10] *Ehmke*, Festgabe Smend, S. 36; *Böckenförde*, Rechtsfragen, S. 15.

[11] Vgl. hierzu im Grundsätzlichen *Böckenförde*, Verfassungstyp.

[12] *Böckenförde*, Unterscheidung, S. 18 f.; ders., Rechtsfragen, S. 15; *Ehmke*, Festgabe Smend, S. 42.

[13] Vgl. hierzu außer der bisher angegebenen Literatur auch *Krüger*, Staatslehre, S. 342 ff., der aber nicht einen Gegensatz von Staat und Gesellschaft, sondern einen Gegensatz innerhalb des Staates (S. 345) der konstitutionellen Monarchie sieht.

Gesellschaft im demokratischen Staat der Gegenwart für überwunden[14]. Sie sieht in einem Staat, in dem sich die Staatsgewalt von allen Bürgern ableitet, der also gewissermaßen von der Gesellschaft getragen wird, und der sich als Sozialstaat begreift, also in die Gesellschaft hineinwirkt, die dualistische Trennung durch eine Synthese ersetzt.

Die Schlußfolgerungen hieraus sind aber im einzelnen unterschiedlich: Während einerseits jegliches Denken in den Kategorien von Staat und Gesellschaft abgelehnt wird[15], werden diese andererseits im Sinne einer organisatorisch-funktionellen Unterscheidung, die aber gerade nicht auf beziehungslose Trennung, sondern dialektische Zuordnung beider Bereiche hinausläuft, auch für die demokratische Verfassungstheorie und das geltende Verfassungsrecht fruchtbar zu machen versucht[16]. Dabei erscheint in der zwischen Staat und Gesellschaft bestehenden Wechselbeziehung die Gesellschaft als die von tatsächlicher Ungleichheit gekennzeichnete Vielfalt der in den sozialen Gruppen verkörperten „legitimen Besonderheiten"[17], die auf den Staat einwirken und ihn dadurch hervorbringen; der Staat als die Sphäre „ausschließlicher Allgemeinheit"[18] ist demgegenüber organisatorisch verselbständigt, aber funktionell auf die Gesellschaft bezogen, indem er dieser gegenüber eine Erhaltungs- und Förderungsfunktion im Interesse seiner eigenen Erhaltung ausübt[19] und kraft seiner politischen Herrschaftsbefugnis dem gesellschaftlichen Pluralismus in der Rechtsordnung einen verbindlichen Rahmen setzt[20]. Auf dieser spezifischen Funktion des Staates beruht seine qualitative Unterscheidung gegenüber allen gesellschaftlichen Gebilden[21]. Die Unterscheidung der dialektisch aufeinander bezogenen Funktionsbereiche von Staat und Gesellschaft erhält ihre Bedeutung nach diesen Theorien auch im Zeichen des demokratischen Prinzips daraus, daß sie den Einzelnen, auch

---

[14] Umfassende Nachweise, auch aus der politikwissenschaftlichen und soziologischen Literatur, bei *Böckenförde*, Unterscheidung, S. 7, Fußn. 1; vgl. *Ehmke*, Festgabe Smend, S. 24 f.

[15] *Ehmke*, Festgabe Smend, S. 25, 44 f. operiert stattdessen mit dem Begriff des „politischen Gemeinwesens", der Staat und Gesellschaft im traditionellen Sinn umfassen soll (ebenso *Bull*, S. 88), und kennzeichnet die Institutionen der Meinungs- und Willensbildung und die Führungs-, Koordinierungs- und Lenkungsinstitutionen des politischen Gemeinwesens mit dem anglo-amerikanischen Begriff des „government". Vgl. hierzu die Kritik bei *Isensee*, Subsidiaritätsprinzip, S. 153 und *Böckenförde*, Unterscheidung, S. 22, 33.

[16] *Kaiser*, S. 338 f.; *Isensee*, Subsidiaritätsprinzip, S. 151 ff., 154; *Böckenförde*, Unterscheidung, S. 21 ff., 34 ff.; ders., Rechtsfragen, S. 16 ff., 20 ff.; vgl. auch *Krüger*, Staatslehre, S. 526 ff.; *Forsthoff*, Staat, S. 21; kritisch *Bull*, S. 65 ff.; *Hesse*, DÖV 1975, S. 438 ff.

[17] Zit. *Krüger*, Staatslehre, S. 350; vgl. ebd. S. 346, 526; *Isensee*, Subsidiaritätsprinzip, S. 151.

[18] *Krüger*, Staatslehre, S. 350.

[19] *Krüger*, Staatslehre, S. 526; *Böckenförde*, Unterscheidung, S. 27.

[20] *Böckenförde*, Unterscheidung, S. 27; *Isensee*, Subsidiaritätsprinzip, S. 154.

[21] *Böckenförde*, Unterscheidung, S. 30 f.; *Isensee*, Subsidiaritätsprinzip, S. 254.

wenn er am allgemeinen staatlichen Entscheidungsprozeß beteiligt ist, und die sozialen Gruppen vor einer totalen Einbindung in die demokratische staatliche Entscheidungsgewalt bewahrt, das demokratisch-egalitäre Bild des Gemeinwesens durch den Aspekt der auf tatsächlicher Verschiedenheit der Individuen und gesellschaftlichen Verbände beruhenden sozialen Vielfalt ergänzt[22], insoweit dem demokratischen Herrschaftsanspruch Grenzen zieht und dadurch zur Bedingung und Grundlage individueller und gesellschaftlicher Freiheit wird[23].

Verfassungstheoretischer und verfassungsrechtlicher Ausdruck der Abgrenzung des Funktionsbereichs der Gesellschaft sind die Grundrechte[24]. Indem das Grundgesetz die Grundrechte anerkennt und absichert, geht es von der Differenzierung der Funktionsbereiche von Staat und Gesellschaft aus. Die Zuordnung der zwischen der staatlichen Organisation und dem Individuum vorhandenen Gebilde zum staatlichen oder gesellschaftlichen Bereich folgt ihrer verfassungsrechtlichen Verankerung in dem von Staat und Individuum markierten Bezugssystem: Gründen die Verbände sich auf die Wahrnehmung individueller Grundrechtsfreiheit, so nehmen sie einen Platz im Funktionsbereich der Gesellschaft ein. Sind sie hingegen in das staatliche Institutionengefüge eingegliedert, so ist ihr Platz im staatlichen Bereich[25]. Der Maßstab der Unterscheidung besteht nicht in der Rechtsform des Verbandes und nicht in der Grundrechtsbindung[26], sondern in der Grundrechtsträgerschaft, wenngleich sich auch hier im Rahmen des Art. 19 III GG Abgrenzungsprobleme ergeben mögen[27]. Die den Staat in seiner funktionellen Unterscheidung von der Gesellschaft umschreibende öffentliche Gewalt ist nicht selbst Träger von Grundrechten, sondern an diese gebunden[28].

Die nach dieser Theorie der Verfassung zugrunde liegende grundrechtliche Umschreibung des gesellschaftlichen Bereichs hat für die Rechtsstellung des Ausländers entscheidende Bedeutung. Aus ihr ergibt sich die Schlußfolgerung, daß der Ausländer, soweit er als Träger von Grundrechten in Betracht kommt, als Glied der Gesellschaft eine gleichberechtigte Stellung in den gesellschaftlichen Verbänden innehat. Wenn dem-

---

[22] Vgl. *Isensee*, Subsidiaritätsprinzip, S. 151.
[23] In diesem Sinne besonders *Böckenförde*, Unterscheidung, S. 34 ff.; *ders.*, Rechtsfragen, S. 20 ff.; ähnlich *Forsthoff*, Staat, S. 21; *Henke*, VVDStRL 28, 166; vgl. auch H. H. *Klein*, Festschrift Forsthoff, S. 172; kritisch *Hesse*, DÖV 1975, S. 440 f.
[24] *Krüger*, Staatslehre, S. 527 f.; *Isensee*, Subsidiaritätsprinzip, S. 153 ff.; *Böckenförde*, Unterscheidung, S. 35 mit Fußn. 84; vgl. *Wittkämper*, S. 58 ff. und passim.
[25] Zu diesen Kriterien *Isensee*, Subsidiaritätsprinzip, S. 155, 157, 252.
[26] Kritisch hierzu *Isensee*, Subsidiaritätsprinzip, S. 155 f.
[27] *Isensee*, Subsidiaritätsprinzip, S. 156.
[28] *Isensee*, Subsidiaritätsprinzip, S. 210; zur Frage, inwieweit der Staat als Fiskus Grundrechtsträger sein kann, siehe die Nachweise ebd. in Fußn. 106 sowie *Dürig*, in: MDH, Art. 19 III, Anm. 42 ff.

gegenüber auch dort, wo auf die Grundrechte abgestellt wird, die Gesellschaft in personeller Hinsicht mit dem Staatsvolk als der Gesamtheit der Staatsangehörigen identifiziert wird[29], so wird dabei die Eigenschaft des Ausländers als Gesellschaftsglied nicht bewußt geleugnet, sondern nur im Interesse der grundsätzlichen Funktionsunterscheidung zwischen Staat und Gesellschaft vernachlässigt.

II. Die historische Stellung der Gemeinde im Verhältnis zu Staat und Gesellschaft

1. Die Zeit vor 1918

Das Verhältnis der Gemeinde zum Staat hat in der Entwicklung der letzten Jahrhunderte mehrere Wandlungen durchgemacht[1]. Die genossenschaftliche Ausformung, welche die Gemeinde bis in die frühe Neuzeit prägte, war mit dem Staatsverständnis des absolutistischen Staates nicht mehr vereinbar. In einem Staat, der einen universellen Machtanspruch erhob, konnte die Gemeinde als Zelle politischer Autonomie nicht fortbestehen[2]. Die Gemeinde wurde zur „Staatsanstalt"[3].

In der Phase des Spätabsolutismus begann sich der aufkommende Dualismus von Staat und bürgerlicher Gesellschaft auch in der Gemeinde niederzuschlagen. Die Gemeinde wurde einerseits zur staatlichen Verwaltungseinheit, andererseits nahm sie in ihrer gesellschaftlich-wirtschaftlichen Ausformung als Wirtschafts- oder Realgemeinde den Charakter eines „gesellschaftlichen Privatrechtssubjekts" an[4]. In diesem Rahmen fand die sich herausbildende bürgerliche Gesellschaft in Abkehr vom Obrigkeitsstaat in der Gemeinde eine Stätte individualfreiheitlicher Selbstorganisation[5].

Mit der Preußischen Städteordnung des *Freiherrn vom Stein* vom 19. 11. 1808[6] wurde unter dem Einfluß des Liberalismus und unter Rückgriff auf genossenschaftliche Ideen[7] der Versuch unternommen, die Gemeinde und in ihr das Bürgertum aus ihrer gesellschaftlichen Isolation zu lösen und sie durch Übertragung autonomer Verwaltungsbereiche dem Staat zu integrieren[8].

---

[29] So *Böckenförde*, Unterscheidung, S. 47; ders., Rechtsfragen, S. 20; *Ehmke*, Festgabe Smend, S. 25; *Krüger*, Staatslehre, S. 346.
[1] Vgl. zum Folgenden die Darstellung bei *Scholz*, S. 35 ff. mit umfassenden Nachweisen.
[2] *Peters*, S. 31, 54; *Scholz*, S. 37 f.
[3] Vgl. *Dehmel*, S. 59, 68.
[4] *Scholz*, S. 38.
[5] *Scholz*, S. 39.
[6] GS, S. 324.
[7] *Scholz*, S. 40 mit Fußn. 31.

Die Gemeinde wurde jedoch auch danach als primär „gesellschaftliche Veranstaltung"[9] aufgefaßt. Kommunale Selbstverwaltung galt zunehmend als Ausdruck bürgerlicher Freiheit gegenüber dem Obrigkeitsstaat der konstitutionellen Monarchie[10] und rückte in die Nähe anderer Formen bürgerlich-gesellschaftlicher Selbstorganisation wie den Vereinen[11].

Damit ist die für das 19. Jahrhundert[12] kennzeichnende Idee gemeindlicher Selbstverwaltung genannt: Das Selbstverwaltungsrecht wurde als staatsgerichtetes Grundrecht gesellschaftlicher Prägung verstanden[13] und entsprechend in den Verfassungen der damaligen Zeit konzipiert (zum Beispiel Art. XI § 184 RVerf 1849).

2. Die Lage zur Zeit der Weimarer Reichsverfassung

Noch die Weimarer Verfassung ordnete das Recht der kommunalen Selbstverwaltung (Art. 127) in unmittelbarer Nachbarschaft zu Versammlungs- und Vereinsfreiheit (Art. 123, 124) in ihren Grundrechtsteil ein. Allein dieser systematische Standort darf indes nicht zu der Schlußfolgerung führen, die Verfassungsposition der Gemeinde in der Weimarer Zeit habe sich von der des 19. Jahrhunderts nicht unterschieden.

Die verfassungsrechtliche Basis, auf der ein Gegenüber von Staat und Gemeinde als Ausdruck der Trennung von Staat und Gesellschaft möglich war, nämlich der monarchische Obrigkeitsstaat, war 1919 mit Einführung einer Demokratie, in der alle Staatsgewalt vom Volk ausging, weggefallen[14]. Eine Konzeption der Gemeinde als grundrechtsbewehrter Bürgerverband in Abwehrstellung gegenüber dem Staat war in dem Augenblick überholt und systemwidrig geworden, als dieser Staat selbst in der Hand aller seiner Bürger lag.

---

[8] *Forsthoff*, Körperschaft, S. 8 ff., 14 ff.; ders., Lehrbuch, S. 472; *Peters*, S. 43; *Scheuner*, Gemeindeverfassung, S. 150; ders., Neubestimmung, S. 3 f.; *Gönnenwein*, S. 12; *Scholz*, S. 39; *Dehmel*, S. 15, 33, 36; *Sasse*, S. 39; *von Unruh*, S. 17.

[9] *von Mohl*, S. 89.

[10] *Forsthoff*, Lehrbuch, S. 472; *Scheuner*, Gemeindeverfassung, S. 156; *W. Weber*, S. 32 f., 61 f.; *Gönnenwein*, S. 7, 15; *Dehmel*, S. 68; *Scholz*, S. 40; *von Unruh*, S. 17.

[11] Insb. *L. v. Stein*, S. 3 ff., 274 ff.; vgl. *Stern*, BK, Art. 28 (Zweitbearb.), Anm. 67; *Gönnenwein*, S. 14; *Forsthoff*, Lehrbuch, S. 472; *Scheuner*, Gemeindeverfassung, S. 149; ders., Neubestimmung, S. 4; *Dehmel*, S. 43 f.; *Scholz*, S. 40; *Sasse*, S. 40.

[12] Zur Entwicklung im einzelnen vgl. *Forsthoff*, Lehrbuch, S. 524 ff.

[13] *Scholz*, S. 40 m. w. N. in Fußn. 33; zu der bereits genannten Literatur noch *W. Hofmann*, S. 268; *Korte*, S. 4.

[14] *Peters*, S. 43; *Forsthoff*, Lehrbuch, S. 527; *Scheuner*, Gemeindeverfassung, S. 151; ders., Neubestimmung, S. 5 f.; *Gönnenwein*, S. 60; *Scholz*, S. 41; *Niemeyer*, S. 127; *W. Hofmann*, S. 269; *Dehmel*, S. 62.; *W. Weber*, S. 62 f., sieht die Aufhebung des Dualismus von Staat und Selbstverwaltung erst nach 1945.

Mochte noch der Weimarer Verfassunggeber von der Grundrechtskonzeption ausgegangen sein — die Weimarer Lehre und Praxis hat sie nicht übernommen[15]. Sie korrigierte nicht nur den Verfassungswortlaut, indem sie das Selbstverwaltungsrecht nicht als Grundrecht, sondern im Sinne einer institutionellen Garantie deutete[16], sondern schränkte auch das so verbliebene Selbstverwaltungsrecht weiter ein: Da der demokratische Staat das Verhältnis zwischen Gemeinde und Staat nicht mehr als Gegensatz von Volk und Obrigkeit begriff, sondern nur noch den Gegensatz von Gesamtvolk und Teilen dieses Volkes kannte[17], mußte dem streng zentralistischen Weimarer Demokratieverständnis, das den Begriff der Demokratie nur auf den Staat und sein gesamtes Volk, den Gesamtwillen, bezog[18], die Zuweisung von Entscheidungskompetenzen an Teile des Volkes als Schutz von Minderheiten erscheinen[19].

Die Gemeinde war in einer so zentralistisch verstandenen Demokratie nicht selbst Zentrum politischer Integration, sondern entwickelte sich mehr und mehr zu einer unpolitischen Verwaltungseinheit[20], deren Kompetenzen davon abhingen, in welchem Maße sich der demokratische Gesamtwille zum Schutz von Minderheiten bereit zeigte. Die herrschende Definition des gemeindlichen Tätigkeitsfeldes enthielt dementsprechend keine Garantie einer bestimmten Zuständigkeit, vergleichbar der Zuweisung aller Angelegenheiten der örtlichen Gemeinschaft in Art. 28 II GG. Die Gemeinde hatte sämtliche innerhalb ihres Gebietes anfallenden öffentlichen Aufgaben zu erledigen, sofern sie von keiner anderen Stelle erfüllt wurden[21], und war in den Rang einer „technischen Hilfseinrichtung"[22] des Staates gesunken[23].

III. Die Stellung der Gemeinde nach dem Grundgesetz

1. Die institutionelle Garantie des Art. 28 II GG

Für das Grundgesetz ist Art. 28 II i. V. m. I 2 die Schlüsselvorschrift zum Verständnis der heutigen verfassungsrechtlichen Position der Ge-

---

[15] Vgl. *Peters*, S. 23 ff.
[16] Grundlegend C. *Schmitt*, Verfassungslehre, S. 170 ff., 173; vgl. *Anschütz*, S. 583, Fußn. 1; StGH in *Lammers-Simons* I, S. 366 ff., 385 ff.; II, S. 99 ff., 114 ff.; vgl. *Wiese*, S. 6 ff.
[17] Vgl. *Peters*, S. 43.
[18] C. *Schmitt*, Verfassungslehre, S. 273; *Forsthoff*, Krise, S. 21; *Peters*, S. 40 f., 43 f.; vgl. *Scheuner*, Gemeindeverfassung, S. 151 mit Fußn. 158; *ders.*, Neubestimmung, S. 8; *Gönnenwein*, S. 60; W. *Hofmann*, S. 273; *Scholz*, S. 41, 43; *Dehmel*, S. 63; *von Unruh*, S. 18.
[19] Vgl. *Peters*, S. 43 f.
[20] *Scholz*, S. 41, 43; *Hofmann*, S. 273 ff., 276; *Dehmel*, S. 63; *Sasse*, S. 41.
[21] Vgl. die repräsentative Definition bei *Peters*, S. 54.
[22] *Smend*, Verfassung, S. 271.
[23] Zur kommunalen Selbstverwaltung in der Weimarer Zeit vgl. den Überblick bei *Forsthoff*, Lehrbuch, S. 527; *Scheuner*, Gemeindeverfassung, S. 152 ff.; W. *Hofmann*, S. 269 ff.

meinde. Gegenüber der Weimarer Verfassung weist er schon den Unterschied auf, daß er sich nicht im Abschnitt über die Grundrechte, sondern in dem Bund und Länder betreffenden Teil der Verfassung befindet. Damit hat die bereits zur Weimarer Zeit in Lehre und Praxis vollzogene Wandlung in der Deutung des kommunalen Selbstverwaltungsrechts auch ihren verfassungssystematischen Ausdruck gefunden[1]. Die ganz herrschende Meinung interpretiert das Selbstverwaltungsrecht des Art. 28 II GG nicht als staatsgerichtetes Grundrecht der Verbandsperson Gemeinde, sondern als institutionelle Garantie[2].

Gründet sich im Zeichen der demokratischen Staatsverfassung die Unterscheidung von Staat und Gesellschaft als dialektisch zugeordneten Funktionsbereichen auf den Maßstab der Grundrechtsträgerschaft, so muß der Verlust ihrer Grundrechtsqualität bereits Zweifel am gesellschaftlichen Charakter der kommunalen Selbstverwaltung wecken. Durch ihre Einbeziehung in den Verfassungsbereich der Länder rückt sie in die Nähe staatlicher Strukturprinzipien. Eine endgültige Ortsbestimmung ist damit jedoch noch nicht gewonnen. Sie kann nur dem positiven Normenbefund der Verfassung entnommen werden[3]. Die Entscheidung, ob die Gemeinde dem gesellschaftlichen Bereich zugeordnet werden kann, hängt davon ab, ob sie sich nicht wenigstens mittelbar auf eine grundrechtliche Legitimation stützen kann.

2. Die Legitimationsgrundlage der Gemeinde

a) Selbstverwaltung und Art. 20 II 1 GG

Die Frage nach der Legitimationsgrundlage der Gemeinde kann von vornherein den Bereich der Auftragsverwaltung ausklammern. Die Gemeinden fungieren hier, indem sie staatliche Gesetze unter Fachaufsicht ausführen, als Teile der staatlichen Verwaltung und beziehen daher ihre Legitimation insoweit über den Gesetzgeber ausschließlich vom gesamten Staatsvolk[4].

---

[1] Das Argument der systematischen Stellung der Selbstverwaltungsgarantie findet sich bei: *Forsthoff*, Lehrbuch, S. 529; *Stern*, BK, Art. 28 (Zweitbearb.), Anm. 67 f.; *Scholz*, S. 44; *Isensee*, Subsidiaritätsprinzip, S. 241; *Niemeyer*, S. 127; *Korte*, S. 7.

[2] BVerfGE 1, 167, 174 f. u. st.Rspr.; BVerwGE 2, 329, 332; 3, 129; BGHZ 13, 207, 208; *Maunz*, in: MDH, Art. 28, Anm. 24 m. w. N. in Fußn. 2; *Maunz*, Staatsrecht, S. 188; *Stern*, BK, Art. 28 (Zweitbearb.), Anm. 60, 66 f.; *von Mangoldt / Klein*, Art. 28, IV; *Gönnenwein*, S. 28; *Köttgen*, S. 15 ff.; *W. Weber*, S. 36; *E. Becker*, HKWP I, S. 140; ders., GR IV/2, S. 681, 713 ff.; *Scholz*, S. 43; *Forsthoff*, Lehrbuch, S. 529, 532; *Isensee*, Subsidiaritätsprinzip, S. 242; dafür, daß Art. 28 II kein Grundrecht im Sinne eines subjektiven Rechts der Gemeinden enthält: *Maunz*, in: MDH, Art. 28, Anm. 27; *Dürig*, in: MDH, Art. 19 III, Anm. 38 sub e mit umfassenden Nachweisen in Fußn. 5.

[3] Vgl. *Böckenförde*, Rechtsfragen, S. 23.

[4] *Sasse*, S. 43.

Anders liegen die Verhältnisse jedoch in dem von Art. 28 II GG umschriebenen Bereich der kommunalen Selbstverwaltung. Die Gemeinde stützt sich hier auf eine eigene Legitimationsquelle, die im folgenden noch näher zu umschreiben sein wird.

Da die Gemeinde aber auch im Selbstverwaltungsbereich hoheitlich tätig wird, bedarf es zunächst der Klärung, in welcher Beziehung diese Ausübung von Hoheitsgewalt zu Art. 20 II 1 GG steht.

Nach Art. 20 II 1 GG darf es keine Staatsgewalt, d. h. keine Form von öffentlicher Gewalt geben, die ihre Legitimation nicht unmittelbar oder wenigstens mittelbar vom Volk, d. h. vom Staatsvolk des Bundes oder eines Landes erhält[5]. Die Staatsgewaltformel des Art. 20 II 1 GG ist Ausdruck des Gewaltmonismus, der den modernen Staat überhaupt kennzeichnet[6]. Das Bestehen von Selbstverwaltungsträgern, die mit Hoheitsgewalt ausgestattet sind, ist mit der monistischen Staatsauffassung nur dann vereinbar, wenn deren Hoheitsfunktionen nicht als gleichwertig neben denen des Staates stehend, sondern als vom Staat delegiert angesehen werden.

Dementsprechend ist es heute anerkannt, daß jede Erscheinungsform von Selbstverwaltung, also auch die kommunale Selbstverwaltung, als Bestandteil der vollziehenden Gewalt im Sinne von Art. 20 II 2, III GG eine staatliche Schöpfung darstellt, die ihre Hoheitsgewalt von der des Staates ableitet[7].

Die nach Art. 20 II 1 GG erforderliche Rückkoppelung der hoheitlichen Betätigung der Selbstverwaltungsträger an das Staatsvolk erfolgt durch das Instrument der staatlichen (Rechts-)Aufsicht.

---

[5] *H. H. Klein*, Festschrift Forsthoff, S. 167 f., 177, 184; *ders.*, Diskussionsbeitrag, VVDStRL 29 (1971), S. 121.

[6] Vgl. oben B. I.; *Krüger*, Staatslehre, S. 847 ff., 866.

[7] Daß die Hoheitsgewalt der Gemeinde vom Staat abgeleitet ist, entspricht der h. M.: vgl. z. B. *Jellinek*, S. 644 f.; *Kelsen*, Staatslehre, S. 183 f.; *Peters*, S. 56; *Wolff*, S. 451; *Krüger*, Staatslehre, S. 866; *Fuß*, S. 741; *Isensee*, Subsidiaritätsprinzip, S. 242, Fußn. 77 m. w. N.; *Dürig*, in: MDH, Art. 19 III, Anm. 38 sub c; für Gemeindeverbände ebd., Anm. 37; *Scheuner*, Gemeindeverfassung, S. 157; *Hempel*, S. 83 ff., 137; *H. H. Klein*, Festschrift Forsthoff, S. 177, 184; *Mronz*, S. 155 f.; *Ruland*, S. 12, Fußn. 68; a. A. *Korte*, S. 24; die Anerkennung eines eigenständigen „pouvoir municipal" läßt sich dem Grundgesetz nicht entnehmen; vgl. hierzu *Krüger*, Staatslehre, S. 865 f.; *Stern*, DÖV 1975, S. 516. Wenn die Gemeinde wegen ihrer vom Staat abgeleiteten Hoheitsgewalt und unter Leugnung eines qualitativen Unterschieds zwischen Staats- und Gemeindeaufgaben der sog. „mittelbaren Staatsverwaltung" zugerechnet wird (so *Forsthoff*, Lehrbuch, S. 470 ff., 524; *Isensee*, Subsidiaritätsprinzip, S. 240 ff.; *ders.*, VVDStRL 32 (1974), S. 96, Fußn. 118; *Mronz*, S. 160; *Ruland*, S. 12; a. A. *Gönnenwein*, S. 62 ff.; *Scholz*, S. 45, Fußn. 60; *Dehmel*, S. 65; *Sasse*, S. 37; zur begrifflichen Abgrenzung *Dehmel*, S. 59 ff.; *Mronz*, S. 159 ff.), so gibt dieser Begriff für die Frage der Zulässigkeit des Ausländerwahlrechts letztlich nichts her, weil er nicht mit einem einheitlichen Inhalt verwendet und dementsprechend auf Verbände mit heterogener Struktur bezogen wird; vgl. *Brandstetter*, S. 129 f.

B. Gemeinde und Staat 115

Nur unter Berücksichtigung dieser Voraussetzungen kann davon gesprochen werden, daß eine Selbstverwaltungskörperschaft wie die Gemeinde über eine eigene, vom Staatsvolk verschiedene Legitimationsquelle verfügt[8]. Der Grundsatz des Art. 20 II 1 GG wird also durch die besondere, örtlich verwurzelte Legitimation der Gemeinde nicht durchbrochen.

Wenn in Art. 28 I 2 GG die Gemeindevertretung ausdrücklich als eine Vertretung des „Volkes" in den Gemeinden bezeichnet und damit die Legitimationsfunktion dem Volk in den Gemeinden zugesprochen wird, so bedarf eine Umschreibung der gemeindlichen Legitimationseinheit, die stattdessen mit einem von dem des Volkes verschiedenen Begriff „der örtlichen Gemeinschaft aller Gemeindeangehörigen" operiert[9], besonderer Rechtfertigung.

b) Die örtliche Gemeinschaft

Die Bestimmung der örtlichen Gemeinschaft zur Legitimationsgrundlage der Gemeinde nimmt offensichtlich Bezug auf Art. 28 II GG. Dort wird der Umfang des Selbstverwaltungsrechts dahingehend umschrieben, den Gemeinden sei im Rahmen der Gesetze die eigenverantwortliche Regelung aller Angelegenheiten der örtlichen Gemeinschaft gewährleistet.

Der Definitionsbestandteil „alle Angelegenheiten der örtlichen Gemeinschaft" enthält nach herkömmlicher und vorherrschender Auffassung eine Zuständigkeitsregel, die den Gemeinden die Allzuständigkeit für alle Angelegenheiten zuweist, „die in der örtlichen Gemeinschaft wurzeln oder auf die örtliche Gemeinschaft einen spezifischen Bezug haben und von dieser örtlichen Gemeinschaft eigenverantwortlich und selbständig bewältigt werden können"[10]. Indem Art. 28 II GG so die Garantie kommunaler Selbstverwaltung als Garantie einer bestimmten kommunalen Zuständigkeit umreißt, zieht er zugleich die Grenzen seiner normativen Wirkung: er ist Kompetenznorm[11], nicht aber Legitimationsnorm.

Demgegenüber ist Art. 28 I 2 GG durch die Verwendung des Begriffes der Volksvertretung für das Vertretungsorgan der Gemeinde und seinen Gegenstand, die Wahlen zu Vertretungsorganen und die Aufstellung hierfür geltender Grundsätze, als typische Legitimationsnorm ausgewiesen.

---

[8] H. H. Klein, Festschrift Forsthoff, S. 177.
[9] So Sasse, S. 41, 43.
[10] BVerfGE 8, 122, 134; zum Begriff der Angelegenheiten der örtlichen Gemeinschaft und zur Allzuständigkeit vgl. Forsthoff, Lehrbuch, S. 530 ff.; Stern, BK, Art. 28 (Zweitbearb.), Anm. 86; Gönnenwein, S. 36; Dehmel, S. 106 ff.; Korte, S. 34 f.; W. Weber, S. 49 ff.; Niemeyer, S. 126.
[11] Vgl. Ossenbühl, Mitbestimmung, S. 25 ff.; Wiese, S. 27 („Aufgabengarantie").

Wäre Art. 28 II GG neben Art. 28 I 2 GG ebenfalls Legitimationsnorm, so bedürfte es der Klärung, in welchem Verhältnis die Begriffe „Volk" und „örtliche Gemeinschaft" in personeller Hinsicht zueinander stehen. Diese Frage wird im Schrifttum, soweit ersichtlich, nicht als Problem gesehen. „Volk in den Gemeinden" und „örtliche Gemeinschaft" werden wohl stillschweigend in personeller Hinsicht gleichgesetzt[12].

Die Verwendung zweier verschiedener Begriffe für denselben Legitimationssachverhalt stünde aber in Widerspruch zu der Genauigkeit, die das Grundgesetz ansonsten — auch außerhalb des Grundrechtsabschnitts — bei der Bezeichnung des Personenkreises, dem es bestimmte Rechte zuerkennt, auszeichnet[13]. Schon grundsätzlich wäre aber der Dualismus zweier Legitimationsnormen für dieselbe Körperschaft nicht einsichtig. Die Auslegung des Art. 28 I 2 GG als Legitimationsnorm und die des Art. 28 II GG als Kompetenznorm hingegen bringt beide in einen sinnvollen, funktionsaufteilenden Zusammenhang.

Als Kompetenznorm trifft Art. 28 II GG also nicht zugleich eine Bestimmung über die Legitimationsquelle des kommunalen Kompetenzträgers. Unmittelbar auf die Problematik des Ausländerwahlrechts bezogen bedeutet dies, daß mit der kompetenzrechtlichen Erfassung des Ausländers als Gemeindeeinwohner, wie sie durch den Begriff der örtlichen Gemeinschaft erfolgt, der — falls seine Personifizierung überhaupt möglich ist — nicht nur die Gemeindebürger, sondern alle Gemeindeeinwohner erfaßt, seine Einbeziehung in den kommunalen Legitimationszusammenhang verfassungsrechtlich weder ermöglicht noch verbürgt ist.

Eine Antwort kann insoweit nur in der Legitimationsnorm des Art. 28 I 2 GG gefunden werden. Damit ist die Frage nach dem Inhalt des dort gebrauchten Volksbegriffs in seiner Beziehung auf die Gemeinde gestellt.

c) Die Gemeinde und der Volksbegriff des Art. 28 I 2 GG

Die Dimensionen des Volksbegriffs in Art. 28 I 2 GG werden nicht nur durch den Bezug auf die Begrifflichkeit des Art. 20 GG, wie ihn die Funktion des Art. 28 GG als Homogenitätsvorschrift bedingt, sondern insbesondere auch dadurch abgesteckt, daß er in einen Zusammenhang mit drei verschiedenen Gebietskörperschaften gebracht wird.

Soweit der Begriff Volk sich auf die Länder bezieht, ist bereits festgestellt worden, daß er seine Substanz hier aus der Staatsqualität der Länder bezieht und insoweit mit dem Volksbegriff des Art. 20 II 1 GG übereinstimmt[14]: Er bezeichnet das egalitäre Staatsverbandsvolk der

---

[12] So offenbar *Gönnenwein*, S. 32 f. im Vergleich mit S. 249, 261; *Korte*, S. 42.
[13] Vgl. die Differenzierung zwischen „Bewohnern des Bundesgebietes" und Deutschen, Art. 25, 33 GG; dazu oben 1. Teil, 1. Abschnitt, 1. Kap. D. III. 6.

Länder, zu dem Ausländer, da sie die Bedingungen demokratischer Egalität nicht erfüllen, nicht gehören[15].

Wenn nach Art. 28 I 2 GG das Volk nicht nur in den Ländern, sondern auch in den Kreisen und Gemeinden eine Vertretung haben muß, so bedeutet diese territoriale Differenzierung zunächst, daß es sich nicht um eine Vertretung des in Art. 20 II 1, 28 I 2 GG angesprochenen gesamten Staatsvolks des Bundes bzw. eines Landes handelt.

Da in der Demokratie die Volksvertretung immer eine Vertretung derjenigen ist, aus denen die Aktivbürgerschaft hervorgeht, wird das gesamte Staatsvolk im Sinne von Art. 20 II 1, 28 I 2 GG nur auf der Ebene vertreten, auf der es die Vertretung selbst, durch die Aktivbürgerschaft (Art. 20 II 2, 33 I GG), wählen kann, nämlich durch den Bundestag bzw. die Landtage. Das gesamte Staatsvolk wird nicht durch das Vertretungsorgan jeder einzelnen unterstaatlichen Gebietskörperschaft erneut vertreten.

Daraus folgt, daß der Volksbegriff des Art. 28 I 2 GG nicht vollends mit dem des Art. 20 II 1 GG übereinstimmt, insofern nämlich, als er in Art. 28 I 2 GG differenziert wird und hier nicht nur das gesamte Staatsvolk des Landes, sondern auch ein Volk, das anderen unterstaatlichen territorialen Einheiten zugerechnet wird, bezeichnet.

Die territoriale Differenzierung des Volksbegriffs bedeutet also, daß die Volksvertretung im Sinne von Art. 28 I 2 GG in den Kreisen und Gemeinden eine Vertretung des Volkes ist, das zu diesen Gebietseinheiten in besonderer Beziehung steht, ihnen nach dem Wohnsitz angehört. Dem Staatsvolk in seiner Gesamtheit steht das Volk in den Gemeinden und Kreisen gegenüber.

Damit ist aber noch nicht gesagt, daß sich die Differenzierung des Volksbegriffs in Art. 28 I 2 GG auf den territorialen Aspekt beschränkt. Zu diesem Ergebnis muß man aber aufgrund der Überlegung kommen, daß die Technik der Differenzierung des Begriffes unter dem Aspekt der territorialen Zuordnung der bezeichneten Personeneinheit nur anwendbar ist, wenn der Begriff im übrigen dieselben einheitlichen Merkmale aufweist. Wird ein und derselbe Begriff gleichzeitig auf Menschen in ihrer Zuordnung zu verschiedenen Territorien bezogen, so widerspräche es sprachlicher Logik, wenn der Begriff nicht nur in territorialer, sondern, je nach Territorium, auch in personeller Hinsicht einen anderen Inhalt hätte. Wäre jedesmal ein anders abgegrenzter Personenkreis gemeint, so wäre die Verwendung desselben Begriffes unverständlich[16].

---

[14] Insofern trifft es zu, daß Art. 28 GG von demselben Volksbegriff ausgeht wie Art. 20 II GG (so *Leisner*, Diskussionsbeitrag, VVDStRL 32 [1974], S. 131).

[15] Vgl. oben 2. Teil, 1. Abschnitt, B. II.

[16] Für einen unterschiedlichen Begriffsinhalt je nach Territorium, auf das sich der Begriff Volk in Art. 28 I 2 GG bezieht, spricht auch nicht die unter-

Dies würde auch der schon hervorgehobenen Genauigkeit des Grundgesetzes bei der personellen Abgrenzung von Rechtsträgern widersprechen.

Umfaßt der Volksbegriff des Art. 28 I 2 GG in bezug auf die Länder das egalitäre Staatsverbandsvolk, wie es durch die Staatsangehörigkeit konstituiert wird, so ändert sich also diese seine personelle Komponente in bezug auf Kreise und Gemeinden nicht. Das Volk des Staatsverbandes wird in Art. 28 I 2 GG lediglich in territorialer Hinsicht nach Kreisen und Gemeinden gegliedert. Auf Kreis- und Gemeindeebene handelt es sich um Teile des (Landes-)Volkes[17].

Legitimationsquelle der Gemeinden im Selbstverwaltungsbereich sind damit die deutschen Gemeindeeinwohner[18].

3. Der gestufte demokratische Staatsaufbau

a) Die Staatshomogenität der Kommunen

Die Zuordnung der Gemeinde zur staatlichen Sphäre, wie sie in der vom Grundgesetz vorgenommenen Einordnung in den Verfassungsbereich der Länder bereits sichtbar geworden ist, findet in der Zuweisung der Legitimationsfunktion an den zum Gemeindegebiet gehörenden Teil des Staatsvolkes eine weitere und entscheidende Stütze. Indem das Grundgesetz das Prinzip der Volksvertretung auch auf die kommunalen Gebietskörperschaften überträgt und die demokratischen Wahlrechtsgrundsätze des Art. 38 I GG auch für die Kommunalwahlen verbindlich macht, stellt es die Gemeinden gerade nicht in einen Gegensatz zum Staat, sondern bezieht sie in den umfassenden Zusammenhang demokratischer Legitimation aller Hoheitsträger ein. Die Gemeinde verwirklicht in dieser Demokratie kein anderes politisches oder gesellschaftliches Prinzip[19], sondern bildet innerhalb des gestuften demokratischen Staatsaufbaus[20] die unterste Stufe. Die Einbeziehung der Kommunen unter das demokratische Prinzip bedeutet die Abkehr von einem rein zentralistischen Demokratieverständnis, das den Begriff der Demokratie nur mit

---

schiedliche Rechtsnatur von Ländern und Gemeinden (Staatsqualität der Länder). Die Zuordnung des Begriffes Volk sowohl zu Ländern wie zu Gemeinden deutet vielmehr die Stellung der Gemeinde als integraler Teil der Staatsorganisation an. Dazu noch unten B. III. 3.

[17] *Böckenförde*, Rechtsfragen, S. 34, Fußn. 47; *Püttner*, S. 50; *Obermayer*, S. 26; *Stern*, DÖV 1975, S. 516, spricht zutreffend von einer „gebietskörperschaftlich gegliederten Demokratie".

[18] Auch *Sasse* (S. 45) versteht im Ergebnis unter „Volk" in Art. 28 I 2 GG nur die deutschen Gemeindeeinwohner. Zu seiner entscheidenden These unten 5.

[19] *Scheuner*, Gemeindeverfassung, S. 151, 156 f.; ders., Neubestimmung, S. 6, 8, 29 f.; *W. Weber*, S. 63; *Stern*, DÖV 1975, S. 516.

[20] *Stern*, BK, Art. 28 (Zweitbearb.), Anm. 31, 70; *Scheuner*, Gemeindeverfassung, S. 158; *Gönnenwein*, S. 32, 247; *E. Becker*, Kommunalverwaltung, S. 75; *Isensee*, Subsidiaritätsprinzip, S. 242; *Püttner*, S. 49; *Obermayer*, S. 26.

B. Gemeinde und Staat

dem (Gesamt-)Staat verbindet. In dem Homogenitätsgebot, das der Gemeinde die gleiche demokratische Struktur auferlegt wie dem Staat, bekennt sich das Grundgesetz zur Vereinbarkeit von Selbstverwaltung und Demokratie[21].

Die Staatshomogenität der Kommunen erschöpft sich jedoch nicht in der Übernahme der (formalen) demokratischen Wahlrechtsprinzipien[22]. Sie ist, wie Art. 28 I 2 GG mit der Forderung einer Vertretung des „Volkes" in den Gemeinden deutlich macht, zugleich eine Homogenität der Träger der Demokratie. Die mit der Selbstverwaltung verbundene „örtliche Demokratie" rekrutiert ihre personelle Basis nicht anders als die staatliche Demokratie. Es sind dieselben Kräfte, die auf beiden Ebenen wirken[23].

Die Identität des volkssouveränen Staatsverbandes wird auf der untersten Stufe des demokratischen Staatsaufbaus nicht aufgegeben[24]. Nach der Demokratie und kommunale Selbstverwaltung verbindenden Konzeption des Grundgesetzes verwirklicht sich auch in der Gemeinde ein Stück Volkssouveränität[25]. Die Gemeinde ist zwar mit dem Staat nicht identisch, sie besitzt nicht Staatsqualität[26], sie ist nicht in die staatliche Hierarchie eingebaut. Durch Art. 28 GG ist sie jedoch in das staatliche Institutionengefüge, das System der Hoheitsträger eingegliedert[27] als eine Verwaltungseinheit, die sich zwar von der Hierarchie der staatlichen Verwaltung durch ihre rechtliche Autonomie und die besondere, örtlich verwurzelte Legitimation abhebt, die aber aufgrund ihrer vom Staat abgeleiteten Hoheitsgewalt und ihre Gründung auf die Trägerschaft territorial abgegrenzter Teile des Staatsvolkes „Staatsgewalt im weiteren Sinn" ist[28].

---

[21] *Stern*, BK, Art. 28 (Zweitbearb.), Anm. 46, 70; *Scheuner*, Gemeindeverfassung, S. 157 f.; *E. Becker*, HKWP I, S. 141; *ders.*, GR IV/2, S. 686 ff.; *Scholz*, S. 50 f.; *Niemeyer*, S. 127, 153; *Wiese*, S. 36; *Obermayer*, S. 26; differenzierend *Forsthoff*, Lehrbuch, S. 536, 551.
[22] So *Sasse*, S. 48.
[23] *Scheuner*, Gemeindeverfassung, S. 152; *von Unruh*, S. 19; die Zulässigkeit des Kommunalwahlrechts für Ausländer schon nach geltender Verfassung kann nicht damit begründet werden, daß „das Demokratiegebot von Art. 28 Abs. 1 GG bereits herkömmlich anders verstanden" werde als im staatlichen Bereich (so *Schleberger*, S. 598); dies ist mißverständlich; der Unterschied zum Staat besteht nämlich allein darin, daß in der Gemeinde nicht ein strenges Repräsentativmodell durchgeführt ist, sondern verstärkt plebiszitäre Elemente vorhanden sind; vgl. *Ossenbühl*, Mitbestimmung, S. 42 ff., 82; die Auslegung des Volksbegriffs in Art. 28 I 2 GG ist davon unberührt.
[24] *Isensee*, VVDStRL 32 (1974), S. 96; *Leisner*, Diskussionsbeitrag, VVDStRL 32 (1974), S. 131.
[25] Die Wahl der Gemeindevertretung sehen als Anwendungsfall der Volkssouveränität: *Gönnenwein*, S. 275 f.; *Stern*, BK, Art. 28 (Zweitbearb.), Anm. 46 f., 50; *Behrend*, S. 377; BVerfGE 8, 122, 132; *Korte*, S. 23 f.; a. A. *Sasse*, S. 47.
[26] *Ossenbühl*, Mitbestimmung, S. 29; *Stern*, DÖV 1975, S. 518.
[27] *Dürig*, in: MDH, Art. 19 III, Anm. 38; *Korte*, S. 7; *Isensee*, Subsidiaritätsprinzip, S. 155, 242; *Fuß*, S. 742; *Mronz*, S. 156.
[28] BVerfGE 8, 122, 132.

Die gemeindliche Demokratie wirkt im gestuften Staatsaufbau des Grundgesetzes im Sinne einer Dezentralisation, welche die örtlichen Kräfte des Staatsvolkes mit ihrer größeren Sachnähe und besseren Kenntnis der zu regelnden Angelegenheiten für die Verwaltung nutzbar macht, ihre demokratische Integration auf das Staatsganze hin hierdurch fördert und gleichzeitig eine Art (vertikaler) Gewaltenteilung herbeiführt[29].

Wirkt in der Gemeinde nach Art. 28 I 2 GG der Gedanke der Volkssouveränität, wobei es sich hier also — mit Ausnahme der territorialen Unterscheidung — nicht um ein anders abgegrenztes Volk als auf staatlicher Ebene handelt, so kommt es für die Frage der Mitwirkung von Ausländern bei der gemeindlichen Willensbildung nicht darauf an, daß infolge des auf die örtlichen Angelegenheiten begrenzten Aufgabenbereiches der Gemeinde in ihr über Angelegenheiten, die nur den Gesamtstaat betreffen und daher in dessen Kompetenzbereich fallen (Verteidigungsfragen, Wehrpflicht z. B.), nicht entschieden wird und die Ungleichheit zwischen Inländer- und Ausländerstatus, die sich wesentlich aus dem Verhältnis zum Gesamtstaat herleitet, auf unterstaatlicher Ebene nicht sichtbar wird[30]. Die Einordnung der Gemeinde in die Stufenfolge demokratischer Integration innerhalb des Staatsverbandes bedingt es, daß der Maßstab demokratischer Egalität auf der Gemeindeebene kein anderer ist als auf der Ebene des (Gesamt-)Staatsverbands.

Die Gemeinde kann nicht als isolierter Verband gesehen werden. Die grundrechtlich dem Deutschen gewährte Freizügigkeit innerhalb des Bundesgebiets, die es ihm scheinbar ermöglicht, sich den Folgen von ihm mitbestimmter gemeindlicher Entscheidungen zu entziehen, ist mit der Ausreisefreiheit des Ausländers nicht vergleichbar, weil der Deutsche dem gesamtstaatlichen Verband verhaftet bleibt[31].

b) Gemeindebürgerschaft und Staatsbürgerschaft

Mit der Zuweisung der den Selbstverwaltungsbereich der Gemeinde betreffenden Entscheidungsgewalt an die Mitglieder des Staatsvolks, die der Gemeinde angehören, bestimmt das Grundgesetz in Art. 28 I 2 GG zugleich, daß die Gemeindebürgerschaft die Staatsbürgerschaft voraus-

---

[29] *Stern*, BK, Art. 28 (Zweitbearb.), Anm. 70; *ders.*, DÖV 1975, S. 516; *Scheuner*, Gemeindeverfassung, S. 157 ff., 163; *ders.*, Neubestimmung, S. 6, 9, 15 ff., 30; *Gönnenwein*, S. 33; *Pagenkopf*, S. 37; *Isensee*, Subsidiaritätsprinzip, S. 251 f.; *Korte*, S. 7, 9 ff.; *Wiese*, S. 42 ff.; *von Unruh*, S. 20; *H. H. Klein*, Festschrift Forsthoff, S. 175.

[30] Das Argument, auf Gemeindeebene gebe es keine „Unentrinnbarkeit" des Staatsangehörigen, wird zugunsten des Kommunalwahlrechts für Ausländer angeführt von *Kewenig*, Diskussionsbeitrag, VVDStRL 32 (1974), S. 109; *Zuleeg*, Diskussionsbeitrag, VVDStRL 32 (1974), S. 111 und DVBl. 1974, S. 349; *Sasse*, S. 48; zweifelnd *Schleberger*, S. 599.

[31] *Isensee*, VVDStRL 32 (1974), S. 93 f., Fußn. 111 und S. 114.

setzt. Die Gemeindebürgerschaft ist gegenüber der Staatsbürgerschaft kein „aliud"[32] wie die Mitgliedschaft in zwei verschiedenen Vereinen, sondern ein Ausschnitt aus ihr, der sich mit den Kategorien des plus oder minus nicht erfassen läßt, weil es weder eine von der Staatsbürgerschaft isolierte Gemeindebürgerschaft noch das Umgekehrte gibt[33].

In Art. 28 I 2 GG ist die sogenannte Einwohnergemeinde vorgeschrieben, wie sie schon im Laufe des späteren 19. Jahrhunderts gefordert und in Art. 17 II WRV erstmals verfassungsrechtlich verankert war[34]. Die Forderung der Einwohnergemeinde richtete sich gegen den ständischen Bürgerbegriff, nach dem das Gemeindebürgerrecht und die von ihm abhängigen Rechte an Besitz oder einen Zensus geknüpft waren[35], und strebte stattdessen die Verbindung des Gemeindebürgerrechts mit einem von ständisch-sozialen Privilegien befreiten allgemeinen Staatsbürgerrecht an. Auf ausländische Gemeindeeinwohner bezog sie sich prinzipiell nicht, nicht nur deswegen nicht, weil damals der Ausländeranteil an der Gemeindebevölkerung nicht so hoch war wie heute[36]. Die Zahl der in Deutschland lebenden Ausländer war damals immerhin schon so hoch[37], daß man, wäre wirklich die umfassende Einwohnergemeinde im Sinne des heutigen Einwohnerbegriffs gewollt gewesen, diese nicht hätte übergehen können.

Der heute von den Gemeindeordnungen verwendete Begriff des Gemeindebürgers entspricht also der Forderung der Einwohnergemeinde[38].

4. Gemeinde und gesellschaftliche Organisationsformen

Mit der vorstehenden Interpretation des Art. 28 I 2 GG ist auch die Stellung der kommunalen Selbstverwaltung im Koordinatensystem von Staat und Gesellschaft dargelegt. Werden die Funktionsbereiche von Staat und Gesellschaft durch die Grundrechte abgesteckt[39], so kann die Gemeinde dem gesellschaftlichen Bereich nicht zugeordnet werden. Sie ist eine politische Lebensform[40], die mit dem Staat den umfassenden

---

[32] So *Sasse*, S. 49 ff.
[33] Die (unterschiedliche) Aufenthaltsdauer, die die Gemeindeordnungen den Staatsbürgern als Voraussetzung der Teilnahme an den Gemeindewahlen vorschreiben, ist für das Verhältnis von Gemeindebürgerschaft zu Staatsbürgerschaft nicht entscheidend, da sie nur den Zweck hat, die Kenntnis der Verhältnisse im Wahlgebiet sicherzustellen.
[34] *Gönnenwein*, S. 69.
[35] *Gönnenwein*, S. 68 ff.
[36] A. A. offenbar *Sasse*, S. 50.
[37] Vgl. 1. Teil, 2. Abschnitt, Fußn. 11.
[38] *Gönnenwein*, S. 70.
[39] Vgl. oben unter B. I.
[40] *Gönnenwein*, S. 249; *Scheuner*, Neubestimmung, S. 10, 31, 40; *Scholz*, S. 45 mit umfangreichen Nachweisen in Fußn. 59, S. 50 ff.

Wirkungskreis und die Gebietshoheit, d. h. die Einbeziehung aller Bewohner eines bestimmten Gebietes gemeinsam hat[41]. Sie legitimiert sich wie der Staat aus einer (staatshomogenen) Personenallgemeinheit[42], einem gebietsmäßig abgegrenzten Teil des Staatsvolkes, ist aber nicht grundrechtlich ermöglichte „legitime Besonderheit"[43], wie sie Kennzeichen gesellschaftlicher Formationen und Grundlage des gesellschaftlichen Pluralismus ist.

Die sonstigen Formen von Selbstverwaltung gründen sich nicht auf eine Gesamtheit, sondern repräsentieren nur bestimmte Interessen, beziehen nur einen bestimmten, funktional abgegrenzten Teil der Allgemeinheit ein und unterscheiden sich hierdurch, auch wenn sie partiell Hoheitsfunktionen wahrnehmen, wesentlich von der kommunalen Selbstverwaltung[44]. Dieser Unterschied wird übersehen, wenn die Gemeinde, um die Forderung nach Beteiligung der Ausländer an der örtlichen Willensbildung zu stützen, in eine Reihe mit den Universitäten[45], der beruflichen und sozialen Selbstverwaltung[46], Vereinen, Gewerkschaften und politischen Parteien[47] gestellt wird.

Das Mitwirkungsrecht der akademischen Mitglieder der Universität beruht auf dem Grundrecht der Wissenschaftsfreiheit (Art. 5 III GG), soweit dessen personelle Geltung reicht, im übrigen auf dem Grundrecht auf freie Wahl der Ausbildungsstätte (Art. 12 GG), rechtfertigt sich also aus einer bestimmten gesellschaftlichen Funktion, die den Universitätsmitgliedern gemeinsam ist, nicht aber aus der Allgemeinheit des Staatsvolkes oder gebietsmäßig abgegrenzter Teile von ihm[48]. Soweit der Ausländer an diesen Grundrechten teilhat, müssen ihm daher die gleichen Mitwirkungsrechte eingeräumt werden[49].

Dies gilt entsprechend für die berufliche und soziale Selbstverwaltung[50] und ebenso für die Vereine und Gewerkschaften, die ihre Existenz

---

[41] *Peters*, S. 55 f.; *Krüger*, Staatslehre, S. 866; *Gönnenwein*, S. 4; *Pagenkopf*, S. 38; *Scheuner*, Neubestimmung, S. 10; *Isensee*, Subsidiaritätsprinzip, S. 240.

[42] *Böckenförde*, Rechtsfragen, S. 34, Anm. 47; *H. H. Klein*, Festschrift Forsthoff, S. 183.

[43] Zit. *Krüger*, Staatslehre, S. 350; ähnlich *Isensee*, Subsidiaritätsprinzip, S. 254.

[44] Dieser Unterschied wird hervorgehoben von: *Peters*, S. 56; *Scheuner*, Neubestimmung, S. 10; *W. Thieme*, AfK 1963, S. 192; *Scholz*, S. 51 f.; *Isensee*, Subsidiaritätsprinzip, S. 155, 252; ders., VVDStRL 32 (1974), S. 96 f.; *Böckenförde*, Rechtsfragen, S. 34, Anm. 47; *H. H. Klein*, Festschrift Forsthoff, S. 183; *Hamann / Lenz*, Art. 80, B 3 b, S. 546.

[45] So *Dolde*, Ausländer, S. 87; *Sasse*, S. 52; *Ruland*, S. 13 (bezüglich mittelbarer Staatsverwaltung im allgemeinen).

[46] *Sasse*, S. 48 f.; *Ruland*, S. 13 (wie Fußn. 45).

[47] *Sasse*, S. 51.

[48] *Isensee*, VVDStRL 32 (1974), S. 85, 97.

[49] *Isensee*, VVDStRL 32 (1974), S. 85, 97.

[50] Die öffentlich-rechtliche Rechtsform (Körperschaft des öffentlichen Rechts) ist für die Einordnung in die Kategorien von Staat und Gesellschaft

der grundrechtlich gesicherten Vereins- und Koalitionsfreiheit ihrer Mitglieder verdanken[51].

Auch die politischen Parteien haben grundrechtliche Wurzeln (Art. 9 I GG) und stehen dem Ausländer, soweit er Träger des Grundrechts sein kann, offen. Dementsprechend läßt § 2 III des Gesetzes über die politischen Parteien vom 24. 7. 1967 (BGBl. I, S. 773) die Parteimitgliedschaft von Ausländern zu. Nach den Satzungen von SPD, FDP und DKP können Ausländer Parteimitglieder werden[52]. Aus der besonderen Funktion der Parteien, der Mitwirkung bei der politischen Willensbildung des Staatsvolkes (Art. 21 I GG), ergeben sich jedoch verfassungsrechtliche Grenzen ihrer Mitgliedschaftsbefugnisse insoweit, als durch Parteientscheidungen bereits die Willensentschließung des Staatsvolkes präjudiziert wird[53].

Für die Einordnung „organisierter Wirkeinheiten"[54] in den Funktionsbereich von Staat und Gesellschaft ist nicht der tatsächliche Gegenstand der von ihnen erbrachten Leistungen, sondern ihre Legitimation maßgebend. Es kommt daher nicht darauf an, daß gesellschaftliche Verbände wie zum Beispiel Kirchen, Sozialversicherungsträger oder Gewerkschaften heute Leistungen anbieten können, die in ihrer „existenziellen" Bedeutung an die Leistungen des Sozialstaats und seines Exponenten, der Gemeinde, heranreichen können bzw. sich nicht von ihnen unterscheiden[55]. Entscheidend ist, daß sich die Gemeinde nach Art. 28 I 2 GG aus der Personenallgemeinheit des zum Gemeindegebiet gehörenden Teils des Staatsvolkes, also demokratisch legitimiert, während sich die ande-

---

ohne Aussagewert, dies verdeutlicht besonders gut das Beispiel der Kirchen; vgl. *Isensee*, Subsidiaritätsprinzip, S. 156.

[51] Zu den Berufskammern als Mischgebilden mittelbarer Staatsverwaltung und gesellschaftlicher Selbstverwaltung vgl. *Brandstetter*, S. 76 f.

[52] Vgl. die Nachweise bei *Henkel*, Integration, S. 92, Fußn. 5 und 8.

[53] § 22 I BWahlG folgt einem Verfassungsgebot, indem er Ausländer von der Beteiligung an der Nominierung der Wahlbewerber einer Partei ausschließt; vgl. *Isensee*, VVDStRL 32 (1974), S. 98 mit Fußn. 124; *Henkel*, Integration, S. 92.

[54] Begriff von *Böckenförde*, Unterscheidung, S. 22, 24 f.; nach *Heller*, Staatslehre, z. B. S. 228.

[55] Hierauf stellt *Sasse*, S. 49, ab, um dann die kommunale Selbstverwaltung auf einen Nenner mit Sozialversicherung, Gewerkschaft und Betrieben (!) bringen zu können; das Kommunalwahlrecht für Ausländer läßt sich nach geltendem Verfassungsrecht nicht mit der sozialstaatlichen Kompetenz der Gemeinde im Bereich der „Daseinsvorsorge" begründen, da eine solche auch dem Staat insgesamt zukommt. Überhaupt ist das Kriterium der „Daseinsvorsorge" in diesem Zusammenhang unbrauchbar, da es die Gemeinde weder vom Staat noch von privaten Organisationen oder privaten Einzelnen unterscheidet. Berechtigt ist aber die rein tatsächliche Feststellung von *W. Thieme*, AfK 1963, S. 191 f. und *Laux*, S. 225, die darauf hinweisen, der Bürger sei heute in stärkerem Maße Verbandsbürger als Gemeindebürger; es komme ihm im Endeffekt nur auf den Empfang der (Versorgungs-)Leistungen an, nicht darauf, wer sie erbringe; ähnlich *von Unruh*, S. 21.

ren Verbände grundrechtlich legitimieren[56]. Die Legitimation dieser Verbände ist gerade keine demokratische[57] im Sinne des Grundgesetzes, sondern folgt allenfalls „demokratischen Grundsätzen"[58].

Die Gemeinden sind demgegenüber als Stufe im demokratischen Staatsaufbau vom Staat nicht grundrechtlich abgesetzt[59], auch wenn sie durch eine verfassungskräftige institutionelle Garantie gegenüber der staatlichen Verwaltungshierarchie eine Sonderstellung einnehmen. Sie sind auch nicht Sachwalter von Grundrechten ihrer Bürger[60]. Sie sind daher keine gesellschaftlichen Gebilde, sondern stehen als grundrechtsgebundene und vom (Teil-)Volk legitimierte Hoheitsträger auf der Seite des Staates, an dessen spezifischen Funktionen, die ihn qualitativ von gesellschaftlichen Wirkeinheiten unterscheiden, nämlich Gewaltmonopol und Rechtsetzungsmonopol[61], sie partizipieren[62].

Mit dieser Feststellung soll die Nähe und Brückenfunktion zum gesellschaftlichen Bereich, die der Gemeinde als Element dezentralistischer Staatsorganisation zukommt[63], nicht geleugnet werden.

Wird dagegen der Gemeinde ein „gesellschaftlich-politisches Mandat" zugesprochen, so liegt dem ein anderer Gesellschaftsbegriff zugrunde,

---

[56] *Isensee*, VVDStRL 32 (1974), S. 96 f.; ebenso schon *ders.*, Subsidiaritätsprinzip, S. 240 ff., 252, 260; allgemein zur Frage der Grundrechtsfähigkeit juristischer Personen des öffentlichen Rechts vgl. *Dürig*, in: MDH, Art. 19 III, Anm. 30 ff.; *Brandstetter*, S. 75 ff. m. w. N.

[57] So aber *Sasse*, S. 48; sein Argument, die Grenze zwischen wirtschaftlicher und kommunaler Selbstverwaltung sei eine in verschiedenen politischen Systemen unterschiedlich gelöste Angelegenheit der politischen Opportunität, was sich anhand der verschiedenen Regelungen in Westeuropa nachweisen lasse, zieht deshalb nicht, weil für eine verfassungsrechtliche Untersuchung nur das konkrete politische System, das die Verfassung konstituiert, nicht aber das anderer Staaten interessiert. Wie *Sasse* auch *Zuleeg*, DVBl. 1974, S. 349. Der Begriff „demokratische Legitimation" wird im Sinne des Textes gebraucht von *Böckenförde*, Rechtsfragen, S. 34, Anm. 47 und sinngemäß von *Isensee*, VVDStRL 32 (1974), S. 96.

[58] Vgl. in diesem Zusammenhang die Formulierung des Art. 21 I 3 GG, der deutlich zwischen demokratischer Legitimation (wie sie auch die Parteien nicht aufweisen, da sie sich nicht aus der Personenallgemeinheit des Staatsvolkes oder eines gebietsmäßig abgegrenzten Teiles desselben legitimieren) und verbandsinterner Struktur nach „demokratischen Grundsätzen" unterscheidet; widersprüchlich hierzu *Püttner*, S. 53.

[59] Vgl. *Bull*, S. 98.

[60] *Dürig*, in: MDH, Art. 19 III, Anm. 38.

[61] Vgl. *Böckenförde*, Unterscheidung, S. 30 f.

[62] Den gesellschaftlichen Charakter der Gemeinde verneinen: *Scheuner*, Gemeindeverfassung, S. 151 f., 156 ff.; *ders.*, Neubestimmung, S. 3 ff., 6 ff., 29 f.; *Isensee*, VVDStRL 32 (1974), S. 96 mit Fußn. 118; *ders.*, Subsidiaritätsprinzip, S. 242 mit Fußn. 77; *Fuß*, S. 741; *Korte*, S. 7; *Bull*, S. 51; *Stern*, DÖV 1975, S. 516; a. A. *Salzwedel*, VVDStRL 22 (1963), S. 222 ff., 233, 255 ff.

[63] Dezentralisation der Staatsorganisation erscheint als Klammer von Staat und Gesellschaft bei *Isensee*, Subsidiaritätsprinzip, S. 256; ähnlich *Scholz*, S. 52 m. w. N.

B. Gemeinde und Staat 125

der sein Korrelat in einem zentralistischen Staatsbegriff findet. Gesellschaft ist dann schon alles, was sich nicht aus dem Staatsvolk in seiner Gesamtheit herleitet; die Gemeinde verwirklicht dann schon deshalb ein gesellschaftliches Prinzip, weil sie nicht in der staatlichen Verwaltungshierarchie steht[64]. Ein solcher Gesellschaftsbegriff vermag jedoch den entscheidenden Unterschied der Legitimationsgrundlage, nämlich den Unterschied zwischen demokratischer und grundrechtlicher Legitimation, der nach der Verfassung zwischen kommunaler und sonstiger Selbstverwaltung, Gemeinden und Vereinen sowie Koalitionen besteht, nicht zu erfassen.

5. Art. 28 I 2 GG als „demokratische Mindestverbürgung"?

Mit der aktuellen Verfassungsposition der Gemeinde als die unterste Stufe im demokratischen Staatsaufbau, die von dem zum Gemeindegebiet gehörenden Teil des Staatsvolkes getragen wird, steht die oben[65] bereits dargelegte Auslegung des Art. 28 I 2 GG im Sinne einer Mindestverbürgung demokratischer Vertretung zugunsten der deutschen Gemeindeeinwohner[66] nicht in Einklang, da sie auf der nicht haltbaren Prämisse einer gesellschaftlichen Natur der kommunalen Selbstverwaltung beruht und das Wesen demokratischer Vertretung verkennt.

In Art. 28 I 2 GG wird entsprechend der grundgesetzlichen Konzeption der staatshomogenen „örtlichen Demokratie" der spezifisch demokratische Begriff der Volksvertretung gebraucht. Hiermit ist nicht nur der Vorgang politischer Vertretung im Sinne von Repräsentation, sondern zugleich das Organ bezeichnet, in dem diese Repräsentation stattfindet. Volk und Vertretung stehen sich auch auf Gemeindeebene als repräsentierte Einheit und Repräsentant im Sinne demokratischer Repräsentation gegenüber[67]. Dieser von der Verfassung vorgesehene Repräsentationszusammenhang wäre aufgehoben, wenn die zu repräsentierende Einheit um die Ausländer erweitert würde: Die Kommunalvertretung wäre keine Volksvertretung mehr, sobald Personen, die nicht zum Volk gehören, Einfluß auf ihre Zusammensetzung hätten[68].

Wie auf der staatlichen Ebene läßt sich auch in der Gemeinde die Herrschaftszuständigkeit nicht ausdehnen, ohne daß damit die Herrschaft der hierzu verfassungsmäßig eingesetzten Personeneinheit geschmälert, d. h. aufgehoben wird. Eine Mindestverbürgung als eine Art verfassungsrechtliches Günstigkeitsprinzip ist mit demokratischer Herrschaftszu-

---

[64] So *Sasse*, S. 37, 41 ff., 51, 60; unklar *Scholz*, S. 44, 50, 52 f.
[65] Vgl. 3. Teil, 1. Abschnitt, A.
[66] *Sasse*, S. 45, 60.
[67] Dem steht nicht entgegen, daß die Gemeindevertretung nicht Parlament, sondern Organ der Verwaltung ist; vgl. *Forsthoff*, Lehrbuch, S. 551.
[68] Vgl. oben 1. Teil, 1. Abschnitt, 1. Kap., C. I.

ständigkeit nicht vereinbar, weil sie notwendig zu deren qualitativer Veränderung führt[69].

Mit der Zuweisung der Legitimationsfunktion an das Volk in den Gemeinden sind hiervon alle nicht zum Volk gehörenden Personen ausgeschlossen.

Der Hinweis auf Art. 33 I GG[70] ändert hieran nichts, weil diese Norm selbst, soweit sie die staatsbürgerlichen Rechte im engeren Sinn (status activus) betrifft, wegen ihres Zusammenhanges mit Art. 20 II 1 GG nicht im Sinne einer „Mindestverbürgung" gedeutet werden kann[71].

Auch das Argument, Art. 28 I GG habe als Homogenitätsklausel lediglich rahmensetzenden Charakter[72], trägt dessen Interpretation als Mindestverbürgung nicht. Es trifft zwar zu, daß die Homogenitätsklausel von ihrer Zielsetzung her einer Gestaltung der Verfassungsordnung der Länder und Gemeinden, die hinsichtlich der Ausformung des demokratischen Prinzips Differenzierungen vornimmt, d. h. „demokratischer" ist als die des Bundes, nicht entgegensteht[73]. Sie stellt insoweit nur die demokratischen Mindestanforderungen auf.

Die Möglichkeiten, an die hierbei gedacht ist, liegen zum Beispiel in der Verstärkung des plebiszitären Elements, also einem Mehr an unmittelbarer Demokratie durch Volksabstimmungen, oder in der Ausweitung des allgemeinen Wahlrechts durch Herabsenkung des Wahlalters[74].

Den Ländern steht es nach geltender Verfassung also frei, sich in ihrem Bereich dem demokratischen Ideal der Identität von Regierenden und Regierten noch mehr zu nähern, die Herrschaft des Volkes unmittelbarer zu realisieren, nicht jedoch Personen, die nicht zum Staatsverband gehören, Herrschaftsrechte einzuräumen und dadurch die Identität des Staatsverbandes aufzuheben.

C. Die Regelungen der Länderverfassungen

In den Bestimmungen der Landesverfassungen, die die kommunalen Vertretungsorgane zum Gegenstand haben, findet sich kein ausdrücklicher Wahlrechtsvorbehalt zugunsten der deutschen Gemeindeeinwohner. Lediglich Art. 12 I der bayerischen und Art. 50 I der rheinlandpfälzischen Verfassung verweisen für die Kommunalwahlen auf die

---

[69] Vgl. oben 2. Teil, 1. Abschnitt, B. III.
[70] *Sasse*, S. 45.
[71] Dazu oben 2. Teil, 1. Abschnitt, B. III.
[72] *Sasse*, S. 45.
[73] Vgl. *Stern*, BK, Art. 28 (Zweitbearb.), Anm. 22, 54 f.; *Maunz*, in: MDH, Art. 28, Anm. 5.
[74] *Maunz*, in: MDH, Art. 28, Anm. 11 - 14.

C. Die Regelungen der Länderverfassungen 127

Grundsätze für die Landtagswahlen. Die in Bezug genommenen Vorschriften führen nicht nur die Grundsätze der allgemeinen, unmittelbaren, gleichen, freien und geheimen Wahl auf, sondern gewähren das (Landtags-)Wahlrecht ausdrücklich nur Deutschen.

Da Art. 28 I 2 GG gemäß Art. 31 GG auch Landesverfassungsrecht vorgeht und eventuell entgegenstehende Bestimmungen der Landesverfassung verdrängt, ist die Verleihung des Kommunalwahlrechts an Ausländer dem Landesgesetzgeber auch nach Landesverfassungsrecht nicht gestattet.

Fraglich kann nur sein, ob überhaupt abweichendes Landesverfassungsrecht vorhanden ist.

Dies wäre der Fall, wenn die erwähnten Art. 12 I BayVerf und Art. 50 I RhPfVerf den Ausländer vom Kommunalwahlrecht nicht ausschließen, sondern lediglich dieses Recht allen Deutschen, im Unterschied zu Landesangehörigen in einem engeren Sinn, verbürgen wollten, also eine Mindestverbürgung enthielten.

Dies wird in der Literatur[1] mit der Begründung angenommen, die genannten Bestimmungen seien — offenbar insbesondere wegen ihres Aufbaus mit der Verweisungstechnik — Art. 17 WRV nachgebildet. Dieser enthielt in Absatz 1, ähnlich wie heute Art. 28 I GG, Vorschriften über die Gestaltung der Länderverfassungen; neben den bekannten Wahlrechtsgrundsätzen war festgelegt, daß die Landesvolksvertretung von allen im Lande wohnenden Reichsdeutschen gewählt werden mußte. In Art. 17 II WRV wurde dann ausgesprochen, daß die Grundsätze für die Wahlen zur Volksvertretung auch für die Gemeindewahlen gelten sollten. Mit der Hervorhebung des Landtagswahlrechts aller Reichsdeutschen habe Art. 17 WRV — und entsprechend der auf ihn verweisende Art. 17 II WRV — ausschließlich ein Verbot der Diskriminierung nach innerdeutscher Landesangehörigkeit ausgesprochen, nicht aber Staatsfremde vom Wahlrecht ausschließen wollen. Wegen des entstehungsgeschichtlichen Zusammenhanges müsse Entsprechendes für Art. 12 I BayVerf und Art. 50 I RhPfVerf gelten.

Diese Auffassung beruht auf einer unzutreffenden Auslegung des Art. 17 WRV und übersieht den bundesstaatlichen Rahmen der beiden Landesverfassungen.

Art. 17 WRV kann nicht ausschließlich als innerdeutsches Diskriminierungsverbot, sondern muß wegen seines Zusammenhanges mit Art. 1 II WRV auch als Abgrenzungsnorm gesehen werden. Indem er alle in einem Land wohnenden Reichsdeutschen den Landesangehörigen (d. h. den Staatsangehörigen im Sinne des RuStG) gleichstellt, nimmt er eine Neubestimmung des egalitären Staatsverbandsvolkes der Länder vor, von

---
[1] *Sasse*, S. 34 ff.

dem nach Art. 1 II WRV die Staatsgewalt in den Ländern ausgeht[2]. Art. 17 WRV schließt in Verbindung mit Art. 1 II WRV also Ausländer aus. Für ihn gilt dasselbe wie für Art. 33 I, 20 II GG[3].

Die beiden Landesverfassungen setzen, ebenso wie alle anderen Landesverfassungen, den bundesstaatlichen Zusammenschluß voraus. Dieser ist Verfassungsbestandteil. Die Ausdehnung der Wahlberechtigung auf alle im Lande wohnenden Deutschen trägt ihm und Art. 33 I GG Rechnung. Ohne den bundesstaatlichen Zusammenschluß und das von ihm begründete gemeinsame Indigenat des Art. 33 I GG wären die Aktivbürgerrechte auf Landesangehörige im engeren Sinn[4] beschränkt. Bei einer demokratischen Verfassung der Bundesländer könnten hierzu Ausländer mangels demokratischer Egalität nicht gehören.

Die Verweisungen in Art. 12 I BayVerf und Art. 50 I RhPfVerf setzen diese Zusammenhänge voraus und schließen daher ebenso wie Art. 28 I 2 GG Ausländer vom Kommunalwahlrecht aus.

Im übrigen kann hinsichtlich der Annahme einer Mindestverbürgung auf die entsprechenden Ausführungen zu Art. 28 I 2 GG verwiesen werden[5].

D. Ergebnis

Art. 28 I GG läßt die gesetzliche Übertragung des Kommunalwahlrechts an Ausländer nicht zu.

Dies gilt für das aktive Wahlrecht und — entsprechend den Regeln demokratischer Repräsentation analog zur Verfassungsrechtslage für die Bundes- und Landesebene — auch für das passive Wahlrecht[6].

---

[2] Zur Geltung des Art. 1 II WRV für die Länderstaatsgewalt vgl. *Anschütz*, Anm. 3 zu Art. 1, S. 38 f.; *Liermann*, S. 176.

[3] Dazu oben 2. Teil, 1. Abschnitt, B. III.

[4] Die Länder müßten dann formell eine eigene Staatsangehörigkeit einführen (vgl. Art. 74 Nr. 8 GG).

[5] Vgl. oben B. III. 5.

[6] Für die Gemeindeebene wird dies durch Art. 28 I 3 GG verdeutlicht: Danach kann in (kleinen) Gemeinden an die Stelle einer gewählten Körperschaft die Gemeindeversammlung treten, in der alle aktiv Wahlberechtigten unmittelbar die Sachentscheidungen treffen. Wird wegen der Größe einer Gemeinde die Wahl einer Vertretungskörperschaft notwendig, so kann dies nicht das passive Wahlrecht von Personen, die verfassungskräftig vom aktiven Wahlrecht ausgeschlossen sind, begründen; ebenso *Ruland*, S. 13.

2. Abschnitt

Zulässigkeit der Verleihung des Kommunalwahlrechts an Ausländer de Constitutione ferenda

Einer Verfassungsänderung, die es ermöglicht, Ausländern das Kommunalwahlrecht einzuräumen, könnte Art. 79 III GG nur insofern entgegenstehen, als er das zu den Grundsätzen des Art. 20 GG gehörende demokratische Prinzip absolut schützt.

Für die Unzulässigkeit einer derartigen Verfassungsänderung müßte, da der Kern des demokratischen Prinzips von Art. 20 II 1 GG umschrieben wird, der Nachweis erbracht werden, daß die Mitwirkung von Ausländern bei der Gemeindewahl gegen den Grundsatz, daß alle Staatsgewalt vom Volk ausgehe, verstieße.

Das Ergebnis hängt von der Bedeutung des Art. 20 II 1 GG ab. Nach den bisherigen Überlegungen bezieht sich dieser Satz auf das (gesamte) Staatsvolk des Bundes oder eines Landes und bestimmt, daß jegliche Ausübung hoheitlicher Gewalt auf die Legitimation durch dieses Volk, d. h. im Selbstverwaltungsbereich der Gemeinden wegen ihrer Zuordnung zum Verfassungsbereich der Länder letztlich auf die Legitimation des Landesvolkes, zurückführbar sein müsse. Dieser Inhalt des Art. 20 II 1 GG erlaubt zunächst die Feststellung, daß die Existenz von Gemeinden als örtlichen Selbstverwaltungsträgern mit Entscheidungskompetenzen des zum Gemeindegebiet gehörenden Teiles des Staatsvolkes nicht durch Art. 20 II 1 GG vorgeschrieben ist. Dies erfolgt vielmehr allein durch Art. 28 GG. Dementsprechend genießt die Existenz von Gemeinden nicht den Schutz des Art. 79 III GG. Dies ergibt sich auch aus Art. 79 III GG selbst insofern, also dort nur die Gliederung des Bundes in Länder, nicht aber die weitere Untergliederung der Länder der Verfassungsänderung entzogen und Art. 28 I 2 und II GG als die Verfassungsgrundlagen der Gemeinden nicht erwähnt sind[1].

Die gemeindliche Selbstverwaltung ist in ihrem Kernbereich nur vor dem Gesetzgeber, nicht vor dem Verfassungsgesetzgeber geschützt.

Der Grundsatz der Demokratie im Sinne von Art. 20, 79 III GG wäre also nicht berührt, wenn durch Verfassungsänderung eine zentralistische Demokratie ohne demokratisch strukturierte unterstaatliche Gebietskörperschaften geschaffen würde.

Diese Feststellung könnte die Schlußfolgerung nahelegen, daß, wenn schon nicht die Existenz von Gemeinden mit Volksvertretungen und Selbstverwaltungsrecht notwendig aus Art. 20 II 1 GG folgen und daher nach Art. 79 III GG Bestand haben, dann auch nicht, quasi als minus im

---
[1] Vgl. *Stern*, DÖV 1975, S. 518, r. Sp.

Verhältnis hierzu, bei Bestehen von Gemeinden, deren innere Verfassung in bezug auf die personelle Homogenität der Entscheidungsträger mit dem Staatsvolk unabänderlich ist.

Diese Folgerung würde sich aber dann als unrichtig erweisen, wenn jedenfalls, solange die Existenz von Gemeinden verfassungsrechtlich vorgesehen ist, nicht erst Art. 28 I 2 GG, sondern doch bereits Art. 20 II 1 GG die Beteiligung der Ausländer ausschließen würde, wenn also die jetzige Fassung des Art. 28 I 2 GG („Volk" in den Gemeinden) notwendige Konsequenz des Art. 20 II 1 GG wäre.

Diese Frage wird nicht bereits durch den Hinweis beantwortet, daß Ausländer schon heute in anderen Körperschaften der mittelbaren Staatsverwaltung, also etwa im Bereich der Selbstverwaltung der Sozialversicherung, der Berufskammern und der Universitäten kraft Gesetzes Mitwirkungsrechte besitzen[2].

Das Bestehen einer gesetzlichen Regelung besagt zunächst nichts über deren verfassungsrechtliche Zulässigkeit. Da die genannten Selbstverwaltungskörperschaften im übrigen auch auf anderer Grundlage basieren[3] und Personalkörperschaften sind, müßte, wer die Zulässigkeit einer Verfassungsänderung zugunsten des Ausländerwahlrechts in der Gemeinde vertritt, den Einwand ausräumen, daß die besondere Natur der Gemeinde als Gebietskörperschaft mit nicht sachlich begrenzter, sondern universeller Kompetenz gegenüber den Personalkörperschaften einen so wesentlichen Unterschied begründe, daß die Gebietsherrschaft auf der Ebene der Gemeinde notwendig, wie auf staatlicher Ebene, ausschließlich Sache des (Teil-)Staatsvolkes sei.

Es hieße aber Art. 20 II 1 GG einen doppelten Inhalt geben, wollte man ihn in Verbindung mit Art. 79 III GG bei Dezentralisierung der Hoheitskompetenzen als Sperre gegen die Delegation von (Gebiets-)Hoheitsgewalt in den Gemeinden auch an Personen, die nicht zum Staatsverband gehören, verstehen. Art. 20 II 1 GG müßte dann — abgesehen von dem Erfordernis der Rückführbarkeit jeglicher Ausübung von Hoheitsfunktionen auf die Legitimation des gesamten Staatsvolkes — zusätzlich auch besagen, daß bei dezentralisierender Delegation von Hoheitsfunktionen — jedenfalls im Rahmen der Gebietshoheit — in den Organisationen, die Delegationsempfänger sind, nur Angehörige des Staatsverbands entscheidungsberechtigt sein dürften. Eine derartige zusätzliche Bedeutung läßt sich aber aus Art. 20 II 1 GG nicht ermitteln.

Dem Erfordernis der Legitimation jeder Ausübung hoheitlicher Gewalt durch das gesamte Volk des Staatsverbandes, wie es Art. 20 II 1 GG

---

[2] So im Zusammenhang mit der Frage der Verfassungsänderung *Ruland*, S. 13 i. V. m. S. 9, Fußn. 6.

[3] Zu ihrer grundrechtlichen Legitimation vgl. oben 3. Teil, 1. Abschnitt, B. III. 4.

postuliert und dem Bestandsschutz nach Art. 79 III GG zugrunde liegt, ist im Falle der Delegation von Hoheitsgewalt auf unterstaatliche Träger mittelbarer Staatsverwaltung Genüge getan, wenn die Delegation selbst auf das Staatsvolk zurückgeführt werden kann und in Gestalt der staatlichen Aufsicht an das Volk gebunden bleibt.

Dieser Legitimationsgrundsatz des Art. 20 II 1 GG wäre auch im Falle der Mitwirkung von Ausländern an der Wahl der kommunalen Vertretungsorgane gewahrt, da die Gemeinde auch dann ihre Hoheitsfunktionen vom Staatsvolk ableiten würde und durch die staatliche Rechtsaufsicht gebunden wäre. Ein prinzipieller Unterschied in bezug auf das Delegationsverhältnis gegenüber dem Staat bestünde zwischen der Gemeinde als unterstaatlicher Gebietskörperschaft und den Personalkörperschaften nicht. Art. 20 II 1 GG läßt nicht erkennen, daß es insoweit auf die Rechtsnatur des Delegationsempfängers ankommen könnte. Die Tatsache, daß die Gemeinde Gebietshoheit innehat und einen umfassenden Wirkungskreis besitzt, liefert keinen Gesichtspunkt, welcher der Einführung des Kommunalwahlrechts für Ausländer im Rahmen der Art. 79 III, 20 GG entgegenstehen könnte.

Nicht der Grundsatz der Demokratie gemäß Art. 20 GG, sondern die personelle Homogenität zwischen Bund und Ländern einerseits und Gemeinden andererseits wäre demnach durch eine solche Verfassungsänderung aufgehoben. Diese Homogenität folgt für die Gemeinden allein aus Art. 28 I 2 GG. Die personelle Homogenität im Sinne einer Homogenität der Zugehörigkeit zum egalitären Volk des Staatsverbandes wird, soweit sie nicht ihrerseits — wie für die Länder als Staaten — als Auswirkung und Forderung des demokratischen und des bundesstaatlichen Prinzips bereits in den Grundsätzen des Art. 20 GG enthalten ist, von Art. 79 III GG nicht geschützt[4].

Eine Grundgesetzänderung, die das Kommunalwahlrecht für Ausländer ermöglicht, wäre daher zulässig[5].

Die Gemeinde würde dadurch allerdings infolge der veränderten Struktur der in ihr entscheidenden Personeneinheit aus dem gestuften demokratischen Staatsaufbau herausgelöst und in die Nähe gesellschaftlicher Organisationsformen gerückt[6], innerhalb deren sie aber weiterhin durch den umfassenden Kompetenzbereich eine Sonderstellung einneh-

---
[4] Aus den von *Ruland*, S. 12 Fußn. 71, zitierten Entscheidungen BVerfGE 1, 208, 255 und 4, 45 geht allerdings nicht hervor, daß das Bundesverfassungsgericht die Homogenität *nur* für Bundes- und Landtagswahlen fordert. Das Gericht stellt vielmehr nur fest, daß Homogenität *jedenfalls* auf diesen beiden Ebenen erforderlich ist.

[5] Im Ergebnis ebenso *Behrend*, S. 377; *Henkel*, Integration, S. 107; *Ruland*, S. 12 f.

[6] Grundrechtsträger oder Sachwalter von Mitgliedergrundrechten wäre sie aber auch danach nicht.

men würde. Die neue Legitimationsbasis und die damit notwendig verbundene Wesensveränderung der Gemeinde wären gegenüber der jetzigen gebietskörperschaftlich gegliederten Demokratie des Grundgesetzes mit personell homogener Trägerschaft zwar verfassungsrechtlich inkonsequent. Inkonsequenz allein begründet jedoch kein verfassungsrechtliches Verbot einer Verfassungsänderung.

Eine etwaige Verfassungsänderung dürfte sich nicht nur auf das aktive, sondern müßte sich auch auf das passive Wahlrecht erstrecken. Gerade wenn man beim Kommunalwahlrecht auf die gleiche Betroffenheit des ausländischen Gemeindeeinwohners, auf den begrenzten politischen Rahmen und das weitgehende Fehlen außenpolitischer Implikationen in der Gemeinde abstellt, kann es keinen rechtlichen oder sachlichen Grund geben, Ausländern, sofern sie das aktive Wahlrecht besitzen, das passive vorzuenthalten[7].

Hiervon unberührt bleiben die höheren persönlichen Anforderungen, von denen das passive Wahlrecht — auch bei Deutschen — abhängig gemacht werden kann. Bei Ausländern kämen etwa eine längere Mindestaufenthaltsdauer, als sie für das aktive Wahlrecht erforderlich wäre, oder höhere Anforderungen an Deutschkenntnisse in Betracht[8]. Diese Fragen brauchten aber nicht Gegenstand der Verfassungsregelung zu sein, sondern könnten den an die Verfassungsänderung anzupassenden Kommunalwahlgesetzen überlassen bleiben.

---

[7] *Ruland*, S. 13; *Sasse*, S. 58.
[8] *Ruland*, S. 13; *Sasse*, S. 54.

Schluß

I. Rechtspolitische Anmerkungen

Die vorliegende Untersuchung kommt zu dem Ergebnis, daß das Grundgesetz in seiner geltenden Fassung dem Gesetzgeber verbietet, Ausländer zu den Wahlen zum Bundestag, zu den Landtagen (Bürgerschaften) und zu den Kommunalvertretungen zuzulassen, und daß es darüber hinaus eine Verfassungsänderung nur im Hinblick auf das Kommunalwahlrecht erlaubt.

Da die Arbeit nur zum Gegenstand hatte, die politische Forderung nach dem Wahlrecht für Ausländer auf ihre rechtliche Realisierbarkeit zu überprüfen, mußte die politische Dimension des Themas in diesem Rahmen weitgehend außer Betracht bleiben.

Auch soweit die Arbeit im Ergebnis einen verfassungsrechtlich gangbaren Weg für das Ausländerwahlrecht sieht, nämlich im kommunalen Bereich nach vorheriger Verfassungsänderung, können die hieran anschließenden rechtspolitischen Fragen an dieser Stelle nur in groben Zügen angedeutet werden.

Zu denken wäre etwa an das Problem, ob Ausländer nur über deutsche politische Gruppierungen kandidieren und gewählt werden könnten oder sollten oder ob nicht das Wahlrecht konsequenterweise das Recht zur Bildung eigener Gruppierungen und Listen impliziert.

Auch der Umfang des Rechts der Ausländer auf politische Betätigung sowie dessen grundrechtliche Absicherung müßten neu überdacht werden.

Für den Fall, daß es zur Einführung des Kommunalwahlrechts für Ausländer kommen sollte, müßte es allen Ausländern, die Einwohner einer Gemeinde sind, übertragen werden, also nicht nur den Arbeitnehmern unter ihnen, sondern auch allen Selbständigen.

Diese Selbstverständlichkeit wird in der politischen Diskussion, sofern sie auf „Gastarbeiter" beschränkt ist, gelegentlich übersehen. Eine Beschränkung des Kommunalwahlrechts auf ausländische Arbeitnehmer[1]

---

[1] Eine solche Beschränkung soll von der kommunalpolitischen Bundeskonferenz der SPD am 13. 10. 1974 in Nürnberg erörtert worden sein (nach *Süddeutsche Zeitung* vom 14. 10. 1974, S. 5). Das beschlossene Grundsatzprogramm enthält diese Einschränkung jedoch nicht. Dort ist vorgesehen, daß generell

und deren Familienangehörige im wahlfähigen Alter würde Klassenunterschiede schaffen und wäre mit Art. 3 GG nicht zu vereinbaren.

Unabhängig von diesen Einzelfragen bedarf es jedoch der grundsätzlichen Überlegung, ob die verfassungsrechtlich mögliche Einführung des Kommunalwahlrechts für Ausländer verfassungs- und staatspolitisch sinnvoll wäre.

Die Frage kann nicht einseitig unter dem Gesichtspunkt des Integrationswertes des Kommunalwahlrechts beantwortet werden.

Die Folgen der Aufgabe der Staatshomogenität auf der Kreis- und Ortsstufe und damit der Herausnahme der Kommunen aus dem gestuften demokratischen Staatsaufbau bedürften eingehender Prüfung.

Gegenüber einer Lösung, die Staat und Kommunen verschieden strukturiert, erscheinen zwei andere, sich ergänzende Wege geeigneter, die Probleme der politischen Integration von Ausländern zu bewältigen:

Zum einen die Erleichterung der Einbürgerung, die für alle Ausländer, die auf Dauer bleiben wollen, und insbesondere für diejenigen unter ihnen, die dies — wie die Angehörigen von EG-Mitgliedstaaten — auch rechtlich können, ohnehin die angemessene Regelung wäre; zum anderen die beschleunigte Entwicklung eines „europäischen Staatsbürgerrechts" im Rahmen einer nicht nur funktionell-ökonomisch, sondern auch politisch verstandenen europäischen Integration. Dies wäre zudem die konsequente, wenn auch auf die Mitgliedstaaten der EG beschränkte Fortsetzung der bisherigen rechtlichen Gleichstellung der Angehörigen der Mitgliedstaaten auf der Basis der Gegenseitigkeit.

Da diese beiden Wege die Homogenität der Entscheidungsträger in Kommune und Staat bewahren, erscheinen sie folgerichtig und systemgerecht.

II. Der differenzierte Volksbegriff des Grundgesetzes

Die Ergebnisse der vorliegenden Arbeit wurden im wesentlichen mittels des Verfassungsgrundsatzes der Demokratie in Verbindung mit einer Analyse des Volksbegriffes des Grundgesetzes gewonnen. Während der Begriff des Volkes im Grundgesetz bisher — sofern er überhaupt näherer Erörterung für würdig befunden wurde — den Verfassungsinterpreten als „blaß und wie in einer Vitrine gezeichnet"[2] erschien, wurden in der

---

„Ausländer, die sich mindestens 5 Jahre ohne Unterbrechung in einer Gemeinde aufhalten, ... in diesem Bundesland das aktive und passive Kommunalwahlrecht erhalten" sollen (III. 1. des Programms).
[2] *Werner Weber*, Spannungen, S. 42; Weber bezieht dies aber auf die mangelnde Ausstattung des Volkes mit Rechten unmittelbarer Entscheidung und

II. Der differenzierte Volksbegriff des Grundgesetzes

Analyse Konturen dieses Begriffes sichtbar, die sich aus einer unterschiedlichen Verwendungsweise je nach Verfassungsnorm ergeben. Bei zusammenfassender Betrachtung lassen sich Unterschiede[3] in zweierlei Hinsicht feststellen:

1. Die Differenzierung unter territorialem Aspekt

Der Begriff Volk wird für Personeneinheiten gebraucht, die jeweils verschiedenen Territorien zugeordnet werden. Die territoriale Zuordnung erfolgt teils durch ausdrücklichen Zusatz, teils ergibt sie sich aus dem Zusammenhang des Regelungsgegenstandes der Verfassungsnorm. Auf diese Weise entsteht eine territoriale Gliederung des Volkes nach Art konzentrischer Kreise:

So kennen Satz 3 der Präambel und Art. 146 GG ein „*gesamtes deutsches Volk*", das nach seiner Gebietszugehörigkeit nicht auf das Gebiet des durch das Grundgesetz verfaßten Staates, das Bundesgebiet beschränkt ist[4].

Art. 20 II GG als verfassungsrechtliche Grundnorm, in der für Bund und Länder die demokratische Staatsform festgelegt wird, bezeichnet das Volk des Staatsverbandes der Bundesrepublik Deutschland (*Bundesvolk*) und zugleich das Volk des Staatsverbandes der Bundesländer (*Ländervolk*). Letzteres wird daneben in Art. 28 I 2 GG sowie für die zum Zeitpunkt der Verfassunggebung vorhandenen Länder in Satz 1 der Präambel ausdrücklich angesprochen.

Das Bundesvolk ist auch in Art. 38 I 2 GG, in Art. 29 V 3 GG sowie in dem Begriff „Volksvertretung" in Art. 10 II GG gemeint. Nur auf das Ländervolk bezieht sich der Begriff „Volksvertretung" in den Art. 54 III, 115 h I, 144 I, auf Bundes- und Ländervolk zugleich in Art. 17 GG. Sowohl Bundes- als auch Ländervolk bezeichnet auch Volk in Art. 21 I GG.

Daneben kennt das Grundgesetz im Zusammenhang mit der Neugliederung des Bundesgebietes in den Begriffen „Volksentscheid" und „Volksabstimmung" (Art. 29 II - VI GG) sowie „Volksbefragung" (Art. 118 GG) ein *Volk von Gebietsteilen* der heutigen Bundesländer[5].

Schließlich bezieht Art. 28 I 2 GG den Begriff Volk auch auf die Kreise und Gemeinden (*Kreisvolk* und *Gemeindevolk*).

---

die angeblich vom Grundgesetz unterlassene Gliederung des Volkes in seine berufständischen, wirtschaftlichen und sonstigen Gruppierungen.

[3] Den differenzierten Begriffsinhalt hebt bereits *Asam*, S. 3, hervor.
[4] In diesem Sinne wohl auch Art. 1 II, 56 GG.
[5] Dies gilt auch für „Volk" in „Volksbegehren" (Art. 29 II, III GG) mit den oben (1. Teil, 1. Abschnitt, 1. Kap. D. III. 3.) genannten Besonderheiten.

2. Die Differenzierung unter demokratisch-funktionellem Aspekt

Neben seiner territorialen Differenzierung bezeichnet der Volksbegriff im Grundgesetz gleichzeitig Personeneinheiten, die im Hinblick auf ihre demokratische Funktion verschieden abgegrenzt sind. Das einem bestimmten Territorium zugeordnete Volk ist entweder die gesamte repräsentierte Personeneinheit des Territoriums oder die aus ihr hervorgehende Aktivbürgerschaft. Diese Unterscheidung entfällt nur, soweit Volk im Sinne des gesamten deutschen Volkes über das der Bundesrepublik hinaus aufzufassen ist, da die demokratische Staatsform nach dem Grundgesetz auf den Staatsverband der Bundesrepublik Deutschland begrenzt ist und eine bestimmte demokratische Funktion nur dem Volk, das im Geltungsbereich des Grundgesetzes lebt, zukommen kann.

Als repräsentierte Einheit, nämlich die Gesamtbürgerschaft des Bundes bzw. der Länder ist Volk in Art. 20 II 1, 28 I 2, 38 I 2 sowie in dem Begriff Volksvertretung (Art. 10 II, 17, 54 III, 115 h I, 144 I GG) zu verstehen. Im Sinne der repräsentierten Einheit wird der Begriff auch in bezug auf die Kreise und Gemeinden (Art. 28 I 2 GG) gebraucht.

Demgegenüber handelt es sich in Art. 20 II 2 GG um die Aktivbürgerschaft, und zwar die des Bundes, der Länder und der Gemeinden. Die Aktivbürgerschaft, nämlich die von Gebietsteilen der Länder, bezeichnen infolge ihres unmittelbaren Zusammenhanges mit Art. 20 II 2 GG („Abstimmungen") auch die Begriffe „Volksabstimmung" (Art. 29 II GG), „Volksentscheid" (Art. 29 III, IV, V, VI GG), „Volksbefragung" (Art. 118 GG).

3. Die einheitliche personelle Komponente des Volksbegriffs

Den unterschiedlichen Bedeutungen des Volksbegriffs unter territorialem und demokratisch-funktionellem Aspekt liegt aber ein in allen Fällen einheitliches Begriffsmerkmal zugrunde.

Soweit der Volksbegriff nicht unter Bezeichnung des gesamten deutschen Volkes über das Bundesvolk hinausgreift, kennzeichnet er jeweils das demokratisch-egalitär strukturierte Volk des Staatsverbandes der Bundesrepublik Deutschland oder Teile dieses Volkes, also das Staatsvolk des Bundes oder der Länder in seiner Gesamtheit oder in seinen gebietlichen Untergliederungen. Das einheitliche Begriffsmerkmal, das hier die gemeinsame personelle Komponente der Volksbegriffe genannt werden soll, liegt in der Zugehörigkeit zum egalitären Staatsverband, die auf der Deutscheneigenschaft im Sinne von Art. 116 I GG als der Voraussetzung demokratischer Egalität beruht[6].

---

[6] Die Frage des Wohnsitzerfordernisses kann hier dahinstehen.

II. Der differenzierte Volksbegriff des Grundgesetzes

Soweit der Volksbegriff nicht nur das Volk des Staatsverbandes der Bundesrepublik, sondern darüber hinaus das ganze deutsche Volk bezeichnet, liegt ihm ebenfalls die Deutscheneigenschaft gemäß Art. 116 I GG zugrunde.

Die wesentliche Grundlage des Volksbegriffs ist damit die deutsche Staatsangehörigkeit. Die Erweiterung des Kreises der Deutschen um Personen sog. deutscher „Volkszugehörigkeit" und die entsprechende Erweiterung des Volksbegriffs stellt demgegenüber nur eine nachkriegsbedingte Besonderheit dar, der kein grundsätzliches Gewicht zukommt. In „Volkszugehörigkeit" (Art. 116 I GG) wird der Volksbegriff aber in einer gegenüber allen anderen Verwendungsweisen eigenständigen Bedeutung gebraucht, da es sich hier um einen ethnisch-kulturellen Volksbegriff, der von der Staatsangehörigkeit unabhängig ist, handelt, und der seinerseits als Element des Deutschenbegriffs die einheitliche personelle Komponente des Volksbegriffes, der in allen anderen Bestimmungen des Grundgesetzes verwendet wird, mitumschreibt.

Literaturverzeichnis

Affolter, Urs: Die rechtliche Stellung des Volkes in der Demokratie und der Begriff der politischen Rechte, Diss. Zürich 1948

Anschütz, Gerhard: Die Verfassung des Deutschen Reiches vom 11. August 1919, 14. Aufl. Berlin 1933

Asam, Josef: Das unmittelbare Wirken des Gesamtvolkes nach dem Grundgesetz und das Verfahren nach den Artikeln 29 und 118 GG, Diss. Würzburg 1958

Bäumlin, Richard: Die rechtsstaatliche Demokratie, Zürich 1954

Becker, Erich: Die Selbstverwaltung als verfassungsrechtliche Grundlage der kommunalen Ordnung in Bund und Ländern, in: Handbuch der kommunalen Wissenschaft und Praxis, hrsg. von Hans Peters, 1. Band, Berlin - Göttingen - Heidelberg 1956, S. 113 - 184
(zit.: HKWP I)

— Kommunale Selbstverwaltung, in: Die Grundrechte, hrsg. v. Karl August Bettermann und Hans Carl Nipperdey, Band IV, 2. Halbband, Berlin 1962, S. 673 - 739
(zit.: GR IV/2)

— Kommunalverwaltung und Staatsverwaltung, in: Zur Struktur der deutschen Verwaltung, Berlin 1967, Schriftenreihe der Hochschule Speyer, Bd. 33, S. 68 - 84
(zit.: Kommunalverwaltung)

Behrend, Otto: Kommunalwahlrecht für Ausländer in der Bundesrepublik, DÖV 1973, S. 376 - 378

Bender, Wilhelm: Zur Kritik des Ausländerrechts, Diss. Gießen 1973

Berber, Friedrich: Lehrbuch des Völkerrechts, 1. Band — Allgemeines Friedensrecht, München und Berlin 1960

Bertram, Karl Friedrich: Das Widerstandsrecht des Grundgesetzes, Berlin 1970

Beutner, Wilhelm: Die Rechtsstellung der Ausländer nach Titel II der preußischen Verfassungsurkunde, Diss. Bonn 1912

Bilfinger, Carl: Nationale Demokratie als Grundlage der Weimarer Verfassung, Halle 1929

Bläsi, Bernhard: Die Gleichheit des parlamentarischen Wahlrechts des Bundes und der Länder, Diss. Heidelberg 1956

Boberach, Heinz: Wahlrechtsfragen im Vormärz. Die Wahlrechtsanschauung im Rheinland 1815 - 1849 und die Entstehung des Dreiklassenwahlrechts, Düsseldorf 1959

Böckenförde, Ernst-Wolfgang: Die Teilung Deutschlands und die deutsche Staatsangehörigkeit, in: Epirrhosis, Festgabe für Carl Schmitt, Berlin 1968, S. 423 - 463
(zit.: Teilung)

Böckenförde, Ernst-Wolfgang: Die Bedeutung der Unterscheidung von Staat und Gesellschaft im demokratischen Sozialstaat der Gegenwart, in: Rechtsfragen der Gegenwart, Festgabe für Wolfgang Hefermehl zum 65. Geburtstag, Stuttgart 1972, S. 11 - 36
(zit.: Rechtsfragen)

— Der Verfassungstyp der deutschen konstitutionellen Monarchie im 19. Jahrhundert, in: Moderne deutsche Verfassungsgeschichte, hrsg. v. E.-W. Böckenförde, Köln 1972, S. 146 - 170
(zit.: Verfassungstyp)

— Die verfassungstheoretische Unterscheidung von Staat und Gesellschaft als Bedingung der individuellen Freiheit (Rheinisch-Westfälische Akademie der Wissenschaften, Vorträge G 183), Opladen 1973
(zit.: Unterscheidung)

Bonner Kommentar: Kommentar zum Bonner Grundgesetz, bearbeitet von Abraham, Badura u. a., Hamburg, Stand: März 1973
(zit.: BK mit Bearbeiter)

Bordewin, Arno: Das Aufenthaltsrecht der Ausländer, Diss. Köln 1962

Brandstetter, Arnulf: Der Erlaß von Berufsordnungen durch die Kammern der freien Berufe, Berlin 1971

Brinkmann, Karl und Michael Hackenbroch: Grundrechtskommentar zum Grundgesetz für die Bundesrepublik Deutschland vom 23. Mai 1949, Bonn 1967

Britsch, Walter Theodor: Der Fremde unter dem Schutz des Völkerrechts, Diss. Heidelberg 1932

Bull, Hans Peter: Die Staatsaufgaben nach dem Grundgesetz, Frankfurt am Main 1973

Cellier, Jean: Das Verhältnis des Parlaments zum Volk mit besonderer Berücksichtigung des schweizerischen Staatsrechts, Diss. Zürich 1936

Curtius, Carl Friedrich: Die Schranken der Änderung des Grundgesetzes, Diss. Köln 1953

Dehmel, Hans-Hermann: Übertragener Wirkungskreis, Auftragsangelegenheiten und Pflichtaufgaben nach Weisung, Berlin 1970

Dichgans, Hans: Eine verfassunggebende Nationalversammlung? ZRP 1 (1968), S. 61 - 63

Doehring, Karl: Die allgemeinen Regeln des völkerrechtlichen Fremdenrechts und das deutsche Verfassungsrecht, Köln-Berlin 1963
(zit.: Regeln)

— Artikel „Wehrpflicht von Ausländern", in: Wörterbuch des Völkerrechts, begründet von Karl Strupp, hrsg. von Hans-Jürgen Schlochauer, 3. Band, 2. Aufl. Berlin 1962, S. 812 - 816
(zit.: WbVR)

— Die staatsrechtliche Stellung der Ausländer in der Bundesrepublik Deutschland (Bericht), VVDStRL 32 (1974), S. 7 - 48
(zit.: VVDStRL 32 [1974])

Dolde, Klaus-Peter: Die politischen Rechte der Ausländer in der Bundesrepublik, Berlin 1972
(zit.: Ausländer)

Dolde, Klaus-Peter: Zur Beteiligung von Ausländern am politischen Willensbildungsprozeß, DÖV 1973, S. 370 - 376
(zit.: DÖV 1973)

Drath, Martin: Die Entwicklung der Volksrepräsentation, 1954, zit. nach Abdruck in: Rausch, Heinz (Hrsg.), Zur Theorie und Geschichte der Repräsentation und Repräsentativverfassung, Darmstadt 1968, S. 260 - 329

Dürig, Günter: Zur Bedeutung und Tragweite des Art. 79 Abs. III des Grundgesetzes, in: Festgabe für Theodor Maunz, München 1971, S. 41 - 53
(zit.: Festgabe Maunz)

Ehmke, Horst: Grenzen der Verfassungsänderung, Berlin 1953
(zit.: Grenzen)

— „Staat" und „Gesellschaft" als verfassungstheoretisches Problem, in: Staatsverfassung und Kirchenordnung, Festgabe für Rudolf Smend, Tübingen 1963, S. 23 - 49
(zit.: Festgabe Smend)

Fehrlin, Wolfram: Die Rechtsgleichheit der Ausländer in der Schweiz, Diss. Bern 1952

Forsthoff, Ernst: Die öffentliche Körperschaft im Bundesstaat, Tübingen 1931
(zit.: Körperschaft)

— Die Krise der Gemeindeverwaltung, Berlin 1932
(zit.: Krise)

— Der Staat der Industriegesellschaft, München 1971
(zit.: Staat)

— Lehrbuch des Verwaltungsrechts, 10. Aufl. München 1973
(zit.: Lehrbuch)

Fraenkel, Ernst: Die repräsentative und die plebiszitäre Komponente im demokratischen Verfassungsstaat, 1958, zit. nach Abdruck in: Rausch, Heinz (Hrsg.): Zur Theorie und Geschichte der Repräsentation und Repräsentativverfassung, Darmstadt 1968, S. 330 - 385

Frensdorff, Ferdinand: Die Aufnahme des allgemeinen Wahlrechts in das öffentliche Recht Deutschlands, in: Festgabe der Göttinger Juristen-Fakultät für Rudolf von Ihering, Leipzig 1892, S. 135 - 210

Friederichsen, Hans H.: Die Stellung des Fremden in deutschen Gesetzen und völkerrechtlichen Verträgen seit dem Zeitalter der französischen Revolution, Diss. Göttingen 1967

von Frisch, Hans: Das Fremdenrecht, Berlin 1910

Fromme, Friedrich Karl: Der Demokratiebegriff des Grundgesetzgebers, DÖV 1970, S. 518 - 526

Fuld, Edgar: Die Stellung der Fremden nach Völkerrecht, Diss. Würzburg 1932

Fuss, Ernst-Werner: Grundrechtsgeltung für Hoheitsträger? DVBl. 1958, S. 739 - 747

Gebhardt: Handbuch der deutschen Geschichte, hrsg. von Herbert Grundmann, Band 4/1, 9. Aufl. Stuttgart 1973

Gerber, Emil: Der staatstheoretische Begriff der Repräsentation in Deutschland zwischen Wiener Kongreß und Märzrevolution, Diss. Bonn 1929

Giacometti, Zaccaria: Das Staatsrecht der schweizerischen Kantone, Zürich 1941

Gönnenwein, Otto: Gemeinderecht, Tübingen 1963

Goeschen, Andreas: Legitimität und Demokratie — Zugleich eine Untersuchung zu Art. 21 Abs. 2 des Grundgesetzes, Diss. Göttingen 1956

Grabitz, Eberhard: Europäisches Bürgerrecht zwischen Marktbürgerschaft und Staatsbürgerschaft, Köln 1970

Grawert, Rolf: Staat und Staatsangehörigkeit, Berlin 1973

Grundgesetz-Kommentar: hrsg. von Ingo von Münch, Band 1 (Präambel bis Art. 20), Frankfurt 1974
(zit.: GG-Komm. mit Bearbeiter)

Grundlagen eines deutschen Wahlrechts: Bericht der vom Bundesminister des Innern eingesetzten Wahlrechtskommission, Bonn 1955

Guggenheim, Paul: Lehrbuch des Völkerrechts, Bd. I, Basel 1948

Hamann, Andreas und Ulrich *Lenz:* Das Grundgesetz für die Bundesrepublik Deutschland vom 23. Mai 1949, 3. Aufl. Neuwied und Berlin 1970

Hamm, Ludwig: Die ausdrücklichen Schranken der Verfassungsänderung im Bonner Grundgesetz — Verfassungstheoretische Betrachtungen zu Art. 79 Absatz 3 Bonner Grundgesetz, Diss. Mainz 1952

Hartmann, Dieter-Dirk: Ausreisefreiheit, in: JöR N. F. Band 17 (1968), S. 437 - 480

Harz, Moses: Die Grundrechte und Grundpflichten der Ausländer nach der Weimarer Reichsverfassung, Diss. Berlin 1930

Hasbach, Wilhelm: Die moderne Demokratie, 2. Aufl. Jena 1923

Hauser, Mathild: Die den Ausländern in der Schweiz garantierten Freiheitsrechte, Diss. Zürich 1961

Heinze, Richard: Die Grundrechte der Ausländer nach der deutschen Reichsverfassung vom 11. August 1919, Diss. Marburg 1929

Heller, Hermann: Die Souveränität, Berlin und Leipzig 1927
(zit.: Souveränität)

— Staatslehre, hrsg. von Gerhart Niemeyer, Leiden 1934

Hempel, Wieland: Der demokratische Bundesstaat, Berlin 1969

Henke, Wilhelm: Die Rechtsformen der sozialen Sicherung und das Allgemeine Verwaltungsrecht, VVDStRL 28 (1970), S. 149 - 185

Henkel, Joachim: Politische Integration und Repräsentation ausländischer Arbeitnehmer in der Bundesrepublik Deutschland, in: Zeitschrift für Parlamentsfragen 1974, S. 91 - 116
(zit.: Integration)

— Wahlrecht für Deutsche im Ausland, AöR 99 (1974), S. 1 -31
(zit.: Wahlrecht)

Herzog, Roman: Demokratie und Gleichheit heute, DVBl. 1970, 713 - 716
(zit.: Demokratie und Gleichheit)

Hesse, Konrad: Der Grundsatz der Gleichheit vor dem Gesetz im Deutschen Staatsrecht — Entwicklung und Problematik, Diss. Göttingen 1950
(zit.: Gleichheit)

— Grundzüge des Verfassungsrechts der Bundesrepublik Deutschland, 7. Aufl. Karlsruhe 1974
(zit.: Grundzüge)

Hesse, Konrad: Bemerkungen zur heutigen Problematik und Tragweite der Unterscheidung von Staat und Gesellschaft, DÖV 1975, S. 437 - 443

Heuer, Gerhard: Politische Betätigung von Ausländern und ihre Grenzen, Köln-Berlin-Bonn-München 1970

Hoffmann, Gerhard: Die Staatsangehörigkeit in den deutschen Bundesländern, AöR 81 (1956), S. 300 - 341

Hofmann, Hasso: Repräsentation, Studien zur Wort- und Begriffsgeschichte von der Antike bis ins 19. Jahrhundert, Berlin 1974

Hofmann, Wolfgang: Plebiszitäre Demokratie und kommunale Selbstverwaltung in der Weimarer Republik, AfK 4 (1965), S. 264 - 281

Ipsen, Hans Peter: Haager Kongreß für Europarecht, NJW 1964, S. 339 - 343
— Gleichheit, in: Die Grundrechte, hrsg. von Franz L. Neumann, Hans Carl Nipperdey, Ulrich Scheuner, 2. Band, 2. unv. Aufl. Berlin 1968, S. 111 - 198
— Europäisches Gemeinschaftsrecht, Tübingen 1972
  (zit.: Gemeinschaftsrecht)

Isensee, Josef: Subsidiaritätsprinzip und Verfassungsrecht, Berlin 1968
  (zit.: Subsidiaritätsprinzip)
— Das legalisierte Widerstandsrecht, Bad Homburg v. d. H. — Berlin-Zürich 1969
  (zit.: Widerstandsrecht)
— Die staatsrechtliche Stellung der Ausländer in der Bundesrepublik Deutschland (Mitbericht), VVDStRL 32 (1974), S. 49 - 106
  (zit.: VVDStRL 32 [1974])

Jaenicke, Günther und Karl *Doehring:* Die Wehrpflicht von Ausländern, ZaöRV 16 (1955/56), S. 523 - 566

Jagmetti, Riccardo: Die Stellung der Gemeinden, in: Zeitschrift für Schweizerisches Recht, N. F. Band 91 (1972), II. Halbband, Band 113 der gesamten Folge, S. 221 - 400

Jahrreiss, Hermann: Die staatsbürgerliche Gleichheit, in: Handbuch des Deutschen Staatsrechts, hrsg. von Gerhard Anschütz und Richard Thoma, 2. Band, Tübingen 1932, S. 624 - 637

Jellinek, Georg: Allgemeine Staatslehre, 3. Aufl., 6. Neudruck Darmstadt 1959

Kägi, Werner: Rechtsfragen der Volksinitiative auf Partialrevision, in: Zeitschrift für Schweizerisches Recht, N. F. 75 (1956), 2. Halbband, S. 739 a - 885 a

Kaiser, Joseph H.: Die Repräsentation organisierter Interessen, Berlin 1956

Kaufmann, Erich: Zur Problematik des Volkswillens, Berlin und Leipzig 1931

Kelsen, Hans: Allgemeine Staatslehre, Berlin 1925
  (zit.: Kelsen, Staatslehre)
— Vom Wesen und Wert der Demokratie, 2. Aufl. Tübingen 1929 (Nachdruck Aalen 1963)
  (zit.: Demokratie)

Kempen, Otto Ernst: Widerstandsrecht (Art. 20 Abs. 4), in: Kritik der Notstandsgesetze, hrsg. von Dieter Sterzel, Frankfurt 1968, S. 65 - 85

Kevenhörster, Paul: Ausländische Arbeitnehmer im politischen System der Bundesrepublik, Opladen 1974

Kimme, Fritz: Das Fremdenrecht, Diss. Marburg 1927

Kimminich, Otto: Völkerrechtsfragen der exilpolitischen Betätigung, in: Archiv des Völkerrechts 10 (1963/64), S. 132 - 165
(zit.: Völkerrechtsfragen)

Kind, Klaus: Die rechtliche Stellung des Volkes in der Demokratie, Diss. Frankfurt am Main 1955

Klein, Hans H.: Demokratie und Selbstverwaltung, in: Festschrift für Ernst Forsthoff, München 1972, S. 165 - 185
(zit.: Festschrift Forsthoff)

Kluxen, Kurt (Hrsg.): Parlamentarismus, Köln-Berlin 1967

Köttgen, Arnold: Die Gemeinde und der Bundesgesetzgeber, 1957

Korte, Heinz W.: Die Aufgabenverteilung zwischen Gemeinde und Staat unter besonderer Berücksichtigung des Subsidiaritätsprinzips, VerwArch 61 (1970), S. 3 - 59, 141 - 167

Kotthaus, Guenther: Die Rechtsstellung der Ausländer in der Weimarer Verfassung unter Ausblick auf die kommende Verfassung, Diss. Erlangen 1933

Kraus, Herbert: Staats- und völkerrechtliche Betrachtungen zur Rechtsstellung des Fremden — Ein Beitrag zum Gleichheitsproblem, in: Forschungen und Berichte aus dem öffentlichen Recht, Gedächtnisschrift für Walter Jellinek, 2. Aufl. München 1955, S. 89 - 99

Kriele, Martin: Das demokratische Prinzip im Grundgesetz (Mitbericht), VVDStRL 29 (1971), S. 46 - 84

— Einführung in die Staatslehre, Reinbek bei Hamburg 1975
(zit.: Staatslehre)

Kröger, Klaus: Widerstandsrecht und demokratische Verfassung, Tübingen 1971

Krüger, Herbert: Allgemeine Staatslehre, 2. Aufl. Stuttgart-Berlin-Köln-Mainz 1966

— Die Verfassung als Programm der nationalen Integration, in: Festschrift für Friedrich Berber, hrsg. v. D. Blumenwitz und A. Randelzhofer, München 1973, S. 247 - 272
(zit.: Integration)

— Die Verfassung als Programm der nationalen Repräsentation, in: Festschrift für Ernst Rudolf Huber, hrsg. v. Ernst Forsthoff, Werner Weber, Franz Wieacker, Göttingen 1973, S. 95 - 116
(zit.: Repräsentation)

— Verfassungsvoraussetzungen und Verfassungserwartungen, in: Festschrift für Ulrich Scheuner, Berlin 1973, S. 285 - 306
(zit.: Verfassungsvoraussetzungen)

Küchenhoff, Erich: Möglichkeiten und Grenzen begrifflicher Klarheit in der Staatsformenlehre, Band 1/1 - 1/2, Berlin 1967

Kurz, Hanns: Volkssouveränität und Volksrepräsentation, Köln-Berlin-Bonn-München 1965

Laband, Paul: Das Staatsrecht des Deutschen Reiches, Band 1, 5. Aufl. Tübingen 1911

Lammers, Hans-Heinrich und Walter *Simons* (Hrsg.): Die Rechtsprechung des Staatsgerichtshofes für das Deutsche Reich und des Reichsgerichts auf Grund Artikel 13 Absatz 2 der Reichsverfassung, Band I - V, Berlin 1929 - 1933

Laun, Rudolf: Das Staatsvolk, in: Handbuch des Deutschen Staatrechts, hrsg. v. Gerhard Anschütz und Richard Thoma, Band 1, Tübingen 1930, S. 244 - 257

Laux, Eberhard: Kommunale Selbstverwaltung im Staat der siebziger Jahre, AfK 9 (1970), S. 217 - 239

Leibholz, Gerhard: Das Wesen der Repräsentation unter besonderer Berücksichtigung des Repräsentativsystems, 1929
(zit.: Repräsentation)

Leibholz, Gerhard und Hans Justus *Rinck*: Grundgesetz für die Bundesrepublik Deutschland, 4. Aufl. Köln(-Marienburg) 1971

Leisner, Walter: Von der Verfassungsmäßigkeit der Gesetze zur Gesetzmäßigkeit der Verfassung, Tübingen 1964
(zit.: Verfassungsmäßigkeit)

— Volk und Nation als Rechtsbegriffe der französischen Revolution, in: Festschrift für Hans Liermann, Erlangen 1964, S. 96 - 123
(zit.: Volk und Nation)

— Imperium in fieri. Zur Evolutionsgebundenheit des öffentlichen Rechts, Der Staat 8 (1969), S. 273 - 302
(zit.: Imperium)

Lemke, Volker: Aktualisierung der verfassunggebenden Gewalt nach dem Grundgesetz, Diss. Kiel 1974

Liermann, Hans: Das Deutsche Volk als Rechtsbegriff im Reichs-Staatsrecht der Gegenwart, Berlin und Bonn 1927

Loewenstein, Karl: Der britische Parlamentarismus. Entstehung und Gestalt, Hamburg 1964
zit. nach Teilabdruck in: Kluxen, Kurt (Hrsg.), Parlamentarismus, Köln-Berlin 1967, S. 65 - 69

Maihofer, Werner: Rechtsstaat und menschliche Würde, Frankfurt 1968

Majewski, Otto: Auslegung der Grundrechte durch einfaches Gesetzesrecht? Zur Problematik der sogenannten Gesetzmäßigkeit der Verfassung, Berlin 1971

Makarov, Alexander N.: Deutsches Staatsangehörigkeitsrecht, 2. Aufl. Frankfurt-Berlin 1971

Maklerow / Timaschew / Alexejew / Sadawsky (Hrsg.): Das Recht Sowjetrußlands, Tübingen 1925

von Mangoldt, Hermann: Das Bonner Grundgesetz, Berlin und Frankfurt am Main 1953

von Mangoldt, Hermann und Friedrich *Klein*: Das Bonner Grundgesetz, Berlin und Frankfurt am Main, 2. Aufl. Band I 1957, Band II 1964

Maunz, Theodor, Günter *Dürig* und Roman *Herzog*: Grundgesetz. 4. Aufl. München 1974
(zit.: MDH mit Bearbeiter)

Maunz, Theodor: Deutsches Staatsrecht, München 19. Aufl. 1973
(zit.: Staatsrecht)

Maurach, Reinhard: Handbuch der Sowjet-Verfassung, 1955

Meinecke, Friedrich: Weltbürgertum und Nationalstaat, 7. Aufl. 1928
zit. nach dem Nachdruck in: Friedrich Meinecke, Werke Bd. V, hrsg. von Hans Herzfeld, Carl Hinrichs, Walther Hofer, München 1962

Menzel, Eberhard: Völkerrecht, München-Berlin 1962

Meyer, Georg: Das parlamentarische Wahlrecht. Nach des Verfassers Tode herausgegeben von Georg Jellinek, Berlin 1901

Mohl, Robert von: Die Geschichte und Literatur der Staatswissenschaften, 1. Band, Erlangen 1855

Moser, Hans-Peter: Die Rechtsstellung der Ausländer in der Schweiz, in: Zeitschrift für Schweizerisches Recht, N. F. Band 86 (1967), S. 325 - 488

Mronz, Dieter: Körperschaften und Zwangsmitgliedschaft, Berlin 1973

Niemeier, Hans: Bund und Gemeinden, Berlin 1972

Obermayer, Klaus: Mitbestimmung in der Kommunalverwaltung, Neuwied und Berlin 1973

Ossenbühl, Fritz: Erweiterte Mitbestimmung in kommunalen Eigengesellschaften. Ein Rechtsgutachten erstattet für die Gewerkschaft ÖTV, 1972 (zit.: Mitbestimmung)

Pagenkopf, Hans: Kommunalrecht, Köln-Berlin-Bonn-München 1971

Papke, Horst: Über den rechtlichen Inhalt der deutschen Staatsangehörigkeit, NJW 1960, 2326 - 2328

Peters, Hans: Grenzen der kommunalen Selbstverwaltung in Preußen. Ein Beitrag zur Lehre vom Verhältnis der Gemeinden zu Staat und Reich. Berlin 1926

— Die Problematik der deutschen Demokratie, Zürich 1948 (zit.: Problematik)

Pohl, Heinrich: Das Reichstagswahlrecht, in: Handbuch des Deutschen Staatsrechts, hrsg. von Gerhard Anschütz und Richard Thoma, 1. Band, Tübingen 1930, S. 386 - 400

Pünder, Tilman: Die Gemeinden und die europäische Integration, AfK 10 (1971), 102 - 132

Püttner, Günter: Die Mitbestimmung in kommunalen Unternehmen unter dem Grundgesetz, Frankfurt 1972

Quaritsch, Helmut: Staat und Souveränität, Band I — Die Grundlagen, Frankfurt 1970

Redslob, Robert: Die Staatstheorien der französischen Nationalversammlung von 1789, Leipzig 1912

Ridder, Helmut: Artikel „Meinungsfreiheit", in: Staatslexikon, hrsg. von der Görres-Gesellschaft, Band V, 6. Aufl. 1960 (zit.: Meinungsfreiheit)

— Meinungsfreiheit, in: Die Grundrechte, hrsg. von F. Neumann, H. C. Nipperdey, U. Scheuner, 2. Band, 2. unv. Aufl. Berlin 1968, 243 - 290 (zit.: GR II)

Rinck, Hans-Justus: Der Grundsatz der Wahlrechtsgleichheit und das Bonner Grundgesetz, DVBl. 1958, 221 ff.

Rittstieg, Helmut: Eigentum als Verfassungsproblem, Darmstadt 1975

Rolvering, Heinrich: Die Rechtsgarantien für eine politische Betätigung von Ausländern in der Bundesrepublik Deutschland, Diss. Tübingen 1970

Rose, Hans-Joachim: Aspekte und Lösungen ausländerpolitischer und ausländerrechtlicher Fragen, JR 1973, S. 221 - 227

Rousseau, Jean-Jacques: Der Gesellschaftsvertrag oder Die Grundsätze des Staatsrechts (Du Contrat social ou Principes du droit politique). In der verbesserten Übersetzung von H. Denhardt, hrsg. von Heinrich Weinstock, Stuttgart 1971
(zit.: Contrat social)

Ruland, Franz: Forum: Wahlrecht für Ausländer? JuS 1975, S. 9 - 13

Rumpf, Helmut: Die deutsche Staatsangehörigkeit nach dem Grundvertrag, ZRP 1974, S. 201 - 205

Ruppel, Peter: Der Grundrechtsschutz der Ausländer im deutschen Verfassungsrecht, Diss. Würzburg 1968

Salzwedel, Jürgen: Staatsaufsicht in der Verwaltung, VVDStRL 22 (1963), S. 206 - 263

Sartorius, Carl: Die Aktivbürgerschaft und ihre politischen Rechte, in: Handbuch des Deutschen Staatsrechts, hrsg. von Gerhard Anschütz und Richard Thoma, 1. Band, Tübingen 1930, S. 281 - 285

Sasse, Christoph (unter Mitarbeit von Otto Ernst Kempen): Kommunalwahlrecht für Ausländer? Staatsrechtliche Möglichkeiten und Grenzen, Bonn 1974

Seifert, Karl-Heinz: Das Bundeswahlgesetz, Kommentar, 2. Aufl. Berlin und Frankfurt am Main 1965

von Simson, Werner: Das demokratische Prinzip im Grundgesetz, VVDStRL 29 (1971), S. 3 - 45

Smend, Rudolf: Maßstäbe des parlamentarischen Wahlrechts in der deutschen Staatstheorie des 19. Jahrhunderts, 1912
zit. nach Abdruck in: Smend, Rudolf, Staatsrechtliche Abhandlungen, 2. Aufl. Berlin 1968, S. 19 - 38
(zit.: Maßstäbe)

— Verfassung und Verfassungsrecht, in: Staatsrechtliche Abhandlungen, 2. Aufl. 1968, S. 119 - 276
(zit.: Verfassung)

Scheidle, Günther: Das Widerstandsrecht, Berlin 1969

Scheuner, Ulrich: Die Auswanderungsfreiheit in der Verfassungsgeschichte und im Verfassungsrecht Deutschlands, in: Festschrift Richard Thoma zum 75. Geburtstag, Tübingen 1950, S. 199 - 224
(zit.: Auswanderungsfreiheit)

— Das repräsentative Prinzip in der modernen Demokratie, 1961.
zit. nach Abdruck in: Zur Theorie und Geschichte der Repräsentation und Repräsentativverfassung, hrsg. von Heinz Rausch, Darmstadt 1968, S. 386 - 418
(zit.: Repräsentatives Prinzip)

— Gemeindeverfassung und kommunale Aufgabenstellung in der Gegenwart, AfK 1 (1962), S. 149 - 178
(zit.: Gemeindeverfassung)

— Zur Neubestimmung der kommunalen Selbstverwaltung, AfK 12 (1973), S. 1 - 44
(zit.: Neubestimmung)

— Die Lage des parlamentarischen Regierungssystems in der Bundesrepublik, DÖV 1974, S. 433 - 441
(zit.: Regierungssystem)

Schiedermair, Rudolf: Handbuch des Ausländerrechts der Bundesrepublik Deutschland, Frankfurt 1968

Schilfert, Gerhard: Sieg und Niederlage des demokratischen Wahlrechts in der deutschen Revolution 1848/49, Berlin 1952

Schindler, Dietrich: Über die Bildung des Staatswillens in der Demokratie, Zürich 1921
(zit.: Staatswillen)

— Gleichberechtigung von Individuen als Problem des Völkerrechts, Zürich 1957
(zit.: Gleichberechtigung)

Schleberger, Erwin: Kommunalwahlrecht für Ausländer, in: Der Städtetag 1974, S. 597 - 600

Schlenker, Heinz: Die Volksgesetzgebung in Deutschland, Diss. Heidelberg 1952

Schmidt-Bleibtreu, Bruno und Franz *Klein:* Kommentar zum Grundgesetz für die Bundesrepublik Deutschland, 3. Aufl., Neuwied und Berlin 1973

Schmidt-Eichstaedt, Gerd: Die Gemeinden als Gesetzgeber? Zu den Möglichkeiten einer institutionellen Beteiligung der Gemeinden an der staatlichen Gesetzgebung, AfK 11 (1972), S. 124 - 141

Schmitt, Carl: Die geistesgeschichtliche Lage des heutigen Parlamentarismus, 2. Aufl. München und Leipzig 1926
(zit.: Parlamentarismus)

— Verfassungslehre, Berlin 1928, 4. unv. Nachdruck Berlin 1965

Schmitt, Walter Oskar: Der Begriff der freiheitlich-demokratischen Grundordnung und Art. 79 Abs. 3 des Grundgesetzes, DÖV 1965, S. 433 - 443

Schmitt Glaeser, Walter: Mißbrauch und Verwirkung von Grundrechten im politischen Meinungskampf, Bad Homburg, Berlin, Zürich, 1968

Schönherr, Carl-Heinz: Die unmittelbare Demokratie als Institution im parlamentarischen Staatssystem, Diss. Köln 1954

Scholz, Rupert: Das Wesen und die Entwicklung der gemeindlichen öffentlichen Einrichtungen, Berlin 1967

Schneider, Hans: Widerstand im Rechtsstaat, Karlsruhe 1969

Schreiber, Wolfgang: Wahlrecht zum Deutschen Bundestag der außerhalb der Bundesrepublik Deutschland lebenden Deutschen, DÖV 1974, S. 829 - 837

Schroeder, Felix von (Hrsg.): Weltgeschichte der Gegenwart, Band I, Bern und München 1962

Schulz-Schaeffer, Helmut: Zum Problem der Volkssouveränität, Diss. Marburg 1952

Stein, Ekkehart: Lehrbuch des Staatsrechts, 3. Aufl. Tübingen 1973

Stein, Lorenz von: Die Verwaltungslehre, 1. Theil: Die Lehre von der vollziehenden Gewalt, ihr Recht und ihr Organismus. Mit Vergleichung der Rechtszustände von England, Frankreich und Deutschland, Stuttgart 1865

Steiner, Udo: Verfassunggebung und verfassunggebende Gewalt des Volkes, Berlin 1966

Stern, Klaus: Zur Position der Gemeinden und Gemeindeverbände in der Verfassungsordnung, DÖV 1975, S. 515 - 523

Stier-Somlo, Fritz: Vom parlamentarischen Wahlrecht in den Kulturstaaten der Welt, Berlin 1918

Strupp, Karl: Die Rechtsstellung der Staatsangehörigen und der Staatsfremden, in: Handbuch des Deutschen Staatsrechts, hrsg. von Gerhard Anschütz und Richard Thoma, Band I, Tübingen 1930, S. 274 - 280

Thieme, Hans Werner: Die Rechtsstellung des Ausländers nach dem Bonner Grundgesetz, Diss. Göttingen 1951

Thieme, Werner: „Alle Staatsgewalt geht vom Volke aus", JZ 1955, 657 - 659
(zit.: Staatsgewalt)

— Bund, Länder und Gemeinden, AfK 1963, 185 - 198
(zit.: AfK 1963)

Thoma, Richard: Der Begriff der modernen Demokratie in seinem Verhältnis zum Staatsbegriff, in: Hauptprobleme der Soziologie, Erinnerungsgabe für Max Weber, hrsg. von Melchior Palyi, II. Band, München und Leipzig 1923, S. 37 - 64
(zit.: Begriff)

— Die juristische Bedeutung der grundrechtlichen Sätze der deutschen Reichsverfassung im allgemeinen, in: Die Grundrechte und Grundpflichten der Reichsverfassung, hrsg. von H. C. Nipperdey, Bd. I, Berlin 1929, S. 1 ff.
(zit.: Jurist. Bedeutung)

— Das Reich als Demokratie, in: Handbuch des Deutschen Staatsrechts, hrsg. von Gerhard Anschütz und Richard Thoma, 1. Band, Tübingen 1930, S. 186 - 200
(zit.: Reich als Demokratie)

Thomsen, Klaus: Die politische Betätigung von Ausländern nach deutschem Verfassungs- und Verwaltungsrecht, Diss. Bonn 1968

Tomuschat, Christian: Zur politischen Betätigung des Ausländers in der Bundesrepublik Deutschland, Bad Homburg v. d. H. — Berlin-Zürich 1968

von Unruh, Georg Christoph: Selbstverwaltung als staatsbürgerliches Recht, DÖV 1972, S. 16 - 25

Verdross, Alfred: Völkerrecht, 5. Aufl. Wien 1964

Vogel, Bernhard, Dieter *Nohlen* und Rainer-Olaf *Schultze:* Wahlen in Deutschland. Theorie, Geschichte, Dokumente 1848 - 1970. Berlin 1970

Weber, Max: Parlament und Regierung im neugeordneten Deutschland, 1918, zit. nach Teilabdruck in: Kluxen, Kurt (Hrsg.), Parlamentarismus, Köln-Berlin 1967, S. 27 - 40

Weber, Werner: Staats- und Selbstverwaltung in der Gegenwart, 2. Aufl. 1967

— Spannungen und Kräfte im westdeutschen Verfassungssystem, 3. Auflage, Berlin 1970
(zit.: Spannungen)

Wengler, Wilhelm: Völkerrecht, Bd. I - II, Berlin-Göttingen-Heidelberg 1964

Wiese, Rolf: Garantie der Gemeindeverbandsebene? Frankfurt 1972

Wittkämper, Gerhard W.: Grundgesetz und Interessenverbände, Köln und Opladen 1963

Wolff, Hans J.: Organschaft und juristische Person, Band 1: Juristische Person und Staatsperson. Berichtigter Neudruck der Ausgabe Berlin 1933, Aalen 1968

Zinn, Georg August: Der Bund und die Länder, AöR 75 (1949), S. 291 - 306

Zippelius, Reinhold: Allgemeine Staatslehre (Politikwissenschaft), 4. Aufl. München 1973

Zorn, Alfred: Die öffentlich-rechtliche Stellung der Ausländer im Deutschen Reich unter Berücksichtigung des preußischen Landesrechts, Diss. Greifswald 1916

Zuleeg, Manfred: Menschen zweiter Klasse, DÖV 1973, S. 361 - 370

— Grundrechte für Ausländer, DVBl. 1974, S. 341 - 349

Printed by Libri Plureos GmbH
in Hamburg, Germany